O Modelo Dinâmico de Gestão Financeira

Michel Fleuriet
Rodrigo Zeidan

O Modelo Dinâmico de Gestão Financeira

ALTA BOOKS
EDITORA

Rio de Janeiro, 2015

Impresso no Brasil — 1ª Edição, 2015

Produção Editorial	Gerência Editorial	Design Editorial	Captação e Contratação de Obras Nacionais	Marketing e Promoção
Editora Alta Books	Anderson Vieira	Aurélio Corrêa		Hannah Carriello
				marketing@altabooks.com.br
Produtor Editorial	**Supervisão Editorial**		J. A. Rugeri	
Thiê Alves	Angel Cabeza		Marco Pace	**Vendas Atacado e Varejo**
	Sergio de Souza		autoria@altabooks.com.br	comercial@altabooks.com.br
			Ouvidoria	
			ouvidoria@altabooks.com.br	

Equipe Editorial	Carolina Giannini	Juliana Oliveira	Milena Lepsch
	Claudia Braga	Letícia de Souza	Rômulo Lentini
	Gabriel Ferreira	Mayara Coelho	Silas Amaro
	Jessica Carvalho	Mayara Soares	

Revisão Gramatical	**Diagramação e Layout**	**Capas**
Priscila Gurgel Thereso	Lucia Quaresma	Aurélio Corrêa

Dados Internacionais de Catalogação na Publicação (CIP)

F617m Fleuriet, Michel.
      O modelo dinâmico de gestão financeira / Michel Fleuriet, Rodrigo Zeidan. – Rio de Janeiro, RJ : Alta Books, 2015.
      320 p. : il. ; 23 cm.

      Inclui bibliografia e anexo.
      ISBN 978-85-7608-883-7

      1. Administração financeira. 2. Capital de giro. 3. Demonstrações financeiras. 4. Planejamento estratégico. 5. Liquidez (Economia). 6. Finanças - Sustentabilidade. I. Zeidan, Rodrigo. II. Título.

CDU 658.15
CDD 658.15

Índice para catálogo sistemático:
1. Administração financeira   658.15

(Bibliotecária responsável: Sabrina Leal Araujo – CRB 10/1507)

Rua Viúva Cláudio, 291 — Bairro Industrial do Jacaré
CEP: 20970-031 — Rio de Janeiro
Tels.: 21 3278-8069/8419 Fax: 21 3277-1253
ALTA BOOKS www.altabooks.com.br — e-mail: altabooks@altabooks.com.br
EDITORA www.facebook.com/altabooks — www.twitter.com/alta_books

SUMÁRIO

INTRODUÇÃO

SOBRE O MODELO DINÂMICO

A História do "Modelo Fleuriet", por Michel Fleuriet

Em 2000, voltando ao Brasil após duas décadas de ausência, descobri que o Modelo Fleuriet tinha se tornado uma marca. Em 2013, encontrei um artigo sob o título "Mapeamento da Produção Científica sobre o Modelo Fleuriet no Brasil". Para mim, é uma grande honra ver que meu nome virou alvo de produção científica!

Como nasceu este tal de Modelo Fleuriet?

A história do Modelo remonta a 1975, quando a Fundação Dom Cabral (FDC) em Belo Horizonte — que hoje é reconhecida, de acordo com o ranking Executive Education do Financial Times, como uma das melhores escolas de educação de executivos no mundo — ainda era o Centro de Extensão da Pontifícia Universidade Católica de Minas Gerais. No final da década de 1960, Emerson de Almeida, então um jovem jornalista de Belo Horizonte, havia ido a Paris para estudar no Institut de Presse. Em seu retorno a Belo Horizonte, ensinou jornalismo e se tornou diretor do Centro de Extensão da PUC de Minas Gerais. Ele tinha um sonho: fazer o Centro de Extensão se tornar uma "Escola de Negócios para Executivos". Emerson imaginou uma escola de negócios diferente daquelas existentes na época: todas com influência norte-americana, como a Fundação João Pinheiro. Para iniciar seu sonho, ele colocou um anúncio em uma revista dedicada aos professores de gestão franceses. Naquele tempo, eu havia me juntado à escola de negócios francesa HEC como um jovem professor-assistente de finanças. Estava ensinando um método para analisar balanços de forma bem diferente daquele que aprendi no meu PhD em Finanças, nos Estados Unidos. Esse método, na época, estava sendo adotado na França, inclusive no Banque de France.

Após ler o anúncio, escrevi para o Emerson de Almeida que eu estaria indo ao Brasil para o casamento de meu melhor amigo e que seria uma oportunidade para visitá-lo. Isso foi o que fiz num dia de dezembro de 1973: participei do casamento de meu amigo, voltei para a França, e me esqueci do Emerson. Qual não foi minha surpresa no início de 1975, quando fui convidado a ir ao Brasil, por meio da Embaixada da França, para dar aulas pela República Federativa do Brasil — por cinco semanas — no Centro de Extensão da Pontifícia Universidade Católica de Minas Gerais em agosto daquele ano. Quando cheguei a Belo Horizonte, Emerson me disse que eu daria oito horas de aulas por dia, por cinco dias, para executivos brasileiros num tópico de minha escolha. Para preparar o seminário, ele agendou reuniões com executivos de empresas de Belo Horizonte (e com um intérprete, porque eu não falava português). Nesses encontros, percebi que muitas companhias brasileiras cometiam um erro terrível: tinham uma visão equivocada de seu capital de giro. Acreditavam que, como a necessidade de capital de giro varia no curto prazo, ele poderia ser financiado com dívidas de curto prazo. Isso pode funcionar muito bem em países em que se pode facilmente renovar o financiamento de curto prazo, seja porque os bancos emprestam para empresas, como na Europa, ou porque há um mercado financeiro grande e líquido, como nos Estados Unidos — onde a empresa tem maior acesso a crédito e, portanto, indicadores de liquidez não sejam tão relevantes como no Brasil. Mercados financeiros deveriam estar prontos para conceder empréstimos de curto e longo prazos, se uma empresa cria valor. Esse não é o caso no Brasil. Aliás, mesmo nos Estados Unidos, desde a crise de 2008, indicadores de liquidez voltaram a ser relevantes.

Pareceu-me que o conceito de liquidez — pelo método que eu estava ensinando na França — poderia ser um instrumento para gerenciamento financeiro de companhias brasileiras. Não planejar o crescimento da necessidade de capital de giro pode levar a sérios problemas de fluxo de caixa. É bom lembrar que, quando o modelo foi introduzido no Brasil, a abordagem de finanças corporativas era inspirada em métodos norte-americanos. O capital de giro era medido de modo errado: pela diferença entre as contas circulantes. Como se o capital pudesse ser medido por contas circulantes!

O Modelo Dinâmico invertia a lógica do conceito de capital de giro (CDG), que passa a ser uma fonte de financiamento de longo prazo para a necessidade de capital de giro (NCG). Ele evidencia a necessidade de capital de giro como uma obrigação de financiamento permanente ligado às operações da firma. Então, o saldo de tesouraria (T) é utilizado como um tipo de termômetro para medir o risco de liquidez da companhia. Esse formato baseado em CDG, NCG e T se mostrou extremamente útil para monitorar a liquidez de uma empresa, a saúde de suas operações e o gerenciamento dos ciclos financeiros, ao mesmo tempo permitindo decisões estratégicas ligadas à estrutura de capital. O demonstrativo de resultado (DRE) foi remodelado para mostrar o fluxo de caixa operacional. O novo DRE, que chamamos de DRE gerencial, começa com o volume de vendas e a margem de lucro, e passa pelo EBITDA (Earnings Before Interest, Taxes, Depreciation and Amortization), que mede a capacidade da companhia de autofinanciar sua NCG, o mais legítimo recurso para crescimento. O modelo também mostra como o fluxo de caixa resulta do EBIT (Earnings Before Interest and Taxes) e da variação da NCG. O lucro operacional é particularmente importante, porque é o lucro antes dos impactos do imposto de renda e juros, o que significa que é um indicador importante da capacidade de geração de caixa de um negócio, enquanto o conceito de NCG é relevante nos cálculos de avaliação de investimentos, visto que é adicionado ao capital investido, afetando assim, significantemente, a taxa de retorno.

Após esse primeiro seminário de cinco dias, em 1975, a Fundação Dom Cabral (que passou a se chamar assim em 1976) me convidou diversas vezes para dar cursos e palestras durante cinco anos subsequentes. Os documentos de apoio para esses seminários (os "folhetos") enriquecidos por pesquisas e contribuições de jovens assistentes, Marcos Villela Vieira[1] e professores, meus amigos Haroldo Vinagre Brasil, Georges Blanc, Plauto Gouvea, Ricardo Kehdy, resultaram no primeiro livro publicado, em 1978, pela então jovem FDC[2]. Esse livro, reeditado

---

[1] Desenvolveu depois uma experiência profissional impressionante em cargos de direção em vários setores e publicou um livro sobre o Modelo em 2005.

[2] FLEURIET, Michel; KEHDY, Ricardo; BLANC, Georges. A Dinâmica Financeira das Empresas Brasileiras: um Novo Método de Análise, Orçamento e Planejamento Financeiro. Belo Horizonte: Fundação Dom Cabral, 1978.

em 1980, incorporou diversas aplicações do Modelo, particularmente em companhias de Minas Gerais, onde ocorriam os cursos.

Outra aplicação interessante do Modelo ocorreu em análises setoriais, especialmente pelos bancos de desenvolvimento. Nessa linha, o Banco de Desenvolvimento de Minas Gerais (BDMG) conduziu análises das indústrias de ferro-gusa e de açúcar, entre outras, usando o Modelo para avaliar o perfil financeiro desses setores, suas distorções, desejos e necessidades, visando financiá-las.

Até a matriz do Boston Consulting Group, com seus quatro quadrantes (*Star, Question Mark, Cash Cow,* e *Dog*), podia ser explicada pelo Modelo. E, por último, mas não menos importante, o modelo tinha um jeito brasileiro, já que ele se adaptava bem às mudanças no ambiente e às políticas macroeconômicas heterodoxas de sucessivos governos brasileiros.

Por motivos pessoais, deixei de vir ao Brasil entre 1980 e 2000, exceto por uma breve visita em 1986. Quando eu voltei, em 2000, descobri que o Modelo Dinâmico havia se tornado o Modelo Fleuriet! Em 1995, Marques e Braga já haviam publicado um artigo com o título *"A análise dinâmica do capital de giro: o modelo Fleuriet."*[3] Segundo o próprio Braga, o modelo dinâmico fornece explicações mais completas e organizadas sobre as causas da evolução financeira comparativamente aos indicadores tradicionais. De outro modo, permite aos *stakeholders* avaliarem o perfil financeiro das empresas a partir das informações obtidas pelo uso do modelo dinâmico.[4]

O modelo, além de ser adotado em diversas escolas de negócios e em universidades, foi o pai de diversos outros trabalhos, e teses de doutorado e mestrado. Em um artigo com título *"Estudo da produção*

---

[3] MARQUES, J. A. V. C.; BRAGA, R. "A análise dinâmica do capital de giro: o modelo Fleuriet". In: Revista de Administração de Empresas, São Paulo, v. 35, n. 3, p. 49-63, mai./jun. 1995.

[4] BRAGA, R. "Análise avançada do capital de giro". In: Caderno de Estudos, São Paulo, FIPECAFI, n. 3, p. 1-20, set. 1991.

_____; NOSSA, V.; MARQUES, J. A. V. C. "Uma proposta para a análise integrada da liquidez e rentabilidade das empresas". In: Revista Contabilidade & Finanças, São Paulo, ed. Esp., p. 51-64, jun. 2004. Disponível em: <http://dx.doi.org/10.1590/S1519-70772004000400004>.

científica sobre o modelo Fleuriet no Brasil entre 1995 e 2008", Araújo, Costa e Camargos[5] desenvolveram um estudo de levantamento da produção científica com aplicação do modelo Fleuriet no Brasil, entre 1995 e 2008, nos anais de dois importantes congressos, em revistas de Administração e Contabilidade, e em dissertações e teses, cujos resultados evidenciam a existência de 27 artigos publicados, mais 14 estudos entre tese e dissertações. No anexo apresentamos uma bibliografia sobre o Modelo. Na própria Fundação Dom Cabral, dois professores (além do coautor deste livro) enriqueceram muito o Modelo: Guilherme Sardinha e Haroldo Vale Mota.

Diversos livros foram desenvolvidos a partir do Modelo e eu gostaria de mencionar os cinco mais influentes:

ASSAF NETO, A. *Estrutura e Análise de Balanços*. São Paulo: Atlas, 2002.

BRASIL, H. A.; BRASIL, H. G. *Gestão Financeira das Empresas: Um Modelo Dinâmico*. Rio de Janeiro: Qualitymark, 2002.

MATARAZZO, D. C. *Análise Financeira de Balanços*. São Paulo: Atlas, 1998.

SILVA, J. P. *Análise Financeira das Empresas*. São Paulo: Atlas, 2001.

VIEIRA, M. V. *Administração Estratégica do Capital de Giro*. São Paulo: Atlas, 2005.

Isso não é pouco — todos esses professores, analistas, gerentes e pesquisadores contribuíram para sua estruturação, enriquecimento e aplicação!

---

[5] ARAÚJO, E. A. T.; COSTA, M. L. O.; CAMARGOS, M. A. "Estudo da produção científica sobre o modelo Fleuriet no Brasil entre 1995 e 2008". In: SEMEAD, 13, 2010, Anais. São Paulo: SEMEAD, 2010. Disponível em: <http://www.ead.fea.usp.br/semead/13semead/ resultado/trabalhosPDF/217.pdf>.

Aplicando o Modelo Dinâmico, por Rodrigo Zeidan

Minha história com o Modelo Dinâmico é recente.

Mudanças de carreira nunca são simples. Em meu caso, a grande transição foi sair de uma carreira basicamente acadêmica para o mundo da educação para executivos, consultorias e aplicação dos conceitos desenvolvidos no mundo acadêmico. A formação como economista ajudou, mas o mundo de finanças é muito mais concreto que o dos modelos econômicos.

A Fundação Dom Cabral (FDC) permitiu que essa transição fosse o menos dolorosa possível, especialmente pelo excelente ambiente institucional. Conheci o professor Michel Fleuriet em uma de suas visitas ao Brasil para ministrar o curso de finanças corporativas avançadas da FDC. Ao longo do tempo, começamos a desenvolver ideias em conjunto para pesquisas na área de finanças, mesclando o melhor da academia com a prática empresarial. Ao longo de meu tempo na instituição fui ganhando experiência na utilização do que chamamos internamente de Modelo Fleuriet, mas que a modéstia do Michel faz com que seja definido como Modelo Dinâmico neste livro.

Duas experiências de aplicação do Modelo me surpreenderam na relação entre sala de aula e prática empresarial. Em ambas os grandes ganhadores foram os executivos e, em maior grau, as empresas que financiaram os cursos que eles fizeram na FDC. Em um dos casos, descrito no capítulo 12, um executivo inscrito no EMBA usou o Modelo Dinâmico como base do seu projeto aplicativo (trabalho final do EMBA), cujo potencial trabalho é liberar quase R$1 bilhão para uma grande empresa brasileira, a MRV. Em outro caso, durante uma aula do Programa de Desenvolvimento de Acionistas (PDA), a segunda geração de acionistas de uma empresa do setor têxtil de MG, cujos membros também atuam como executivos da empresa, fez algumas contas e descobriu que conseguiria, sem muito esforço, liberar R$2 milhões para o caixa da empresa por meio da melhor gestão da necessidade de capital de giro (NCG). Em ambos os casos, o que me surpreendeu não foram os valores gerados, mas sim o fato de que a aplicação do Modelo Dinâmico pode gerar benefícios imediatos, sem modificar a estratégia ou estrutura das empresas.

Mas o melhor de trabalhar com o Modelo Dinâmico, sem sombra de dúvidas, é a oportunidade de desenvolver algo com seu criador, cujas qualificações acadêmicas e profissionais não precisam de apresentação, mas que, acima de tudo, é uma das pessoas mais agradáveis e inteligentes que já conheci.

A estrutura do presente livro tem um início mais tradicional, criando uma lógica interna que faz com que o Modelo Dinâmico e todos seus exemplos surjam naturalmente após as explicações iniciais. Sugiro ao leitor que use os capítulos como trilhos, indo e vindo na leitura nos assuntos que mais lhe aprouverem. A essência do Modelo está nos capítulos 11 e 12, mas assuntos como Fusões e Aquisições, crescimento sustentável e movimentos estratégicos podem ser, em certa medida, estudados sem aprofundamento em conceitos puramente contábeis.

CAPÍTULO 1

COMO INTERPRETAR O BALANÇO PATRIMONIAL

O propósito do balanço é listar todos os ativos de um negócio e todos seus recursos financeiros em um determinado ponto no tempo. A utilidade do balanço é aprimorada quando ativos e recursos estão agrupados de acordo com características em comum.

A Classificação Tradicional

O balanço tem dois lados:

- Ativos (tudo que a companhia possui), no lado esquerdo.

- Obrigações (empréstimos de qualquer natureza que a empresa tenha adquirido, como empréstimos bancários, crédito com fornecedores etc.) e patrimônio líquido (capital fornecido pelos acionistas, mais os ganhos retidos), no lado direito. Pela lei brasileira, Passivo representa as obrigações da pessoa jurídica classificadas em Circulante, Não Circulante e Patrimônio Líquido (Lei 11.638 de 2007). É essa classificação que é usada ao longo do livro. Embora para muitas pessoas passivo seja somente capital de terceiros, buscamos uma consistência com a análise financeira e usamos o conceito para representar toda forma de financiamento da empresa, seja de capital próprio ou de terceiros.

No balanço, o total de ativo deve ser igual ao total de passivo.

Em contabilidade, "Passivo é um recurso controlado por uma entidade e um acontecimento passado e do qual se esperam que fluam benefícios econômicos no futuro, cuja liquidação se espera um fluxo de recursos.[1]". Do ponto de vista financeiro, o passivo descreve os recursos que a companhia controla numa data específica e indica de onde eles vêm: capital próprio ou credores. Seguindo o ponto de vista financeiro, o ativo descreve o uso desses recursos.

Contabilmente, um ativo é qualquer propriedade que teoricamente pode ser convertido em dinheiro. Isso é pura teoria: tente vender um equipamento! Muitas vezes, ele é *sui generis* e extremamente específico à atividade da empresa, com baixo valor de revenda. Infelizmente, muitos indicadores usados por analistas financeiros são derivados dessa interpretação equivocada: capital de giro ou índices de liquidez seca ou geral são alguns exemplos. Não são meros direitos, mas sim a propriedade necessária para que a empresa opere.

Tradicionalmente, ativos e passivos são classificados de acordo com seu prazo de maturação. Ativos são listados de acordo com o tempo de que necessitam para serem convertidos em dinheiro ou consumidos.

Na Europa, os ativos começam pelos ativos fixos, e terminam com o dinheiro, enquanto na América do Norte e no Brasil, a prática é começar com os ativos mais líquidos em cima. O mesmo ocorre com o lado de patrimônio e passivo: na Europa começa-se com o patrimônio líquido em cima, enquanto nos Estados Unidos e Brasil termina-se nele.

Em contabilidade, dependendo do prazo em que são mantidos, os ativos são divididos em duas grandes categorias: ativo circulante e não circulante. Ativos circulantes são aqueles que a companhia espera vender, usar ou converter em dinheiro no próximo ano, enquanto no ativo não circulante estão aqueles que podem ser convertidos em períodos acima de um ano, ou não são convertidos.

Passivos são listados na ordem em que se espera que sejam pagos. Passivo circulante é aquele que deve ser quitado dentro de um ano. No passivo não circulante estão obrigações que não serão satisfeitas no próximo ano. Ao longo do livro vamos trabalhar com uma empresa

[1] PASSIVO (CONTABILIDADE). IN: WIKIPÉDIA, a enciclopédia livre. FLÓRIDA: Wikimedia Foundation, 2014. DISPONÍVEL EM: <HTTP://PT.WIKIPEDIA.ORG/W/INDEX.PHP?TITLE=PASSIVO_(CONTABILIDADE)&OLD ID=39322156>. ACESSO EM: 9 SET. 2014.

hipotética, a empresa Bernoulli, além de utilizar dados de empresas reais do Brasil, dos EUA e da Europa. A Bernoulli funciona no ramo de exploração de serviços de construção civil e tem contratos com os setores público e privado. Abaixo, as contas mais simples da empresa, com totais de ativos, passivos e patrimônio líquido.

BALANÇO PATRIMONIAL DA EMPRESA BERNOULLI, EM R$ MIL.

Ativo	57.000	PASSIVO	57.000
Ativo Circulante	13.000	Passivo Circulante	20.000
Ativo Não Circulante	44.000	Passivo Não Circulante	21.000
		Patrimônio Líquido	16.000

Trata-se de uma empresa média, com ativo total de R$57 milhões. As regras de contabilidade resultam em um passivo idêntico, também R$57 milhões. O ativo total da empresa é dividido em ativo circulante e não circulante, sendo que a maior parte se refere aos ativos de menor liquidez, o ativo não circulante. As contas de passivo representam as contas de financiamento da empresa, tanto de capital próprio quanto de terceiros. Nesse caso, o capital próprio está na forma de patrimônio líquido, de R$16 milhões em 2013. O restante, capital de terceiros, é dividido em passivo circulante (R$20 milhões) e não circulante (R$21 milhões). A estrutura do balanço, então, é simples, dividida em usos (ativos) e fontes de recursos (passivos e patrimônio líquido). As fontes devem ser iguais aos usos e, portanto, o ativo total deve ser igual à soma do passivo, isso é, passivos circulante e não circulante e patrimônio líquido.

O ativo total também é dividido em ativo circulante e não circulante e, no caso da empresa Bernoulli, o ativo não circulante é o maior, em 2013, totalizando R$44 milhões, enquanto o ativo circulante totaliza R$13 milhões. Esse padrão é bem comum em empresas que apresentam altos níveis de investimento — uma empresa precisa imobilizar recursos para produzir. Algumas empresas de serviços, por outro lado, possuem baixo ativo não circulante, pois a maior parte das suas operações é de curto prazo. A tabela a seguir mostra alguns dados de empresas brasileiras em 2012. Como podemos ver, empresas industriais, como Usiminas, CSN, Vale e Weg apresentam baixo ativo circulante em comparação com ativo total, sendo a maior parte dos usos de recursos investimentos em contas do ativo não circulante (mais de 80% do ativo total). Para empresas de varejo ou serviços, como Lojas Marisa e Renner, ou Magazine Luiza, essa proporção é bem menor, chegando a 50%.

Empresa	Ativo total	Ativo Circulante	Ativo Não Circulante	Ativo Circulante	Ativo Não Circulante
AES Tiete	3.943.455	584.761	3.358.694	15%	85%
B2W Varejo	3.738.477	2.146.908	1.591.569	57%	43%
BR Foods	24.762.113	6.288.859	18.473.254	25%	75%
CCR SA	4.699.250	784.630	3.914.621	17%	83%
Cia Hering	1.129.709	817.047	312.662	72%	28%
Cielo	5.759.415	3.999.412	1.760.003	69%	31%
CSN	45.785.484	7.730.425	38.055.059	17%	83%
Fibria	28.844.018	4.422.663	24.421.355	15%	85%
Gafisa	6.648.587	2.401.803	4.246.784	36%	64%
Gol	3.413.010	324.608	3.088.402	10%	90%
Klabin S/A	13.273.071	4.750.530	8.522.541	36%	64%
Le Lis Blanc	936.996	581.236	355.761	62%	38%
Lojas Marisa	1.993.928	860.022	1.133.906	43%	57%
Lojas Renner	2.375.911	1.144.063	1.231.848	48%	52%
Magaz Luiza	3.701.012	2.192.910	1.508.102	59%	41%
Metal Leve	2.401.883	878.252	1.523.631	37%	63%
Natura	3.466.078	1.421.543	2.044.534	41%	59%
Pão de Açúcar - CBD	18.891.508	5.449.711	13.441.798	29%	71%
Sabesp	25.361.523	3.173.870	22.187.652	13%	87%
Souza Cruz	5.770.366	2.930.135	2.840.231	51%	49%
TOTVS	1.332.720	545.114	787.605	41%	59%
Usiminas	31.027.308	6.263.647	24.763.661	20%	80%
Vale	232.918.546	26.380.652	206.537.894	11%	89%
Weg	3.962.712	881.083	3.081.629	22%	78%

O MODELO E A RECLASSIFICAÇÃO DO BALANÇO PATRIMONIAL

"O Modelo Dinâmico resultou do estudo especificamente das empresas brasileiras, sugerindo um novo modelo, diferente dos modelos clássicos de análise das demonstrações contábeis. O estudo foi então adaptado à realidade do Brasil, onde havia um contexto de crescimento rápido, conjugado com inflação crescente, e os autores propuseram uma mudança na forma de se analisar a situação financeira da empresa que, até o momento, era feita na base contábil e estática. Ainda hoje o país se encontra nesse contexto, salvo o maior controle da inflação, mas não se deve em momento algum ignorar a rigidez do controle das finanças."[2]

Algumas contas, quando analisadas isoladamente ou em relação ao conjunto de outras, apresentam movimentação tão lenta que podem ser consideradas como permanentes ou não cíclicas. Outras, em contrapartida, apresentam movimento contínuo e cíclico bem de acordo com o ciclo operacional da empresa. Existem outras, finalmente, que apresentam movimento descontínuo ou errático, em nada ou quase nada se relacionando com o ciclo operacional.

Como explica o nosso colega Luis Augusto Lobão Mendes, "O modelo dinâmico reclassificou os grupos de contas do passivo (fontes) e do ativo (aplicações), conforme a realidade dinâmica das empresas, em que as contas se relacionam ao mesmo tempo, o que lhes confere estado de permanente movimentação."[3]

Para utilizar o modelo dinâmico é necessário reclassificar as contas circulantes do balanço patrimonial, tanto as do ativo como as do passivo, em contas cíclicas e em erráticas. Já as contas do ativo e do passivo não circulantes e o patrimônio líquido formam as contas permanentes (ou estratégicas). O ativo cíclico é o investimento que resulta das ativi-

[2] SILVA E PEREIRA (2012) O MODELO DINÂMICO COMO FERRAMENTA GERENCIAL DAS ORGANIZAÇÕES, CONGRESSO VIRTUAL BRASILEIRO DE ADMINISTRAÇÃO — ADM.CONVIBRA.COM.BR

[3] LOBÃO, L. ESTRATÉGIA EMPRESARIAL — PROMOVENDO O CRESCIMENTO SUSTENTADO E SUSTENTÁVEL. SÃO PAULO: SARAIVA, 2012.

dades operacionais da empresa, como compras, produção, estocagem e venda do produto, enquanto o passivo cíclico é a fonte denominada passivo de funcionamento, ou seja, decorrem das atividades operacionais[4]. O ativo circulante errático representa as contas de natureza financeira como valores disponíveis e aplicações de recursos de curto prazo da organização, enquanto o passivo circulante errático compreende as fontes de financiamento representadas pelos empréstimos bancários, desconto de títulos e outras operações que não estão diretamente relacionadas com o ciclo operacional da empresa[5].

Segundo o Modelo, em vez de as instituições financeiras se perguntarem: "se essa empresa fechar as portas o que sobra para nós?", passam a fazer outro questionamento: como fazer essa empresa continuar funcionando e pagando seus compromissos em dia?

Conforme citado por Santiago *et al*[6], uma administração inadequada dos recursos, dentre outros fatores, e uma aplicação precária do capital de giro, bem como de uma má avaliação da necessidade do capital de giro, levam a empresa a sérios problemas financeiros, como, por exemplo, a inadimplência com os fornecedores e com os financiamentos bancários.

Anteriormente ao Modelo, muitas análises consideravam apenas o aspecto da solvência, medidas pelos indicadores de liquidez (seca, corrente e geral), extraídos do balanço patrimonial. O Modelo propõe que esta análise fosse feita por meio de uma base dinâmica, conforme mencionado por Corrêa e Melo[7], utilizando-se de um enfoque dinâmico da contabilidade, em que se destacam os aspectos financeiros

---

[4] MATARAZZO, D. C. Análise Financeira de Balanços: Abordagem Básica e Gerencial. 5. ed. São Paulo: Atlas, 1995, p. 471.

[5] PEREIRA, A. C. Contribuição à Análise e Estruturação das Demonstrações Financeiras das Sociedades Cooperativas Brasileiras: Ensaio de Abordagem Social. Tese (Doutorado em Contabilidade) — Faculdade de Economia e Administração da Universidade de São Paulo, São Paulo, 1993.

[6] SANTIAGO, W. P.; AMARAL, H. F.; COUTINHO FILHO, F. B.; LOPES, M. V.; BOTELHO, E. M.; COUTO, J. E. "Aplicação do Modelo Dinâmico no setor têxtil de Montes Claros: uma contribuição para a gestão financeira". In: Encontro Nacional de Engenharia de Produção, 19., 1999, Rio de Janeiro. Anais. Rio de Janeiro: ABEPRO.

[7] CORRÊA, Marcelle Cristina; MELO, Alfredo Alves de Oliveira. "Gestão financeira de empresas públicas de economia mista municipal: uma aplicação do Modelo Dinâmico". In: Brasileira de Contabilidade, Brasília: CFC v.37, n.173, (out. 2008), p.65-77.

de liquidez, privilegiando assim, as análises dos equilíbrios dos fluxos monetários. A abordagem do Modelo Dinâmico exige a reestruturação do balanço patrimonial em seus componentes de curto e longo prazos e, por natureza, das transações, para então serem extraídas medidas de liquidez e estruturas financeiras que denotam níveis de risco distintos.

Para uma melhor compreensão do Modelo, as contas de ativo e passivo devem ser consideradas de acordo com a realidade dinâmica das empresas, relacionando-as com o tempo, conferindo estado de permanente movimentação e fluxo contínuo de produção. A divisão do balanço patrimonial em elementos de curto e longo prazos, assim como seus itens de curto prazo que se acham ligados às atividades operacionais (produção e vendas) daqueles alheios a essas atividades, é o primeiro passo para a implantação do Modelo.

Após a reorganização do balanço pode-se então relacionar as contas descritas e, a partir disso, calcular os indicadores que são a base do Modelo: necessidade de capital de giro (NCG), capital de giro (CDG) e saldo de tesouraria (T). É importante enfatizar que tais indicadores são extraídos a partir do ciclo financeiro da empresa estudada, demonstrando, assim, a característica temporal da análise.

ORGANIZAÇÃO DO NOVO MODELO DE BALANÇO PATRIMONIAL

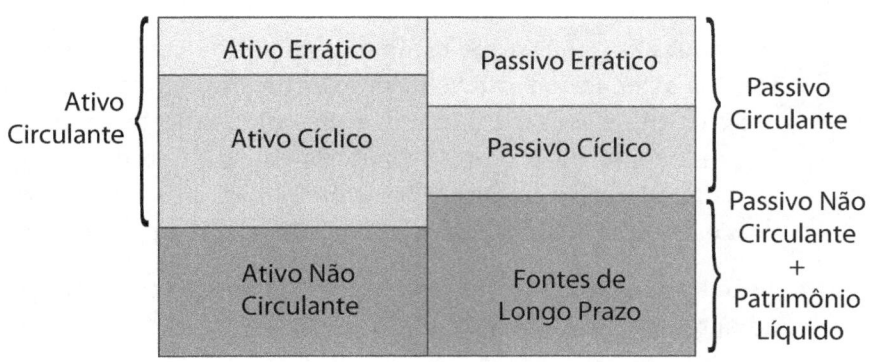

Classificação Tradicional do Balanço

Classificação tradicional de ativos de acordo com o tempo que levam para serem convertidos em dinheiro ou consumidos

- "**Caixa ou disponível**" inclui o dinheiro no caixa e no banco, cheque administrativo, cheque ao portador ou ordens de pagamento. Também podem incluir investimentos extremamente líquidos como notas promissórias, fundos de mercados monetários ou títulos do tesouro americano.

- "**Investimento de curto prazo**" são investimentos extremamente líquidos que vencem em três meses, contados da data da compra, ou mais, se a companhia pode ou tem a intenção de vendê-los nos próximos 12 meses ou ciclo periódico, qualquer que seja mais longo.

- "**Contas a receber**" advêm da venda de bens ou serviços em crédito. Os recebíveis são amparados por um acordo formal ou nota que especifica os termos de pagamentos. Contas a receber, normalmente, vencerão no próximo ano ou ciclo periódico, qualquer que seja mais longo, variando de acordo com termos negociados com os clientes. Qualquer recebível que não se espera receber durante o próximo ano, independentemente da fonte, é classificado como ativo não circulante.

- "**Estoques**" são bens que estão aguardando a venda (produtos finais), bens que estão em curso de produção (trabalho em progresso), e bens para serem consumidos diretamente ou indiretamente na produção (matéria-prima). Estoques para atacado ou varejo consistem unicamente em produtos finais, mas o estoque de manufaturas incluirão os três tipos de bens.

- "**Adiantamentos**" são despesas pagas antecipadamente, como adiantamento de aluguel ou de seguro.

- "**Investimentos**" são ativos que não são usados diretamente na operação da empresa como ações e títulos de dívidas de outras corporações, terrenos e imóveis para especulação, recebíveis não circulantes, e dinheiro separado para ocasiões especiais (como uma futura expansão das instalações).

- "ATIVOS IMOBILIZADOS" são ativos mantidos para serem usados na produção. Em muitas empresas, esses ativos são agrupados em várias categorias, tais como, máquinas, equipamentos e instalações e "ativos intangíveis".

- "MÁQUINAS, EQUIPAMENTOS E INSTALAÇÕES" são bens tangíveis, duráveis e usados nas operações do negócio como terrenos, prédios, equipamentos, maquinário, automóveis e caminhões. Eles são descritos com o custo original menos a depreciação acumulada (ou esgotamento de recursos naturais) até a data, sendo o resultado conhecido como valor contábil líquido.

- "ATIVOS INTANGÍVEIS" são itens usados na operação do negócio que não são físicos, como patentes, direitos autorais, direitos de marca, franquias e clientela. Geralmente, esses representam a propriedade de direito exclusivo.

- "OUTROS ATIVOS" incluem ativos não circulantes que não estão englobados nas demais classificações.

Os ativos da empresa Bernoulli para os anos de 2011 a 2013 seguem abaixo.

LISTA DE ATIVOS

	2011	2012	2013
ATIVO	38.500	45.000	57.000
Ativo Circulante	7.500	8.000	13.000
Disponível	1.100	1.700	3.200
Clientes	3.000	3.000	4.000
Estoques	1.000	1.000	2.000
Adiantamento a Fornecedores	2.000	1.800	3.500
Outros	400	500	300

LISTA DE ATIVOS (*CONTINUAÇÃO*)

	2011	2012	2013
Ativo Não Circulante	**31.000**	**37.000**	**44.000**
Realizável a Longo Prazo	1.000	3.500	8.000
Investimento	2.000	1.000	1.000
Imobilizado	8.000	10.000	11.000
Intangível	20.000	22.500	24.000

Aqui vemos a primeira característica de um balanço patrimonial: a separação entre as contas de ativo circulante e ativo não circulante. Dentro do ativo circulante as contas estão classificadas por sua liquidez. As contas mais líquidas encontram-se primeiro e as outras são decrescentes em termos de facilidade de transformar os usos em caixa. Assim, a primeira conta é o disponível para a empresa, normalmente o que a empresa tem em suas contas bancárias correntes ao final do ano.

A conta clientes é mais líquida que a conta de estoques, já que a empresa não pode ficar sem estoque para produzir, mas poderia, em último caso, vender os recebíveis de seus clientes no mercado (por exemplo, para empresas de *factoring*).

Isso não muda quando analisamos os dados do ativo não circulante. Também aqui a ordem vai dos ativos mais líquidos aos menos líquidos. Espera-se que em algum momento o realizável a longo prazo seja convertido em caixa. Ou seja, esses devem ser recebidos, enquanto o ativo, imobilizado; como o nome diz, não deve ser transformado em caixa, a não ser que a empresa venha a ser liquidada. Por último, o ativo menos líquido é o intangível, normalmente direitos de exploração de serviços ou propriedade intelectual. Por não serem físicos, têm menos liquidez que imóveis, máquinas e equipamentos, que compõem o ativo imobilizado líquido, mas podem ser eventualmente transformados em caixa, como na venda de patentes, por exemplo.

CLASSIFICAÇÃO TRADICIONAL DE PASSIVOS DE ACORDO COM O TEMPO A SEREM PAGOS:

- "EMPRÉSTIMOS E FINANCIAMENTOS" são empréstimos de curto prazo de bancos organizados sob uma linha de crédito existente que permite à companhia tomar empréstimo sem precisar seguir procedimentos e documentação formais de empréstimos.

- "TÍTULOS A PAGAR" são empréstimos de curto prazo de um banco, quando a companhia assina uma nota promissória e esta é fonte de financiamento de curto prazo. Algumas vezes, empréstimos de curto prazo são assegurados; ou seja, um ativo específico do tomador de empréstimo é dado como garantia para o empréstimo. Apesar de diversos tipos de ativos poderem ser utilizados, os empréstimos assegurados, frequentemente encontrados na prática, têm como garantia estoques ou contas a receber.

- "FORNECEDORES A PAGAR" são obrigações com fornecedores de mercadorias ou serviços. Isso significa que o único instrumento de crédito formal é a fatura. Duplicatas a pagar diferem das contas a pagar visto que elas são formalmente reconhecidas como uma nota promissória.

- "ADIANTAMENTO DE CLIENTES" representa o dinheiro recebido de um cliente por bens ou serviços que serão fornecidos num período futuro.

- "PASSIVO NÃO CIRCULANTE" são as obrigações que não serão satisfeitas no próximo ano. Exemplos são notas de longo prazo, títulos, obrigações previdenciárias e obrigações de arrendamento.

- "PATRIMÔNIO LÍQUIDO" é o resultado do total de ativos (o que a companhia possui) menos o total de passivo exigível (o que a companhia deve), na visão tradicional. Patrimônio líquido, também conhecido como patrimônio dos proprietários, é uma estimativa do valor de liquidação de uma empresa. Ele representa o crédito com os acionistas depois que todos os credores e dívidas forem pagos. O patrimônio líquido de uma corporação vem de duas fontes, primordialmente: (1) valores investidos por acionistas na empresa, e (2) lucros retidos, soma do lucro líquido acumulado ganho desde a criação da empresa e não pago (ainda) para os acionistas como dividendos.

Lista de Passivo e Patrimônio Líquido

	2011	2012	2013
PASSIVO	**38.500**	**45.000**	**57.000**
Passivo Circulante	**11.500**	**14.000**	**20.000**
Fornecedores	3.200	5.000	5.500
Empréstimos e Financiamentos	4.500	5.000	11.000
Salários e Encargos a Pagar	1.800	2.000	2.000
Impostos a Pagar	1.000	1.500	1.500
Outros	1.000	500	0
Passivo Não Circulante	**14.000**	**17.000**	**21.000**
Provisão para Contingências	2.000	2.000	2.200
Empréstimos e Financiamentos	12.000	15.000	18.800
Patrimônio Líquido	**13.000**	**14.000**	**16.000**
Capital Social	6.000	6.000	6.000
Lucros Acumulados	7.000	8.000	10.000

Na verdade, um balanço patrimonial pode ser muito mais complexo do que o exposto acima. Por exemplo, as contas completas de passivo e patrimônio líquido das Lojas Americanas, em 2013, são muito detalhadas.

Como pode ser visto, há muito mais contas em um balanço patrimonial do que apresentamos na versão simplificada da empresa fictícia Bernoulli. Contudo, a lógica é a mesma, seja para uma empresa simples ou complexa. Para as Lojas Americanas, as contas mais líquidas vêm primeiro e seguem em ordem de liquidez decrescente. Mais importante: as contas de patrimônio líquido envolvem diversos ajustes patrimoniais, que não eram descritos nos modelos antigos de contabilidade. Mas os detalhes não são importantes. Para a maioria das empresas, um modelo como o da Bernoulli é suficiente para traçar estratégias baseadas em dados financeiros.

CAPÍTULO 2

A ESTRUTURA DO MODELO DINÂMICO

O Modelo Dinâmico muda a maneira como as definições contábeis são geralmente entendidas visando adaptar o uso das demonstrações financeiras à dinâmica da empresa. Originalmente, o modelo propõe uma nova classificação para as contas circulantes, de acordo com sua natureza financeira ou operacional, com esta segregação sendo essencial para processo de avaliação da necessidade de capital de giro pela empresa. Na realidade dinâmica das empresas, as contas do ativo e do passivo são classificadas conforme o tempo que levam para realização de um ciclo. Algumas contas apresentam movimentação mais lenta, podendo ser consideradas permanentes ou não cíclicas. O movimento de outras contas, no entanto, com movimento relacionado ao ciclo operacional do negócio, pode ser denominado contínuo e cíclico. Existem também contas que não estão relacionadas diretamente com as operações, cujo movimento pode ser classificado como descontínuo e errático.

Uma Nova Maneira de Separar o Balanço Patrimonial

Em contabilidade, ativos são divididos em duas grandes categorias: ativos circulantes e ativos não circulantes. Essa definição não reconhece que, enquanto alguns ativos circulantes são de natureza financeira e podem ser convertidos em dinheiro de imediato (como dinheiro e equivalentes ou investimentos financeiros de curto prazo que absorvem o excesso de dinheiro), outros estão ligados à dinâmica do ciclo de negócios. Por exemplo, estoques estão ligados à produção e ao processo de marketing e contas a receber refletem o volume de vendas e o tempo que consumidores levam para pagar. Ativos financeiros circulantes podem não estar mais presentes no próximo ano e, por isso, os chamaremos de contas erráticas. Mas ativos cíclicos estão ligados à operação e eles estarão presentes enquanto a empresa produza e venda.

Abaixo temos o ativo circulante tradicional e os dados do ativo cíclico, como reclassificamos esta parte do Balanço Patrimonial.

Ativo Circulante	7.500	8.000	13.000
Disponível	1.100	1.700	3.200
Clientes	3.000	3.000	4.000
Estoques	1.000	1.000	2.000
Adiantamento a Fornecedores	2.000	1.800	3.500
Outros	400	500	300

Ativo Errático	1.500	2.200	3.500
Disponível	1.100	1.700	3.200
Outros	400	500	300
Ativo Cíclico	6.000	5.800	9.500
Clientes	3.000	3.000	4.000
Estoques	1.000	1.000	2.000
Adiantamento a Fornecedores	2.000	1.800	3.500

Para determinar o ativo cíclico, pegamos somente as contas relativas às operações da empresa. Embora a Bernoulli tenha R$3,5 milhões em caixa no final de 2013, esse valor não se refere às operações correntes da empresa e, portanto, não se encontra nos ativos cíclicos.

Outra forma de visualizar a nova dinâmica da empresa é por meio da figura a seguir.

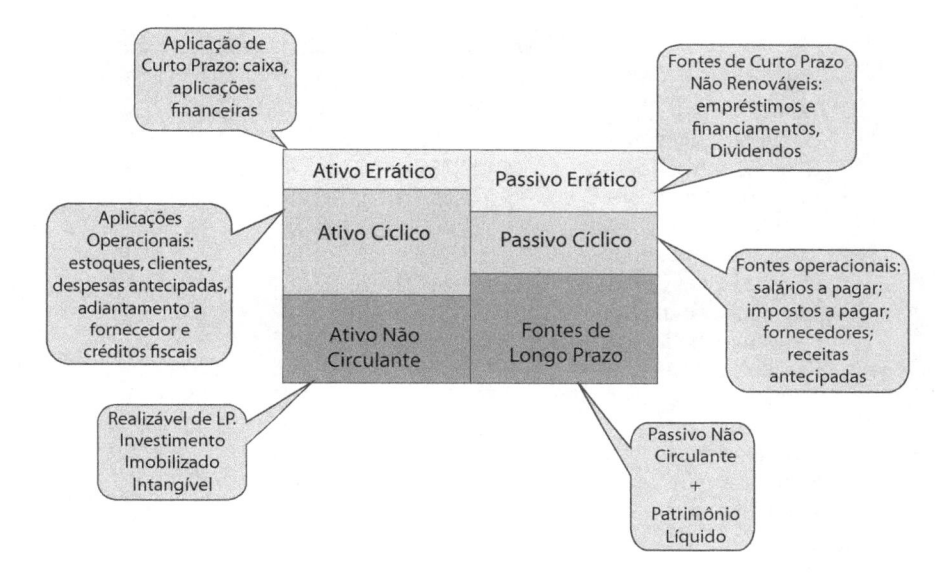

É importante lembrar que nem sempre as contas do ativo e passivo cíclico estarão necessariamente no ativo e passivo circulante.

Vamos pegar o caso da empresa Cyrela, por exemplo. A Cyrela é uma grande empresa e opera no mercado imobiliário brasileiro na incorporação de empreendimentos residenciais. Ela tem ações negociadas na bolsa de valores e atua em todas as regiões do Brasil. No caso do balanço da empresa, temos contas cíclicas no ativo e passivo não circulante. Isso acontece porque, no caso da construção residencial, muitas vezes contas a receber de clientes têm prazos maiores que um ano, já que muitas pessoas compram imóveis parcelados em prazos longos. O mesmo acontece com o adiantamento de clientes — muitas vezes as entradas em um projeto em construção são feitas por um período maior que um ano e, portanto, apesar de serem contas cíclicas, estão lançadas nas contas não circulantes. O ciclo desse tipo de empresa é bastante longo e, assim sendo, uma análise seguindo o modelo dinâmico deve refletir esse tipo de ciclo.

Cyrela
Balanço Patrimonial Consolidado

reais/mil

	2010	2011	2012
Ativo	12.042.561	13.644.677	13.829.895
Ativo Circulante	8.189.985	8.781.415	9.737.751
Caixa e Equivalente	849.825	858.113	1.732.674
Clientes a Receber	4.129.789	4.745.549	4.875.743
Estoque - Imóveis a Com	3.076.564	3.023.701	2.984.464
Tributos a Recuperar	82.650	86.369	88.655
Despesas Antecipadas	7.740	10.532	5.580
Outros Ativos Circulares	43.417	57.151	50.635
Ativo Não Circulante	3.852.576	4.863.262	4.092.144
Realizável no Longo Prazo	3.586.984	4.570.633	3.822.166
Clientes a Receber	2.114.555	1.749.215	1.529.411
Estoque-Imóveis a Com	752.751	900.327	1.085.613
Outros	719.678	1.921.091	1.207.142
Investimento	6.179	6.886	8.471
Imobilizado Bruto	168.723	197.091	173.901
Ativo Intangível	90.690	88.425	87.606

reais/mil

	2010	2011	2012
Passivo	12.042.561	13.644.677	13.829.895
Passivo Circulante	3.921.657	4.383.469	4.290.025
Obrigações Sociais e Trab.	72.435	100.348	93.398
Fornecedores	135.166	235.984	281.890
Obrigações Fiscais	353.166	425.641	326.252
Empréstimos e Financ.	877.948	1.143.432	931.598
Adiantamento de Clientes	1.518.142	1.423.196	1.261.307
Aquisições de Imóveis a Pg	341.835	334.322	248.536
Outros Passivos Circulantes	622.287	720.546	1.147.044
Passivo Não Circulante	3.438.967	4.338.442	4.146.564
Empréstimos e Financ.	2.554.714	3.445.675	3.287.098
Adiantamento de Clientes	552.714	558.867	561.420
Aquisições de Imóveis a Pg	123.164	132.288	76.126
Outros Passivos Não Circ.	208.215	201.612	221.920
Patrimônio Líquido	4.681.937	4.992.766	5.393.306
Capital Social	2.893.119	2.892.803	2.844.022
Reservas de Capital	60.250	83.402	99.374
Reservas de Lucro	1.728.568	1.946.561	2.449.910

Dinâmica do Ciclo Financeiro

A própria essência de um negócio é aumentar a riqueza por meio de seu ciclo produtivo. No momento da venda de produtos finais e serviços, há entrada de valores, e saída por meio de despesas (como o consumo de matéria-prima ou bens para revenda, uso de trabalho, serviços externos como transporte, pagamento de impostos e outras obrigações, dos quais esses valores são despendidos). O ciclo de produção é a conversão de matéria-prima em produto final e vendas[1].

A classificação contábil de acordo com a maturidade é estática. Ela ignora a natureza cíclica das contas circulantes que estão envolvidas no ciclo financeiro de uma empresa[2]. Isto é, o ciclo financeiro de uma empresa sé dá quando, ao longo de sua atividade, uma empresa transforma seu estoque em vendas, e suas vendas em dinheiro, que então é usado para pagar fornecedores de bens e serviços. A duração de um ciclo financeiro é o tempo necessário para converter dinheiro em matéria-prima, matéria-prima em produto final, produto final em recebíveis e, por fim, recebíveis de volta a dinheiro.

Esses conceitos podem ser visualizados considerando-se o caso de uma usina de fabricação de aço cujo ciclo físico de produção e o fluxo dos custos de produção estão esquematizados na figura apresentada a seguir.

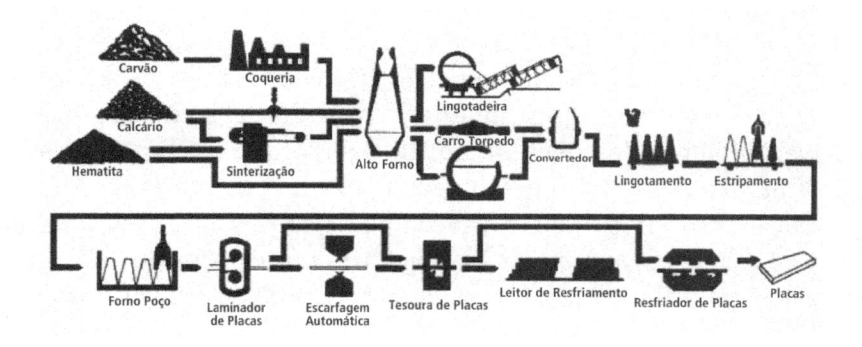

---

[1] O CICLO DE PRODUÇÃO TAMBÉM É CHAMADO DE CICLO ECONÔMICO, CICLO DE NEGÓCIOS OU CICLO COMERCIAL.

[2] O CICLO FINANCEIRO É CHAMADO TAMBÉM DE CICLO DE CONVERSÃO EM DINHEIRO OU CASH TO CASH (C2C) NOS EUA.

O processo de produção inicia-se com a transferência das matérias-primas do estoque para os departamentos de produção localizados dentro da fábrica. À medida que a mão de obra, juntamente a outros materiais, é utilizada para transformar as matérias-primas em produtos acabados, os custos de produção fluem para o estoque em elaboração.

Finalmente, quando atingem a forma final, os produtos e os custos de produção a eles associados são transferidos para o estoque de produtos acabados.

Em sentido amplo, o ciclo físico de produção compreende três fases principais: armazenagem de matérias-primas, transformação das matérias-primas em produtos acabados e armazenagem dos produtos acabados. Os custos de produção incorridos em uma fábrica são aplicados à produção, à medida que esta flui por meio das suas seções, departamentos ou centros de custo. O fluxo dos custos de produção acompanha o movimento físico das matérias-primas, à medida que estas são recebidas, armazenadas, retiradas dos estoques e transformadas em produtos acabados. O resultado do ciclo de produção na demonstração de resultados é o balanço de lucros operacionais e custos operacionais incorridos para obter estas entradas. Iremos nos referir a essas como lucro operacional bruto ou EBITDA[3] (em português, LAJIDA, lucro antes dos juros, impostos, depreciação e amortização). Veremos em um capítulo posterior o significado e importância desse conceito de lucro operacional.

O ciclo produtivo ou econômico é caracterizado pelo tempo entre entrada de matéria-prima (compras) e saída de produtos finais (vendas), enquanto o ciclo financeiro é caracterizado pelo período entre saídas de caixa (pagamento a fornecedores) e entrada em caixa (recebimento de clientes). Considerando que o fluxo de produção é um processo contínuo, níveis de estoque de matérias-primas, produção, produtos finais, fornecedores e contas a receber flutuam com as vendas, programa de produção e políticas de administração de estoque. A fim de assegurar um fluxo contínuo de produção, a

---

[3] Earnings before interest, taxes, depreciation and amortization

fábrica deve manter em estoque uma certa quantidade permanente de matérias-primas.

As matérias-primas são, em geral, adquiridas a prazo mediante créditos concedidos por fornecedores, dando origem às "contas a pagar". Os custos das matérias-primas consumidas durante o processo de produção, juntamente aos custos de mão de obra e custos gerais de produção, fluem para o estoque de produtos acabados. Os produtos acabados são, em geral, vendidos a prazo por meio dos créditos concedidos a clientes, dando origem às "contas a receber". Considerando-se que o fluxo de produção é um processo contínuo, os níveis dos estoques de matérias-primas, produção, produtos acabados, contas a pagar e contas a receber flutuarão com as vendas, programa de produção e políticas de administração de estoques, contas a receber e contas a pagar.

Os ciclos de produção e financeiros estão relacionados aproximadamente pela equação seguinte:

> **ciclo financeiro= ciclo de produção + período médio de arrecadação das contas a receber - tempo médio de pagamento dos fornecedores**

O ciclo financeiro começa com a compra das matérias-primas e com o período de tempo necessário para pagar os fornecedores (conta fornecedores), continua com a conversão de matérias-primas em produtos finalizados (estoques[4]), os produtos finalizados em clientes a receber e, por fim, recebíveis de novo em dinheiro.

O ciclo financeiro mede o tempo (em dias) que a empresa demora a produzir e vender seu estoque, coletar os recebíveis e pagar seus fornecedores. Ele o faz olhando quão rápido a empresa transforma

---

[4] Estoques são bens esperando pela venda (produtos finais), bens em curso de produção (trabalho em processo), e bens a serem consumidos diretamente ou indiretamente na produção (matéria-prima).

seus estoques em vendas, e suas vendas em dinheiro, e o tempo que é então usado para pagar os fornecedores pelos bens e serviços. O ciclo financeiro fica 'defasado' em relação ao ciclo de produção, visto que o movimento de dinheiro ocorre em datas posteriores às da compra de matérias-primas e venda dos produtos finais.

O ciclo financeiro pode ser representado graficamente pela combinação do ciclo econômico e dos prazos de estocagem, pagamento e recebimento.

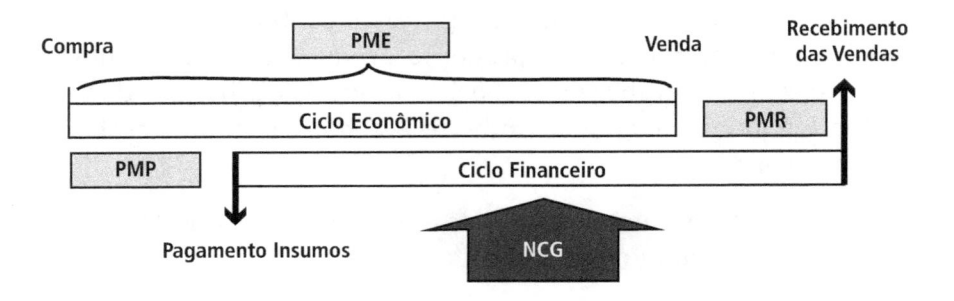

É essencial isolar, no balanço patrimonial, ativos cíclicos e passivos cíclicos que logicamente aumentarão e diminuirão em relação aos negócios da empresa.

Reclassificação de Acordo com o Modelo Dinâmico

Ativo

Em vez de separar ativos em duas grandes categorias (circulante e não circulante), nós os dividimos em **três categorias:**

1. Ativo errático,

2. Ativos cíclicos,

3. Ativos de longo prazo.

1. **Ativos erráticos**[5] são ativos disponíveis para uso imediato e aqueles que são sensatamente esperados a serem convertidos em dinheiro ou consumidos no próximo ano ou dentro do ciclo normal do negócio (se este é maior que um ano).

   Ativos financeiros circulantes incluem:

   - Disponível (dinheiro e equivalentes)
   - Investimentos de curto prazo
   - Impostos não ligados à produção diferidos
   - Outros ativos circulantes (se não ligados à produção)

2. **Ativos cíclicos (ou operacionais)** são ativos mantidos por menos de 12 meses em princípio e necessários para produção, venda ou ambos. Em algumas empresas, como no ramo de serviços de construção civil, encontram-se ativos cíclicos mantidos por mais de 12 meses (também temos, mais a frente o exemplo de uma empresa de outro ramo, a Embraer).

   Ativos cíclicos incluem:

   - Clientes ou contas a receber
   - Estoques
   - Adiantamento a fornecedores
   - Despesas de produção antecipadas

3. **Ativos não circulantes** são ativos que a empresa usará por mais de um ano a fim de gerar lucros. Eles incluem: realizável a longo prazo, investimentos, imobilizado líquido e intangível.

Para a empresa Bernoulli, então, a nova reclassificação de ativos significa que esse lado do Balanço Patrimonial, para os anos de 2011 a 2013 fica:

---

[5] ERRÁTICO, DO LATIM ERRATÁCUS. ERRANTE, VADIO, ERRADIO, ALEATÓRIO, ANDANDO FORA DO CAMINHO. OU SEJA, IMPLICA NA NÃO LIGAÇÃO DESSAS CONTAS AO CICLO OPERACIONAL DA EMPRESA.

ATIVO	38.500	45.000	57.000
Ativo Errático	**1.500**	**2.200**	**3.500**
Disponível	1.100	1.700	3.200
Outros	400	500	300
Ativo Cíclico	**6.000**	**5.800**	**9.500**
Clientes	3.000	3.000	4.000
Estoques	1.000	1.000	2.000
Adiantamento a Fornecedores	2.000	1.800	3.500
Ativo Não Circulante	**31.000**	**37.000**	**44.000**
Realizável a Longo Prazo	1.000	3.500	8.000
Investimento	2.000	1.000	1.000
Imobilizado Líquido	8.000	10.000	11.000
Intangível	20.000	22.500	24.000

Para algumas empresas, com ciclo de produção muito longo, algumas contas do não circulante podem fazer parte do ativo cíclico. Um dos exemplos é a Embraer, cujo ciclo de produção é tão longo que ela tem a conta estoques (cíclico) tanto no ativo circulante quanto não circulante — ou seja, peças que vão ser usadas em um processo de construção de aviões que leva mais de um ano para ser completo. Em nosso caso, o ativo cíclico é composto de clientes, estoques e adiantamento a fornecedores, enquanto o ativo não circulante permanece o mesmo da análise tradicional. Se estivéssemos analisando os dados da Embraer teríamos diferenças tanto no ativo cíclico quanto no não circulante em relação às definições tradicionais.

Passivo

Em vez de separar os passivos em duas grandes categorias, o Modelo Dinâmico os divide em **três categorias:**

1. **Passivos erráticos,**

2. **Passivos cíclicos,**

3. **Recursos de longo prazo (passivos de longo prazo e patrimônio líquido).**

Essa separação reconhece que, enquanto alguns passivos circulantes podem ser renovados somente se os credores aceitarem, outros serão renovados enquanto a empresa estiver funcionando, porque resultam de transações com consumidores e fornecedores em operações correntes.

1. Passivos erráticos incluem:

- Empréstimos e financiamento (dívidas de curto prazo incluindo empréstimos bancários de curto prazo)

- Outros passivos circulantes (não ligados à produção)

2. Passivos cíclicos (ou operacionais) são ligados a transações com consumidores e fornecedores em operações correntes. Eles incluem:

- Fornecedores

- Salários e encargos a pagar

- Impostos a pagar (ligados a operações)

3. Recursos de longo prazo incluem passivo não circulante e patrimônio líquido.

Na nova classificação, os dados de passivo total da empresa Bernoulli agora são:

	2011	2012	2013
PASSIVO	**38.500**	**45.000**	**57.000**
Passivo Errático	**5.500**	**5.500**	**11.000**
Empréstimos e Financ.	4.500	5.000	11.000
Outros	1.000	500	0
Passivo Cíclico	**6.000**	**8.500**	**9.000**
Fornecedores	3.200	5.000	5.500
Salários e Encargos a Pagar	1.800	2.000	2.000
Impostos a Pagar	1.000	1.500	1.500

	2011	2012	2013
Passivo Não Circulante	**14.000**	**17.000**	**21.000**
Provisão para Contingências	2.000	2.000	2.200
Empréstimos e Financiam.	12.000	15.000	18.800
Patrimônio Líquido	**13.000**	**14.000**	**16.000**
Capital Social	6.000	6.000	6.000
Lucros Acumulados	7.000	8.000	10.000

Como podemos perceber, a divisão entre passivo errático e passivo cíclico revela uma grande diferença nas operações da empresa. Para o ano de 2013, o valor do passivo circulante financeiro é inclusive superior ao do passivo cíclico. Como veremos mais adiante, isso significa que a empresa está se financiando no curto prazo de forma significativa. A forma tradicional de analisar balanços, que agrupa todo o passivo circulante, não mostra essa diferença.

Padrão de Classificação do Balanço

O padrão contábil brasileiro tem como base o IFRS (International Financial Reporting Standards) e as normas contábeis brasileiras, que são determinadas pelo Comitê de Pronunciamentos Contábeis. Esse padrão é usado obrigatoriamente por todas as empresas de capital aberto. As grandes empresas de capital fechado recentemente também passaram a ter como obrigatoriedade a apresentação de balanço no mesmo padrão das empresas de capital aberto. Ao longo desse livro, baseamo-nos em dados contábeis, mas estamos preocupados com a gestão financeira por trás desses dados e, portanto, tomamos a liberdade para reclassificar balanços e demonstrativos para criação de demonstrações gerenciais.

Ativo

1. Contas Erráticas do Ativo

São contas de curto prazo não necessariamente renováveis ou ligadas à atividade operacional da empresa.

1.1. Disponível

Compreende os valores que podem ser utilizados livremente na movimentação dos negócios, assim como os valores de conversão imediata. Contas representativas deste grupo:

- Caixa

- Bancos c/ movimento

- Cheques em trânsito

- Numerários em trânsito

- Depósitos bancários à vista

Os títulos de livre circulação (*open market*), devido ao lucro que proporcionam, são classificados no item 1.2. "títulos negociáveis", não obstante a alta liquidez que possuem.

1.2. Títulos negociáveis

Abrangem as aplicações em valores mobiliários negociáveis a curto prazo, efetuadas com o objetivo de absorver excesso de caixa e obter lucro. Contas representativas dessas aplicações:

- Letras de câmbio

- Letras imobiliárias

- Certificados de depósitos

- Títulos e valores mobiliários

- Títulos de livre circulação (*open market*)

1.3. Outros ativos de curto prazo

Englobam os valores de curto prazo não classificáveis nos itens anteriores tais como créditos concedidos a terceiros, em transações não ligadas ao objeto social da empresa, desembolsos necessários, valores vinculados etc.

Contas representativas desses valores:

- Letras a receber

- Títulos a receber

- Valores a receber

- Dívidas em liquidação

- Bancos c/ vinculada

- Contas-correntes

- Devedores diversos

- Valores a receber de empresas coligadas

2. CONTAS CÍCLICAS DO ATIVO

São contas de curto prazo, renováveis e ligadas à atividade operacional da empresa.

2.1. CLIENTES A RECEBER

Incluem os créditos a receber de clientes pela venda de mercadorias, produtos ou serviços, objeto da atividade operacional da empresa. Conta representativa desses créditos: contas a receber de clientes. Os saldos das contas do passivo que representam estimativas de prejuízo futuras no recebimento de créditos concedidos a clientes são subtraídos dos valores correspondentes do ativo, a fim de se obter o valor líquido das contas deste grupo. Conta representativa desse tipo: Provisão para Créditos de Liquidação Duvidosa.

2.2. ESTOQUES

Compreendem as mercadorias, produtos em elaboração e acabados destinados à venda, os materiais adquiridos para transformação no processo produtivo ou agregação aos produtos elaborados, além dos materiais de uso, consumo e reposição, necessários ao funcionamento técnico e administrativo da empresa. São contas representativas desses elementos:

- Mercadorias

- Existências

- Inventários

- Produtos acabados

- Produtos em elaboração

- Matérias-primas

- Materiais de fabricação

- Embalagens

- Combustível

- Estoques

- Materiais diversos

- Material de expediente

- Almoxarifado

- Ferramentas

- Material de limpeza

- Importações em andamento (quando se referem a importações de bens componentes dos estoques, conforme já definido)

- Mercadorias em trânsito

A exemplo de provisão para créditos de liquidação duvidosa citada anteriormente, falamos de provisão para perda de estoque, fato que ocorre com produtos de rápida obsolescência.

2.3. Despesas pagas antecipadamente

Englobam as despesas correspondentes a bens e serviços adquiridos pela empresa, mas ainda não utilizados na data do balanço. A sua apropriação como despesa somente ocorrerá no exercício seguinte. Contas representativas dessas despesas:

- Depósitos restituíveis (ligados às importações)
- Aluguéis a vencer
- Comissões pagas a vencer
- Prêmios de seguros a vencer
- Materiais de expediente
- Assinaturas de periódicos
- IPTU e IPVA

Essas despesas quando não renováveis e ligadas às atividades operacionais da empresa deverão ser classificadas no item 1.3, "outros ativos de curto prazo".

3. Contas não cíclicas do ativo

São contas que representam aplicações por prazo superior a um ano.

3.1. Realizável a longo prazo

Compreende os valores de prazo de conversão superior a um ano, não classificáveis nos itens 3.2 (investimentos), 3.3 (ativo imobilizado) e 3.4 (ativo diferido). Principais contas deste grupo:

- Créditos com empresas subsidiárias ou coligadas
- Títulos e valores
- Estoques vinculados
- Devedores diversos

- Créditos com diretores

- Depósitos judiciais

- Créditos com acionistas

3.2. Investimentos

Englobam as aplicações permanentes em outras sociedades e os créditos de qualquer natureza, não oriundos da atividade operacional da empresa. Contas representativas deste grupo:

- Ações

- Aplicações por incentivos fiscais

- Investimentos em outras empresas

- Participações em empresas coligadas

- Participações em empresas controladas

- Terrenos (não destinados a fins operacionais)

- Valores a receber a longo prazo (relativos a operações não ligadas ao objeto social)

- Apólices e títulos de renda

3.3. Ativo imobilizado

Abrange as aplicações permanentes em bens destinados à manutenção das atividades da empresa. Tais bens podem ser de natureza tangível (construções, equipamentos, máquinas etc.), ou intangível (marcas e patentes, concessões e direitos etc.). Contas representativas do imobilizado:

- Instalações

- Máquinas

- Equipamentos

- Móveis e utensílios

- Terrenos

- Construções em andamento

- Adiantamentos a fornecedores de imobilizações

- Importações em andamento de imobilizações

As contas adiantamentos a fornecedores e importações em andamento integram este item quando se referem a fornecimentos ou importações de bens destinados ao ativo imobilizado.

Os saldos das contas que indicam provisão para perda de valor de bens do ativo imobilizado e intangível devem ser subtraídos dos respectivos originais, para se obter seu valor líquido. Contas típicas:

- Provisão para depreciação

- Provisão para amortização

- Provisão para exaustão

3.4. Ativo diferido

Como nos EUA, não há mais a ativação de despesas pré-operacionais.

Passivo

1. Contas erráticas do passivo

São contas de curto prazo não necessariamente renováveis ou ligadas à atividade operacional da empresa.

1.1. Duplicatas descontadas

Compreendem o montante dos títulos a crédito da empresa, cuja posse e propriedade é transferida a instituições, através de endosso, em troca do valor dos títulos, após deduzidas as despesas incidentes sobre a operação. Contas usuais deste grupo:

- Duplicatas descontadas

- Valores descontados

- Títulos descontados

Apesar de sua posição como valor dedutível das contas a receber no balanço patrimonial, as duplicatas descontadas representam capital de terceiros na empresa, cuja remuneração compõe as despesas financeiras.

1.2. Obrigações de curto prazo – parte errática

Englobam as obrigações de curto prazo não necessariamente renováveis ou ligadas à atividade operacional da empresa, tais como empréstimos bancários, emissão de títulos, distribuição de lucros etc. Contas representativas deste grupo:

- Dividendos a pagar

- Credores diversos

- Títulos a pagar

- Letras de câmbio

- Credores no exterior

- Empréstimos e financiamentos

- Bancos com garantia

- Imposto de renda a pagar

2. Contas cíclicas do passivo

São contas de curto prazo, renováveis e ligadas à atividade operacional da empresa.

2.1. Fornecedores

Compreendem as obrigações de curto prazo da empresa, provenientes da compra de mercadorias, matérias-primas, materiais etc., utilizados na atividade operacional da empresa. A conta fornecedores a ser incluída no passivo cíclico refere-se unicamente ao fornecimento de insumos operacionais regulares. Os fornecedores para imobilizações (investimentos) não devem ser aí incluídos.

2.2. OUTRAS OBRIGAÇÕES DE CURTO PRAZO – PARTE CÍCLICA

Englobam as obrigações de curto prazo renováveis e ligadas à atividade operacional da empresa. Contas usuais deste grupo:

- Impostos a pagar sobre operações
- Ordenados a pagar
- Contribuições sociais a recolher

3. CONTAS NÃO CIRCULANTES DO PASSIVO

São contas que compõem o passivo permanente da empresa (recursos de longo prazo).

3.1. PASSIVO NÃO CIRCULANTE

Englobam as obrigações da entidade cuja liquidação excede o prazo do exercício social (em prática, um ano).

Contas usais deste grupo:

- Instituições financeiras
- Créditos de sócios acionistas
- Obrigações tributárias

DEBÊNTURES

Englobam as obrigações cuja liquidação excede o prazo de um ano.

3.2. Patrimônio Líquido

O patrimônio liquido é formado pelo grupo de contas que registra o valor contábil pertence aos acionistas ou quotistas.

O patrimônio liquido abrange as seguintes contas:

- Capital social
- Reservas de capital
- Ajustes de avaliação patrimonial
- Reservas de lucros
- Ações em tesouraria
- Prejuízos acumulados

CAPÍTULO 3

NECESSIDADE DE CAPITAL DE GIRO: UM "NOVO" CONCEITO

A necessidade de capital de giro (NCG) é um conceito econômico-financeiro e não uma definição legal. Refere-se ao saldo de contas cíclicas ligadas às operações da empresa:

> **NCG = ativos cíclicos - passivos cíclicos**

A classificação contábil, muitas vezes, não permite identificar com clareza as contas do ativo e passivo cíclicos. Assim, a medida da necessidade de capital de giro (NCG) pode variar de acordo com as informações de que os analistas financeiros dispõem sobre os ciclos econômico e financeiro das empresas. A NCG é muito sensível às modificações que ocorrem no ambiente econômico em que a companhia opera. Assim, modificações como redução de crédito de fornecedores, aumento de estoques etc., alteram, a curto prazo, a NCG. Todavia, a NCG depende, basicamente, da natureza e do nível de atividades dos negócios da organização. A natureza dos negócios da empresa determina seu ciclo financeiro, enquanto o nível de atividade é função das vendas. O nível de atividade afeta mais acentuadamente a NCG das empresas de ciclo financeiro de longa duração do que a das de ciclo financeiro de curta duração. A NCG é obtida pela subtração do passivo cíclico dos ativos cíclicos.

> **NCG = necessidades operacionais cíclicas**
> **(ativos cíclicos) - recursos operacionais cíclicos**
> **(passivo cíclico)**

Lembre-se que:

Ativos Cíclicos (mantidos por menos de 12 meses — em princípio — e necessários para a produção ou venda, ou ambos) incluem o seguinte:

- Clientes (contas a receber)

- Estoques

- Despesas antecipadas

- Outros ativos de circulantes ligados à atividade operacional

Passivo Cíclico (ligado à negociação com consumidores e fornecedores em operações recorrentes) incluem:

- Fornecedores

- Salários e encargos a pagar

- Obrigações fiscais ligadas a operações correntes

- Adiantamento de clientes

- Outros passivos circulantes ligados à atividade operacional

---

NCG = contas a receber + estoques + despesas antecipadas - fornecedores - salários e encargos a pagar - obrigações fiscais ligadas a operações correntes - adiantamento de clientes.

Se a empresa suspender parte de suas operações, interrompendo uma ou mais de suas linhas de produção, ou ocorrendo estado de falência ou concordata, a necessidade de capital de giro, que constituía uma aplicação de fundos, passará a constituir uma fonte de fundos que poderá, por exemplo, ser utilizada por ela para pagamento a credores e acionistas.

NCG: Um Novo Conceito Econômico-Financeiro

Na maioria das empresas industriais, as saídas de caixa ocorrem antes das entradas. Produção transforma matérias-primas e componentes em produtos finais. A fábrica compra insumos e converte-os em produtos, ao passo que matérias-primas são transformadas em bens finalizados, incentivando o cliente a adquirir seu produto por meio das condições de venda (preços e disponibilidade de crédito). Essa situação cria uma necessidade de aplicação permanente de fundos, que se evidencia no balanço por uma diferença positiva entre o valor das contas dos ativos cíclicos e as contas dos passivos cíclicos: a necessidade de capital de giro (NCG) é positiva. Isso não é diferente em empresas de serviços. Se primeiro os serviços são prestados e somente depois a empresa é remunerada, a necessidade de capital de giro também é positiva.

É importante ressaltar que a NCG depende, basicamente, da natureza e do nível de atividades dos negócios da empresa e, portanto, é muito sensível às modificações que ocorrem no ambiente econômico. A natureza dos negócios da empresa determina seu ciclo financeiro, enquanto o nível de atividade é função das vendas.

Em alguns raros casos, é possível que a NCG seja negativa. As saídas de caixa, nesses casos, ocorrem depois das entradas de caixa. O passivo cíclico é maior do que o ativo cíclico, tornando-se uma fonte de fundos para a empresa. Esse é o caso de algumas empresas comerciais, que recebiam o valor de suas vendas antes de pagar os seus fornecedores de mercadorias.

A empresa Bernoulli tem duas atividades, a de venda de bens e contratos de prestação de serviços na área de construção civil. Seu ciclo econômico não é o de uma fábrica, mas a ideia é a mesma. Ela consegue contratos, compra insumos de produção e produz serviços de construção civil, recebendo pelos serviços quando atinge metas de produção. Uma indústria típica, como a Companhia Siderúrgica Nacional (CSN), por sua vez, compra insumos, como minério de ferro, produz aço acabado e vende no mercado. Assim como a empresa Bernoulli, a CSN tenta manter contratos de venda os quais garantam que os produtos produzidos sejam vendidos logo após sua fabricação. Em qualquer um dos casos, as empresas primeiro produzem os bens e serviços e posteriormente vendem (e recebem por isso).

Em um sentido amplo, o ciclo de produção física compreende três fases principais: armazenamento de matérias-primas, transformação de matérias-primas em produtos finais, e armazenamento dos produtos finais. As matérias-primas são normalmente adquiridas por meio de créditos[1] dados pelos fornecedores, aumentando as contas a pagar a eles. Para assegurar um fluxo contínuo de produção, a fábrica deve ter em estoque uma quantidade permanente de materiais. Custos incorridos numa fábrica acompanham o movimento físico de matérias-primas já que essas são recebidas, armazenadas, removidas do estoque e transformadas em produtos finais. Os custos com matérias-primas consumidas no processo de produção junto com o custo com trabalho e custos fixos de produção vão para os estoques de bens finalizados. Os produtos finalizados são geralmente vendidos por meio de empréstimos para consumidores, aumentando a contas a receber de clientes. O prazo de pagamentos de matérias primas resulta da negociação com os fornecedores: aumentando (diminuindo) o período de crédito com eles aumenta (diminui) a conta Fornecedores.

Vamos imaginar uma empresa que consuma insumos a uma taxa de R$10.000 por dia, com um prazo médio de pagamento de trinta dias. Isso significa que todo dia ela compra R$10.000 de insumos a serem pagos ao final de trinta dias. Supondo que a primeira compra diária de matéria-prima ocorra hoje, o padrão de compras da empresa pode ser representado pela tabela seguinte.

Dia	Compras	Pagamentos	Fornecedores
1	10.000	0	10.000
2	10.000	0	20.000
3	10.000	0	30.000
10	10.000	0	100.000
20	10.000	0	200.000
30	10.000	10.000	300.000
31	10.000	10.000	300.000
32	10.000	10.000	300.000
60	10.000	10.000	300.000
360	10.000	10.000	300.000
N	10.000	10.000	300.000

Se a empresa mantém compras diárias de R$10.000, nos primeiros dias ela compra essa quantia mas não precisa pagar nada, pois o prazo de pagamento é de 30 dias. Contudo, a conta de Fornecedores aumenta diariamente até o dia 30, chegando a R$300.000. A partir do 30º dia, a empresa executa o pagamento referente ao primeiro dia e, a partir daí, passa a pagar R$10.000 diariamente. A conta de Fornecedores se mantém em R$300.000 enquanto a empresa estiver produzindo bens e serviços que necessitem de compras diárias de R$10.000. É essa relação entre o processo produtivo e as contas de balanço patrimonial que dão origem, no Modelo Dinâmico, ao caráter das contas cíclicas. Essas contas são cíclicas exatamente porque são frutos do processo de produção. Como apresentaremos adiante, um aumento no processo produtivo — por exemplo um aumento nas compras de insumo —, elevará a conta Fornecedores.

A NCG é obtida pela subtração das fontes cíclicas dos fundos originados no processo de produção de usos cíclicos de fundos. Usos cíclicos de fundos compreendem todos os custos operacionais incorridos, mas ainda não usados ou vendidos, tais como estoques, e todas as vendas que ainda não foram pagas (clientes). Fontes cíclicas de fundos compreendem todas as cobranças incorridas no processo operacional que ainda não foram pagos (fornecedores, salários e encargos a pagar, seguro social, impostos), assim como valor de produtos que ainda não foram entregues (pagamentos adiantados).

A mesma coisa que vimos com fornecedores acontece com as contas do ativo, como a conta de clientes a receber.

Dia	Vendas	Recebimentos	Clientes
1	20.000	0	20.000
2	20.000	0	40.000
3	20.000	0	60.000
10	20.000	0	200.000
20	20.000	0	400.000
30	20.000	20.000	600.000
31	20.000	20.000	600.000
32	20.000	20.000	600.000
60	20.000	20.000	600.000
360	20.000	20.000	600.000
N	20.000	20.000	600.000

Nesse caso, os recebimentos só começam depois de um mês e, portanto, a empresa, que tem vendas diárias de R$20.000, acumulará uma conta de clientes de R$600.000. Esses R$600.000, enquanto a empresa operar, nunca serão recebidos. Essa quantia, então, entrará na NCG da empresa. Descontando as outras contas , a empresa terá que ter separado a quantia de R$600.000 para fazer frente ao fato de que essa parcela das suas vendas não será recebida enquanto a empresa operar. É simplesmente parte do ciclo de negócios — como as empresas vendem primeiro e somente recebem depois, durante o meio do caminho elas deverão financiar essa diferença — e esse financiamento tem o nome de necessidade de capital de giro. Mais a frente, veremos como a NCG está relacionada a esses ciclos, mas agora vamos nos concentrar nas operações da empresa. De modo geral, essas contas representam a contrapartida das contas da demonstração de lucros e perdas que entram na determinação do lucro operacional do exercício antes de deduzidas as despesas financeiras e de depreciação. Consideremos, por exemplo, a conta "salários a pagar". Admitindo-se que o exercício social da empresa se encerre alguns dias antes da data em que os salários serão pagos, existirá uma defasagem (prazo) entre a data das saídas de caixa (pagamento de salários) e a data em que o valor do pagamento foi considerado como despesa do exercício.

A fim de caracterizar o valor do pagamento como despesa do exercício, a contabilidade da empresa credita a conta "salários a pagar" e debita a conta "despesas de mão de obra" pelo valor do pagamento a ser efetuado. O valor da conta "salários a pagar" depende, em última análise, do nível de atividade e do prazo de que a empresa dispõe para efetuar o pagamento de salários. Assim, a conta "salários a pagar", que se renova de modo contínuo e cíclico com as operações da empresa, representa uma fonte de fundos, devendo, por conseguinte, ser incluída na determinação da necessidade de capital de giro da empresa.

O mesmo raciocínio pode ser utilizado para mostrar que as demais contas do ativo e passivo ligadas às operações da empresa, e que representam aplicações ou fontes de fundos, são contas que compõem sua necessidade de capital de giro.

Um dos maiores problemas que alguns executivos têm em analisar dados financeiros é que eles não associam os dados consolidados da empresa ao que veem no chão de fábrica ou na produção de serviços. Na verdade, quando nos acostumamos a analisar dados financeiros, conseguimos ver diretamente a relação entre o operacional e o financeiro, já que o que a empresa produz e vende deve estar refletido nos dados dela. Se olharmos a figura anterior veremos que a operação da empresa começa nas ordens de compra, produção de bens e serviços e posterior venda dos mesmos. O ciclo econômico é expresso pelo prazo médio de estocagem (PME), que determina o prazo médio de produção dos bens e serviços em que a empresa vende.

Quando a empresa toma decisões de compra, ela não paga os insumos comprados na mesma data. A diferença entre a data de pagamento e a data de compra de um insumo define o prazo médio de pagamento (PMP). Muitas empresas têm políticas de pagamento com prazos de 30, 45, 60 ou até 90 dias. Por sua vez, as vendas das empresas também não são recebidas imediatamente. A diferença entre a entrada do dinheiro no caixa da empresa e a operação de vendas define o prazo médio de recebimento (PMR).

APLICAÇÃO À EMPRESA BERNOULLI

Para a empresa Bernoulli, o prazo médio de estocagem (PME) para os anos de 2011 a 2013 é, respectivamente, 14, 12 e 19 dias. Ou seja, durante esse período o ciclo econômico ficou mais curto de 2011 para 2012 e aumentou para 2013. Veremos como calcular esses valores. Para a empresa, ainda, os dados de prazo médio de pagamento são, respectivamente, 44, 60 e 52 dias, enquanto os prazos de recebimento são 45, 41 e 53 dias.

ESTOQUES

Estoques consistem nos ativos que empresas varejistas ou atacadistas adquirem para revender ou bens que manufaturas produzem para venda. Estoques representam quantidades de bens adquiridos, manufaturados, ou em processo de manufatura. A quantidade de estoques no balanço patrimonial, no fim de um período contábil, representa o custo de estoque ainda existente, e o custo com bens vendidos na demonstração de resultados representa o custo com estoques vendidos durante o período.

Classificação contábil implica que a companhia pode transformar seus estoques em dinheiro em menos de um ano. É verdade que o período de estoque de matérias-primas, bens em processo e finalizados, não se estende, em geral, por mais de 12 meses. Mas, como a companhia necessita manter seus estoques num certo nível para assegurar a produção e venda, itens no estoque são substituídos continuamente.

No caso da empresa Bernoulli, os estoques se mantiveram constantes ao longo do período de 2011 a 2012, em R$1 milhão, aumentando para R$2 milhões em 2013. Embora a análise tradicional considere que esses valores teriam liquidez, pois a empresa poderia se desfazer de seus estoques, no modelo dinâmico isso não faz sentido. Esse valor é o que a empresa precisa manter, se não mudar sua forma de operações, para poder produzir e vender bens e serviços.

Uma outra analogia sobre o funcionamento dos estoques pode ser feita ao analisarmos o sistema de moagem úmida, no qual a roda fica parcialmente submersa em água. Uma parte da roda fica permanentemente submersa.

Mas, por que há a rotação da roda, grãos em moagem estão apenas passando, isto é, eles submergem e emergem da água.

O processo é semelhante para os estoques. A medida de estoques inicia com a determinação da quantidade física de bens. O tempo médio em que os estoques entram e saem da empresa depende dos processos de manufatura e marketing, mas a quantidade de itens em posse da companhia é aproximadamente a mesma em dois períodos consecutivos de tempo. Cada item do estoque permanece pouco tempo no negócio, mas o custo do estoque existente é permanentemente renovado num movimento cíclico que durará enquanto a empresa existir.

Se a empresa estoca matérias-primas por três semanas antes de consumi-las na produção, o estoque de matérias-primas representa as últimas três semanas de compras. Deve-se ressaltar que, se a empresa para de funcionar (caso ela seja liquidada, por exemplo) estoques são vendidos, e liberarão recursos para pagar os credores.

CONTAS A RECEBER RESULTAM DA VENDA DE BENS OU SERVIÇOS NO CRÉDITO

O que foi explicado para estoques é aplicável ao crédito dado aos clientes. Contas a receber resultam da venda de bens ou serviços no crédito, e eles normalmente são devidos em 30 a 60 dias, dependendo dos termos oferecidos aos consumidores. Eles são, portanto, classificados como ativos circulantes. Qualquer recebível que não se esperar receber dentro de um ano é classificado como ativo não circulante. O crédito dado para um cliente particular é um crédito de curto prazo (menos de um ano), mas a quantidade total de dinheiro emprestada para clientes, em consequência dos termos de vendas, é investida pelo tempo em que o negócio existir.

De fato, antes que a companhia receba o pagamento do primeiro cliente, ela tem de vender para outro, e o crédito estendido para novos clientes reporá os passados. Isso cria um ciclo contínuo cuja duração é o tempo médio para crédito a clientes. Se os clientes pagarem em 60 dias, os recebíveis representam menos de 60 dias de vendas.

Para a Bernoulli, os montantes a receber de clientes variaram de R$5 milhões em 2011 para R$4,8 milhões em 2012 e R$7,5 milhões em 2013 (somamos, nesse caso, a conta de clientes com adiantamento a fornecedores, pois as duas contas representam valores a receber de operações da empresa). Os valores a receber de clientes aumentaram expressivamente durante o período de 2011 a 2013, o que significa que, a não ser que as vendas estejam aumentando na mesma proporção, o prazo médio de recebimento aumentará. Como já vimos, esse prazo passa de 45 dias em 2011 para 53 dias em 2013.

Fornecedores

Muitas empresas compram mercadorias ou suprimentos no crédito e rotineiramente incorrem em mais obrigações para adquirir fundos, bens e serviços de que precisam para funcionar, e o fazem de forma tão habitual quanto quitam suas obrigações. Prazos de pagamento obtidos de um fornecedor de matérias-primas são equivalentes a uma rotina de crédito de curto prazo. Enquanto os prazos de pagamento aos fornecedores não mudam, este crédito dos fornecedores é um recurso permanente. Contas a pagar aos fornecedores, que são obrigações com fornecedores de mercadorias ou de serviços adquiridos em conta aberta, constituem um ciclo contínuo de recursos, porque antes de a empresa quitar suas dívidas, ela fará novas compras e o crédito de curto prazo resultante do prazo de pagamento dessas novas compras substituirão as anteriores. Se a empresa paga os fornecedores em trinta dias, contas a pagar representam os últimos trinta dias de compras.

Para a empresa Bernoulli, os valores de fornecedores aumentaram no período de 2011 a 2013, passando de R$3,2 milhões em 2011 para R$5 milhões em 2012 e R$5,5 milhões em 2013. Assim como no caso do prazo de recebimento, um aumento significativo da conta fornecedores significa, provavelmente, que o prazo médio de pagamento aumentou. Isso aconteceu de 2011 a 2012, quando o PMP aumentou de 44 para 60 dias, mas de 2012 a 2013 o prazo diminui, para 52 dias. As implicações disso serão vistas mais a frente.

O exemplo anterior mostra que as contas de clientes e fornecedores afetam a NCG. Afinal das contas, quanto maior o prazo de pagamento, mais os fornecedores financiam a empresa, e quanto maior o prazo de recebimento, mais a empresa financia seus consumidores. Afinal, quem não gosta de comprar um bem para pagar em noventa dias, por exemplo? No caso da empresa Bernoulli, a NCG vai ser definida como:

Ativo Cíclico	Passivo Cíclico
• Estoques	• Fornecedores
• Clientes	• Salários a Pagar
• Adiantamento a Fornecedores	• Imposto a Pagar

Ou seja,

Ativo Cíclico	6.000	5.800	9.500
Clientes	3.000	3.000	4.000
Estoques	1.000	1.000	2.000
Adiantamento a Fornecedores	2.000	1.800	3.500
Passivo Cíclico	6.000	8.500	9.000
Fornecedores	3.200	5.000	5.500
Salários e Encargos a Pagar	1.800	2.000	2.000
Impostos a Pagar	1.000	1.500	1.500
NCG	0	-2.700	500

Para a Bernoulli, a NCG em 2011 é igual a 0, é negativa em 2012 e positiva em 2013. Isso significa que os prazos de estocagem, pagamento e recebimento se alteraram ao longo do período.

NCG é o total de dinheiro que a companhia deve ter em suas operações diárias. Enquanto cada componente da necessidade de capital de giro na equação acima tem um tempo de vida relativamente curto, o conteúdo de cada um é reposto por novos conteúdos no ciclo financeiro. Se o nível de atividade se mantém constante, as várias contas se mantêm constantes em valor e são renovadas. Novos fundos serão criados, constituindo uma necessidade de capital permanente.

Quando a necessidade de capital de giro é positiva, ela mede a necessidade de dinheiro a ser investida no ciclo do negócio. Quando a necessidade de capital de giro é negativa, ela mede os recursos do ciclo financeiro do negócio.

Em 2012, a Bernoulli apresentou NCG negativa. Isso significa que a empresa conseguiu, nesse ano, receber antes de produzir e pagar seus compromissos. Alguns negócios têm ciclos sistematicamente negativos — como setores com pagamentos antecipados. Sempre que um cliente pré-paga um produto, isso significa que o resultado do ciclo da empresa tende a ser negativo, já que a empresa receberá antes de prover o produto ou serviço e pagar seus fornecedores.

O modelo de negócios da empresa, o setor em que ela atua, e sua capacidade de negociação com clientes e fornecedores explicam o ciclo financeiro. Por exemplo, supermercados com alto poder de barganha tentam apertar seus fornecedores para estender os prazos de pagamento, ao mesmo tempo que tentam fazer com que seus produtos tenham um giro rápido na prateleira. Empresas de serviços, que exigem altos níveis de entrada, ou pagamentos antecipados, conseguem ter NCG negativa, assim como algumas empresas no setor de varejo.

NCG Negativa

As empresas com NCG negativa recebem antes de desembolsar, e o resultado de seu ciclo financeiro é negativo. Há três razões principais para um ciclo financeiro negativo:

- O modelo de negócio da empresa,

- A força da empresa vis-à-vis seus clientes e fornecedores,

- Empresas que recebem pagamentos adiantados por bens em produção.

Modelo de negócios

O período de pagamento de contas a pagar é maior que o período de giro do estoque, mais o período de coleta de contas a receber. A empresa paga depois; seus estoques giram rápido enquanto ao mesmo tempo os clientes pagam rápido. As empresas com essas características são poucas em número e estão concentradas nos seguintes setores: varejo (em sua maioria alimentação); empresas de venda por correspondência ou varejistas online, em que os clientes pagam no momento do pedido; TV a cabo, uma vez que grande parte de seu volume de vendas deriva de assinaturas; empresas de tecnologia de informação (TI).

Tomamos o exemplo de uma empresa de TI, a Apple (em US$ bilhões):

	2008	2009	2010	2011	2012
Contas a Receber	4,70	3,36	9,92	11,70	18,70
Estoques	0,51	0,46	1,05	0,78	0,79
Contas a Pagar	5,52	5,60	12,00	14,60	21,20
NCG	-0,31	-1,79	-1,03	-2,12	-1,71

Em 2013, a Apple tinha mais de U$140 bilhões em caixa e disponíveis, graças a sua NCG negativa e CDG positivo, além de um modelos de negócios muito lucrativo no qual o retorno é acumulado no caixa em vez de ser distribuído aos acionistas.

FORÇA DA EMPRESA EM RELAÇÃO AOS CLIENTES E FORNECEDORES

Cinquenta por cento dos maiores grupos industriais da Europa (os que compõem o Euro Stoxx 50) apresentam NCG negativa. Um terço das maiores empresas brasileiras também apresenta NCG negativa.

Algumas empresas são muito eficientes em usar crédito interempresarial para seu benefício e fornecedores são forçados a oferecer-lhes prazos de pagamentos excessivamente longos. Por exemplo, na indústria mundial de cervejas o diferencial entre PMR/PMP caiu de 15 dias positivos em 2002 para 27 dias negativos em 2012, o que significa que as grandes empresas do setor são capazes de arrecadar de seus clientes muito mais rápido do que pagam seus fornecedores. Além disso, o prazo médio de estocagem (PME) é pequeno, já que é um produto com vida útil curta, resultando em NCG negativa em 2012, em média. Entretanto, o desempenho da NCG varia amplamente na indústria cervejeira. Uma das empresas do setor exibia um ciclo financeiro negativo de até 34 dias, enquanto outra tinha um ciclo positivo de 31 dias. Essa grande disparidade de desempenho no segmento cervejeiro pode ser parcialmente explicada por variações na maneira como as empresas administram seus modelos de produção e distribuição. Por exemplo, algumas estão vinculadas a um sistema de distribuição de três camadas (produtores podem vender seus produtos apenas para distribuidores atacadistas, que vendem para varejistas, e apenas os varejistas podem vender para os clientes), enquanto outras podem operar com ou sem operações de engarrafamento próprio. A empresa de consultoria E&Y que publica *"Cash on the table"* (*Cash on the table — Working capital management in the consumer products industry, 2013*) explica que "o desempenho geral de contas a pagar foi beneficiado por um aumento na centralização e globalização de contratos, assim como de uma extensão dos prazos de pagamento. A consolidação da indústria teve um papel significante em impulsionar o progresso da NCG nos últimos anos. O sistema de camadas permitiu às empresas produtoras de cerveja a oportunidade de atingir caixas significantes e diminuição nos custos por meio da influência em seus relacionamentos com clientes e fornecedores, e aumentando a eficiência da cadeia de suprimentos."

Empresas que recebem pagamentos antecipados por bens em fase de produção

Caso das empresas de seguros, construtoras, empresas que trabalham com contratos militares, empresas de telecomunicações que vendem serviços pré-pagos etc.

Considerações Literárias

O nome 'necessidade de capital de giro' ilustra bem a necessidade por capital que vem do ciclo operacional da empresa. Nos Estados Unidos, analistas usam a expressão *working capital* para determinar quão facilmente a empresa pode pagar suas despesas num horizonte curto. O *working capital* é normalmente definido como a diferença entre ativos circulantes (AC) e passivos circulantes (PC).

> **working capital = ativos circulantes - passivos circulantes**

O *working capital* é o capital circulante líquido (CCL) do Brasil. No sentido financeiro clássico[2], o CCL define-se como:

> **CCL = ativo circulante - passivo circulante.**

Devemos enfatizar que, pelo fato do CCL ser calculado *preferencialmente* pela diferença entre o ativo circulante e passivo circulante, e não pela diferença entre o passivo de longo prazo e o ativo não circulante, há um incentivo em pensar no CCL como recursos de curto prazo para honrar compromissos, e não como fonte de longo prazo. No Modelo, vemos o CCL como fonte de longo prazo, a que chamamos capital de giro.

Como o ativo e o passivo cíclicos constituem apenas uma parte do ativo e passivo circulantes, conclui-se que a necessidade de capital de giro é, necessariamente, diferente do capital circulante líquido definido no sentido financeiro clássico.

---

[2] Lei das Sociedades Anônimas, art. 188, inciso III: "o excesso ou insuficiência das origens de recurso sem relação às aplicações, representando aumento ou redução do capital circulante líquido."

Quanto maior o capital circulante líquido (CCL), mais ativos circulantes a empresa tem a seu dispor para financiar suas obrigações de curto prazo. Isso é um erro: o CCL é realmente uma medida de ativos que a empresa tem a seu dispor para financiar obrigações de curto prazo, se — e somente se — os **ativos circulantes puderem ser facilmente convertidos em dinheiro.**

Se olharmos a classificação de ativo circulante da Bernoulli, em sua versão tradicional, temos que:

	2011	2012	2013
Ativo Circulante	**7.500**	**8.000**	**13.000**
Disponível	1.100	1.700	3.200
Clientes	3.000	3.000	4.000
Estoques	1.000	1.000	2.000
Adiantamento a Fornecedores	2.000	1.800	3.500
Outros	400	500	300

Por essa classificação a empresa teria, em 2013, R$13 milhões a sua disposição para honrar seus compromissos de curto prazo. Mas essa é uma visão equivocada. Como já vimos, a maior parte desses ativos está ligada ao processo produtivo da empresa (clientes, estoques e adiantamento a fornecedores). A empresa não pode liquidar esses ativos sem modificar sobremaneira seu processo produtivo. Por exemplo, a única forma de liquidar os R$2 milhões em Estoques da empresa é encerrá-la, pois a empresa não tem como trabalhar sem ter estoques para atender seus clientes.

O problema desta definição de capital de giro é que ativos cíclicos circulantes, como estoques e recebíveis, não podem facilmente ser convertidos em dinheiro, porque se estoques são vendidos e recebíveis entram em caixa, a empresa precisa financiar novos estoques e recebíveis. A única ocorrência de conversão em dinheiro de todos os ativos é na liquidação depois da falência da empresa. Realmente, a liquidação envolve a venda dos ativos como maneira de pagar a credores parte de uma dívida por saldar. A empresa para de operar e não precisa financiar novos estoques e novos recebíveis. Portanto, o capital circulante líquido é uma medida útil no processo de liquidação dos ativos: quanto maior o capital circulante, melhor os ativos circulantes são convertidos em dinheiro no processo de liquidação. Como vimos, ativos não circulantes podem ser menos facilmente convertidos em dinheiro de maneira imediata, porque são específicos para a produção. Uma noção muito importante deve ser mantida todo o tempo: a NCG é uma forma de investimento, e como tal, deve ser financiada enquanto gastos com capital regulares. Como todas as formas de investimentos, a empresa colherá melhores benefícios se seus investimentos necessários forem minimizados e os fluxos de caixa maximizados.

CAPÍTULO 4

UMA NOVA DEFINIÇÃO DO CAPITAL DE GIRO

O capital de giro é um conceito econômico-financeiro e não uma definição legal. No Modelo Dinâmico, o capital de giro (CDG) representa uma fonte permanente de fundos para a empresa com o propósito de financiar sua necessidade de capital de giro.

De modo geral, apenas uma parte dos fundos permanentes é utilizada para financiar a NCG, visto que grande parte desses fundos é usada para financiar aplicações permanentes (contas não cíclicas do ativo), como terrenos, edifícios, máquinas, imobilizações financeiras e certos itens do realizável a longo prazo. A NCG, quando positiva, reflete uma aplicação permanente de fundos que, normalmente, deve ser financiada com os fundos permanentes utilizados pela empresa. Quando a NCG é financiada com recursos de curto prazo, geralmente empréstimos bancários, o risco de insolvência aumenta. De maneira ideal, para financiar a NCG, essa necessidade contínua das operações, a companhia deveria usar recursos permanentes. Neste caso, nenhum problema financeiro de curto prazo poderia prejudicar sua existência. A fim de reformular um valor de financiamento de operações ao conceito, o capital de giro no Modelo Dinâmico é calculado como a diferença entre os recursos de longo prazo (fontes de longo prazo mais patrimônio líquido) e o ativo não circulante.

> **CDG = passivo não circulante + patrimônio líquido + ativo não circulante**

Uma Fonte Permanente para Financiar a NCG

Uma das características do capital de giro (CDG) é que ele é relativamente estável no tempo, mudando quando a empresa faz novos investimentos, que podem ser financiados por conta própria e/ou por empréstimos de longo prazo, e/ou por emissão de ações.

O capital de giro diminui quando a empresa realiza novos investimentos em bens do ativo permanente (aumento do ativo permanente). Todavia, esses investimentos são, em geral, realizados por meio de autofinanciamento[1], empréstimos a longo prazo e aumentos de capital (em dinheiro), que, por sua vez, aumentam o capital de giro (aumento do passivo permanente), compensando aproximadamente a diminuição provocada pelos novos investimentos. Contudo, investimentos elevados com retorno a longo prazo provocam o aumento das aplicações no ativo permanente e, por consequência, a redução ou estabilização do CDG.

Marcos Villela Viera deu exemplos de CDG muito positivos: "O setor de Produtos de Minerais não Metálicos possui fontes de longo prazo do CDG muito superiores à demanda operacional da NCG e aplica o excedente a curto prazo. As fontes originárias da necessidade de capital de giro (NCG < 0) do setor petróleo são o mais importante elemento formador das aplicações de tesouraria, com os recursos do CDG em segundo lugar.[2]"

O capital de giro pode ser negativo. Neste caso, o ativo permanente é maior do que o passivo permanente, significando que a empresa financia parte de seu ativo permanente com fundos de curto prazo, embora esta condição aumente o risco de insolvência. Marcos Villela Viera mostrou que, no final dos anos 1990, no setor de produtos químicos, o CDG era negativo e a NCG era muito superior ao tamanho do CDG, o que tor-

---

[1] Autofinanciamento refere-se aos fundos gerados pelas operações da empresa cujo valor pode ser calculado, aproximadamente, adicionando-se as depreciações ao lucro líquido do período após provisão para pagamento de Imposto de Renda.

[2] Marcos Villela Vieira, Administração Estrategica do Capital de Giro, Ed. Atlas, p.121

nava o saldo de tesouraria (T) muito expressivo. O CDG negativo, aliado ao montante da NCG, fazia com que os recursos de curto prazo T fossem os únicos responsáveis pelo financiamento da estrutura financeira.[3]

Existem situações em que a empresa poderá se desenvolver tranquilamente, desde que sua NCG seja, também, negativa. Para o setor de serviços de transporte, o tamanho da NCG com a fonte (NCG < 0) não era suficiente para financiar o volume do CDG negativo, e teve de ser complementada pelos recursos de curto prazo de T. Contudo, atividades anexas do transporte apresentam situação na qual as fontes operacionais da NCG negativa são suficientes para financiar as aplicações de longo prazo do CDG negativo, e ainda resta um valor residual aplicado a curto prazo no saldo de tesouraria.

Empresas que conseguem prever com maior grau de certeza as entradas de caixa podem trabalhar com baixa liquidez ou até mesmo com liquidez negativa. Um caso típico dessa situação é o setor de energia elétrica. Os clientes precisam pagar a conta no prazo estipulado. Caso contrário, o fornecimento de energia é cortado. Isto faz com que as entradas de caixa sejam altamente previsíveis, o que gera um fluxo de caixa adequado mesmo com uma liquidez negativa. O CCL (capital circulante líquido) no Brasil é a diferença entre ativos circulantes e passivos circulantes. Como:

**passivos não circulantes + passivos circulantes
= ativos não circulantes + ativos circulantes**

Podemos ver que:

**passivos não circulantes - ativos não circulantes
= ativos circulantes - passivos circulantes**

---

[3] Op. Cit. p.121

Ou seja, nosso CDG (passivos não circulantes - ativos não circulantes) iguala o CCL (ativos circulantes - passivos circulantes).

Nosso capital de giro (CDG) tem o mesmo valor que o capital circulante líquido (CCL), mas é calculado diferentemente no Modelo Dinâmico, e tem um significado completamente diferente.

> **capital de giro = fontes de longo prazo +**
> **patrimônio líquido - ativos não circulantes**

O CDG torna-se o saldo líquido de fontes de financiamento a longo prazo que está disponível para conduzir operações normais em vez de uma medida útil no processo de liquidar ativos numa falência.

Vejamos o caso da Bernoulli.

	2011	2012	2013	Δ2011/12	Δ2012/13
Ativo Não Circulante	**31.000**	**37.000**	**44.000**	**6.000**	**7.000**
Realizável no Longo Prazo	1.000	3.500	8.000	2.500	4.500
Investimento	2.000	1.000	1.000	-1.000	0
Imobilizado Líquido	8.000	10.000	11.000	2.000	1.000
Intangível	20.000	22.500	24.000	2.500	1.500

A empresa apresentou aumento em seu ativo fixo, com investimentos positivos, assim como aumento do imobilizado líquido e intangível, para todos os anos. Ou seja, a empresa expandiu-se. Para financiar essa expansão, a empresa deve usar uma combinação de capital próprio e de terceiros, de longo prazo.

	2011	2012	2013	Δ2011/12	Δ2012/13
Fontes de Longo Prazo	27.000	31.000	37.000	4.000	6.000
Passivo Não Circulante	14.000	17.000	21.000	3.000	4.000
Provisão para Contingências	2.000	2.000	2.200	0	200
Empréstimos e Financiamentos	12.000	15.000	18.800	3.000	3.800
Patrimônio Líquido	13.000	14.000	16.000	1.000	2.000
Capital Social	6.000	6.000	6.000	0	0
Lucros Acumulados	7.000	8.000	10.000	1.000	2.000

Podemos ver que as contas de ativo de longo prazo e fontes de financiamentos de longo prazo aumentaram no decorrer dos anos de 2011 a 2013. Mais ainda: podemos ver que o ativo não circulante (ANC) aumentou a uma taxa maior que as fontes de longo prazo. Isso significa que não somente o capital de giro (CDG) já era negativo em 2011, mas que ele ficou ainda mais negativo em 2012 e 2013, passando de -R\$4 milhões em 2011 para -R\$7 milhões em 2013. Ou seja, como já vimos anteriormente, o efeito disso foi um aumento no uso de fontes de curto prazo para financiar o ANC.

Para a Bernoulli, os recursos e usos de longo prazo estão representados abaixo.

	2011	2012	2013
Ativo Não Circulante	31.000	37.000	44.000
Passivo Não Circulante	14.000	17.000	21.000
Patrimônio Líquido	13.000	14.000	16.000
Capital de Giro	-4.000	-6.000	-7.000

Os usos de longo prazo, representados pelo ativo não circulante, são menores que os recursos de longo prazo (passivo não circulante + patrimônio líquido). Para todos os anos o capital de giro (CDG) da Bernoulli é negativo, o que significa que a empresa tem de financiar seus usos de longo prazo com recursos de curto. Essa posição, como veremos adiante, tem mais riscos do que se o CDG fosse positivo.

A empresa deve manter um CDG positivo para cobrir riscos intrínsecos ao negócio (perda de valor do estoque, clientes que não pagam, prejuízo) e financiar a NCG.

Estrutura de Capital

A regra básica de gestão baseada no Modelo Dinâmico é a que iguala os prazos de financiamento e de aplicação, para diminuir o risco de liquidez da empresa. Na literatura financeira isso tem o nome de gestão da estrutura de capital. No Brasil, esse tipo de análise ainda é desconhecido, pelo mesmo motivo que várias técnicas de gestão financeiras ainda o são: o Brasil somente se tornou um país estável para planejamento financeiro após o processo de estabilização do Plano Real.

Vimos anteriormente que o indicador de liquidez do modelo dinâmico mostra a relação entre fontes e usos de longo prazo. Ou seja, se a empresa utiliza fontes de curto prazo para financiar suas atividades de longo prazo, ela estaria sujeita ao risco de liquidez. Vimos também que o aumento da necessidade de capital de giro e do ativo imobilizado devem vir acompanhados de fontes de longo prazo que os financiem.

Como isso é feito na prática? São três as formas principais de financiamento do capital de giro: emissão de dívidas de longo prazo, de ações ou autofinanciamento.

A literatura acadêmica desenvolveu uma teoria para explicar as decisões de financiamento da empresa, chamada *Pecking Order*, que funciona particularmente bem para explicar o comportamento das empresas brasileiras. Por essa teoria, a empresa seguiria uma ordem natural na busca de recursos para investimento: usaria, primeiramente, lucros retidos; em segundo lugar, emissão de dívidas e, por último, emitiria novas ações (procuraria processos de oferta pública de ações — *initial public offers* – IPOs).

A ideia central da teoria *Pecking Order* é a de que existe assimetria de informações entre os gestores e os outros agentes econômicos — como os gestores têm mais informações sobre os projetos da empresa, a decisão de levantar capital via emissão de ações significaria que eles explorariam o fato de a empresa estar sobreavaliada. Assim, se existir forte assimetria de informação, a empresa deveria favorecer a emissão de dívidas em relação à emissão de ações, pois sinalizaria ao mercado que teria confiança, que os projetos financiados via emissão de dívida seriam mais lucrativos que os financiados via emissão de ações.

No Brasil, historicamente, o desenvolvimento das principais indústrias contou com financiamento via reinvestimento de lucros e bancos públicos[4]. Este cenário não mudou muito nos últimos dez anos. Torres Filho e Macahyba (2012) mostram que o padrão de lucros retidos e empréstimos do BNDES responde por mais de dois terços das necessidades de financiamento no setor de infraestrutura para qualquer ano do período de 2001 a 2010, como mostra o gráfico a seguir.

PADRÃO DE FINANCIAMENTO DO INVESTIMENTO NA INDÚSTRIA E INFRAESTRUTURA

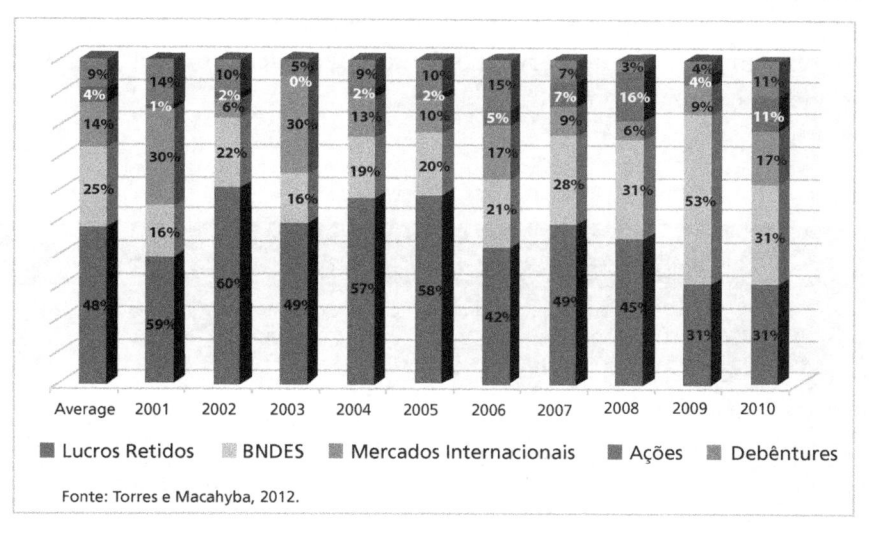

Fonte: Torres e Macahyba, 2012.

---

4 ZEIDAN, R. ; FONTES FILHO, J. "Corporate Governance and Industrialization in Brazil: An Historical Approach". In: The IUP Journal of Corporate Governance, v. XI, p.7-23, 2012.

Com mercados de capitais funcionando de forma eficiente, seria esperado que o principal instrumento de dívida de médias e grandes empresas, em um país com as características brasileiras de cultura de controle e propriedade, fossem títulos corporativos. Contudo, o gráfico mostra que, mesmo em setores com grandes empresas, como o de infraestrutura, o cenário é de baixo financiamento via títulos corporativos ou qualquer outro instrumento que não sejam lucros retidos e o BNDES.

Essa situação é diferente no resto do mundo. Na tabela a seguir, Torres Filho e Macahyba (2012)[5] mostram que o estoque de títulos corporativos apresenta participação expressiva, em termos do produto interno bruto (PIB), em diversos países, chegando a 20% nos EUA e Japão e 37% na Coreia do Sul. No Brasil, tal montante encontra-se em 0,5% do PIB, insuficiente para ser considerado como relevante mecanismo de financiamento de investimentos privados. É interessante notar que, em outros países que não apresentavam participação relevante desse tipo de instrumento, como a China, os títulos corporativos têm crescido a taxas expressivas, saindo de 1% do PIB em 2002 para 8,8% do PIB em 2010, em um cenário no qual o PIB mais que triplicou no mesmo período. Essa situação de crescimento expressivo de participação também alcançou países desenvolvidos, como a Alemanha.

ESTOQUES DE TÍTULOS CORPORATIVOS

	Em % do PIB									Em % Mundo	
	1990	1995	2000	2002	2004	2006	2008	2009	2010	1990	2010
Países Desenvolvidos											
EUA	21,9	22,0	23,2	22,4	21,5	20,6	20,4	19,8	19,7	63,5	43,1
Japão	9,3	10,5	15,0	16,0	18,6	14,8	17,5	16,0	17,9	14,0	13,5

[5] TORRES FILHO, E. T., MACAHYBA, L. (2012). O Elo Perdido—O Mercado de Títulos de Dívida Corporativa no Brasil: Avaliação e Propostas. São Paulo: IEDI e Instituto Talento Brasil.

ESTOQUES DE TÍTULOS CORPORATIVOS

	Em % do PIB								Em % Mundo	
	1990	1995	2000	2002	2004	2006	2008	2009	2010	1990	2010
França	10,8	9,1	10,0	12,0	12,3	10,6	11,2	9,8	10,9	5,5	4,3
Alemanha	0,1	0,2	1,3	2,9	4,9	4,9	8,3	10,5	10,7	0,1	5,3
Reino Unido	2,8	2,6	1,8	1,7	1,4	0,9	0,6	1,0	0,9	1,4	0,3
Emergentes Latino-Americanos											
Argentina	0,0	1,2	2,6	9,1	6,3	5,4	2,4	2,4	1,8	0,0	0,1
Brasil	...	...	0,5	0,3	0,6	0,5	0,4	0,6	0,5	...	0,1
Chile	3,9	3,4	4,8	11,0	12,0	10,3	10,6	17,0	14,6	0,1	0,5
Colômbia	0,3	1,0	0,1	0,3	0,5	0,5	0,3	0,4	0,6	0,0	0,3
México	1,4	0,7	0,0	1,5	2,4	2,9	2,3	3,3	3,4	0,2	0,5
Emergentes Asiáticos											
Índia	...	0,0	0,4	0,4	0,4	0,6	0,6	1,4	1,4	0,0	0,4
China	0,7	0,7	0,9	1,0	0,9	2,6	4,1	7,1	8,8	0,0	7,8
Coreia do Sul	17,3	20,0	37,4	44,0	32,5	24,3	23,4	37,1	37,5	2,3	5,7
Malásia	2,5	10,3	23,1	20,5	19,7	20,8	25,0	31,4	35,8	0,6	1,3

De fato, o cenário brasileiro atual não é muito diferente do cenário histórico analisado em Zeidan e Fontes Filho (2012), no qual as principais fontes de financiamento são lucros reinvestidos e bancos públicos. Contudo, como mostram Torres Filho e Macahyba (2012), o mercado de títulos corporativos pode se desenvolver sobremaneira nos próximos anos, vindo a sedimentar-se como fonte de financiamento líquida e barata para empresas de médio porte, especialmente em um cenário de taxas de juros baixas. Mesmo em cenários de juros altos, há possibilidade de competitividade no lançamento para determinados títulos de renda fixa que são isentos de imposto de renda, como alguns tipos de debêntures, CRIs (Certificados de Recebíveis Imobiliários), FDICs (Fundos de Investimentos em Direitos Creditórios), e outros.

A teoria *Pecking Order* explica bem o comportamento das empresas brasileiras não somente pela existência de assimetria de informação, mas também pelo fato de que os empresários brasileiros apresentam forte preferência pelo autofinanciamento.

O Nível de Endividamento Ótimo

A escolha de fontes de financiamento leva ao conceito de **custo de capital**, ou **custo médio ponderado de capital** (WACC – Weighted Average Cost of Capital). Custo de capital representa o percentual ou montante que deve ser gerado pela empresa para remunerar suas fontes de financiamento. Como a empresa pode se financiar com capital próprio ou de terceiros, é uma média ponderada das taxas de retorno exigidas pelos acionistas e credores da empresa. No caso do capital de terceiros, essa taxa é mais fácil de ser calculada, é simplesmente a taxa de juros a ser paga pelos empréstimos da empresa, menos o benefício fiscal do endividamento.

O benefício do endividamento merece uma explicação pormenorizada. Os empresários brasileiros normalmente têm aversão a dívidas. Essa aversão era justificada quando a economia brasileira apresentava sinais de incapacidade de gestão. Contudo, hoje o Brasil é um país que, apesar de seus inúmeros problemas, oferece alguma possibilidade de estabilidade financeira e econômica. O endividamento oneroso tem a vantagem de que o pagamento de juros pode ser deduzido do lucro operacional para efeito de cálculo do imposto de renda devido. Assim, isso significa a diminuição do tributo na mesma proporção da alíquota do imposto de renda (IR). Se assumirmos uma alíquota de IR de 34%, isso significa que, se uma empresa consegue se financiar a uma taxa de 10% ao ano, na verdade ela acaba pagando somente 6,66% de juros, efetivamente.

Assim, o lucro de uma empresa endividada fica menor se comparado a uma empresa sem endividamento. Esse menor lucro é a fonte da geração do benefício fiscal. Existe uma forma de determinar o nível de endividamento ótimo. Normalmente, esse é o ponto no qual o custo médio ponderado de capital é o menor possível, dada a estrutura de capital da empresa.

A tabela abaixo resume as vantagens e desvantagens do endividamento para uma empresa.

Vantagens do Endividamento	Desvantagens do Endividamento
Benefício Fiscal — a empresa pode deduzir do lucro operacional, para efeitos de cálculo de IR, os pagamentos com juros	**Custos de falência** — maior endividamento aumenta a probabilidade de falência.
Disciplina — força a empresa a tomar decisões de gestão melhores, pois a dívida deve ser paga.	**Monitoramento** — existem custos indiretos de monitoramento para que a empresa possa se endividar, incluindo-se a existência de cláusulas (covenants) restritivas.
Crescimento — empresas com dívidas podem se endividar mais.	
Custo — capital de terceiros é mais barato que capital próprio.	

Veremos em um capítulo posterior como determinar o valor da empresa.

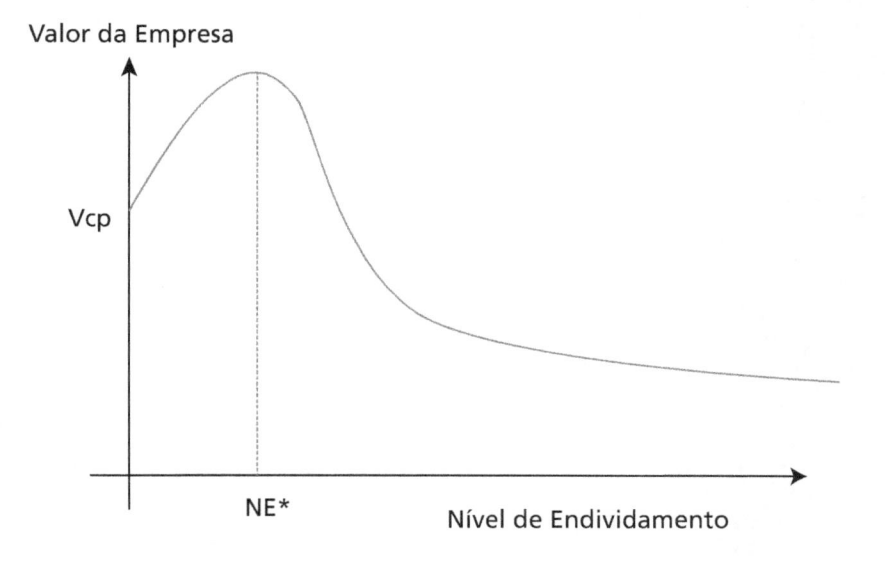

O que importa, da figura anterior, é que podemos determinar as seguintes características do processo de endividamento, que teria três fases:

- Sem endividamento ou Valor com capital próprio (VCP): é o valor da empresa sem nenhuma dívida. Podemos ver claramente que não é o maior valor corporativo.

- Meta de nível de endividamento ótimo (NE*) — o crescimento do NE, até NE*, aumenta o valor da empresa, pois os benefícios fiscais e de disciplina seriam maiores que os riscos de falência. A busca pelo NE* é a busca pela estrutura de capital ótima para gerar maior valor.

- Endividamento excessivo — a partir do ponto de NE*, maior endividamento começa a destruir valor da empresa. Se levado ao extremo, o valor da empresa cai abaixo do valor sem dívida.

A busca pelo nível de endividamento ótimo é a busca pela melhor estrutura de capital da empresa. Assim como a gestão da NCG, não há fórmula mágica para todos os setores, e o NE* depende do modelo de negócios da empresa.

CAPÍTULO 5

SALDO DE TESOURARIA

O saldo de tesouraria (T) é obtido pela diferença entre o ativo errático e o passivo errático. Isto é a definição "por dentro" — a definição que existe por si mesmo, fora de qualquer convenção.

A definição "por fora" é o resultado da estrutura do balanço gerencial: o saldo de tesouraria (T) é obtido pela diferença entre capital de giro (CDG) e necessidade de capital de giro (NCG).

DEFINIÇÃO "POR DENTRO"

O saldo de tesouraria (T) é obtido pela diferença entre o ativo errático e o passivo errático.

Equação (1): T = ativo errático – passivo errático

Um T positivo indica que a companhia tem dinheiro suficiente para lidar com obrigações financeiras de curto prazo sem reduzir os recursos alocados no ciclo operacional. Uma empresa pode financiar o aumento de suas dívidas de curto prazo (a diferença entre o ativo errático e o passivo errático) avaliando os diferentes tipos de credores, mas isto é perigoso. Por exemplo, uma empresa pode emitir papel comercial e/ou obrigações de curto prazo, buscar uma gama de financiamentos bancários (um cheque especial, um empréstimo a prazo e linhas de créditos rotativos) e angariar fundos ao vender contas a receber via um contrato de *factoring* ou de securitização. No Brasil, as notas comerciais são as BRL (código da moeda Real) denominadas notas por 30 a 60 dias; moedas estrangeiras têm média de 180 dias. Papéis comerciais domésticos devem ser registrados junto a Comissão de Valores Mobiliários (CVM) e colocados através de um banco ou corretora de valores. Cheques especiais são disponíveis por um pequeno período (24 a 48 horas). Para assegurar liquidez, uma opção é organizar linhas comprometidas de um banco ou outro credor. Linhas comprometidas são disponibilizadas para o tomador de empréstimos em troca de uma taxa de comprometimento a qual garante fundos disponíveis, sujeitos ao tomador de empréstimos caso atenda continuamente a todos os termos e condições e cumpra todas as condições contratuais.

Uma importante função da diretoria financeira de uma empresa é acompanhar a evolução do saldo de tesouraria, a fim de evitar que permaneça constantemente negativo e crescente.

A maioria das empresas que operam com saldo de tesouraria (T) crescentemente negativo apresenta uma estrutura financeira inadequada, revelando uma dependência excessiva de empréstimos a curto prazo, que poderá levá-las até mesmo ao estado de insolvência. De modo geral, essas empresas enfrentam sérias dificuldades para resgatar seus empréstimos a curto prazo, quando os bancos, por qualquer motivo, se recusam a renová-los. Isto ocorre, por exemplo, quando o Banco Central utiliza seus instrumentos de controle monetário no sentido de restringir o crédito, levando os bancos — agora com uma política de empréstimos mais seletiva — a não conceder e/ou renovar seus empréstimos às empresas que apresentam risco de insolvência elevado. Como será visto mais adiante, o problema de liquidez das empresas que apresentam T negativo torna-se crítico em períodos de recessão econômica, quando uma retomada da atividade após a recessão provoca um aumento da sua necessidade, também substancial, de sua necessidade de capital de giro. Isso ocorre porque, nessas condições, o autofinanciamento não é suficiente para financiar o aumento da NCG, obrigando as empresas, para esse fim, a recorrer a fundos externos: empréstimos a curto e/ou longo prazo e aumentos de capital social (em dinheiro). Caso esses fundos não possam ser obtidos, o que ocorre frequentemente em períodos de recessão econômica, essas empresas terão sua própria sobrevivência ameaçada.

Além disso, e principalmente, o saldo de tesouraria tornar-se-á cada vez mais negativo com o crescimento rápido das vendas, se a necessidade de capital de giro aumentar proporcionalmente mais do que o autofinanciamento e a empresa não conseguir aumentar seu capital de giro por meio de fontes externas. Esse crescimento do T negativo, denominado de "efeito tesoura", será analisado a seguir.

Um saldo de tesouraria (T) negativo indica que a companhia está financiando ativos ilíquidos (ativos fixos e necessidade de capital de giro) com dívidas de curto prazo. Esse é o caso da Bernoulli. Para a Bernoulli, os dados do T para os anos de 2011 a 2013 são:

	2011	2012	2013
Ativo Errático	1.500	2.200	3.500
Passivo Errático	5.500	5.500	11.000
Saldo de Tesouraria	-4.000	-3.300	-7.500

Em todos os anos T é negativo.

O saldo de tesouraria (T), que representa a diferença entre o ativo errático e o passivo errático, é o termômetro dos riscos resultantes do descompasso entre ativos e passivos. Há quatro riscos resultantes desse descompasso:

- **Risco de liquidez**: é o risco que o tomador de empréstimo tem de não conseguir acessar fundos que são necessários. Este risco pode surgir de diversas maneiras. Por exemplo, um banco pode mudar seu limite de crédito de contrapartida, reduzindo o montante que está disposto a emprestar para a empresa. Eventos de mercado podem reduzir o apetite dos investidores por debêntures ou outros títulos privados, como papéis comerciais emitidos pela própria companhia.

- **Risco de mercado**: é o risco no qual mudanças nos preços de mercado afetam o custo real de financiamento. No caso de empréstimos de curto prazo, as empresas estão mais vulneráveis à taxa de juros e risco cambial.

- **Risco de contraparte**: é o risco de que as decisões de um credor resultem em um aumento dos custos de financiamento ou até na completa remoção do financiamento. Isso pode ocorrer de diversas formas: um banco pode exercer uma cláusula material de mudança adversa, resultando em um custo adicional de empréstimo; um banco pode encerrar linhas de crédito especiais e automáticas; ou uma empresa de *factoring* pode aumentar o custo de empréstimo, depois de dificuldades em receber dos clientes do credor.

- **Risco de garantia**: é o que acontece quando a empresa viola uma cláusula dos contratos de empréstimo (*covenants*). Pode resultar em multas significativas ou até no início de processos de falência por negligência. Há um risco adicional de que sistemas utilizados para monitorar padrões falhem em antecipar uma possível infração e a empresa falhe em uma cláusula inadvertidamente.

A Bernoulli enfrenta um risco de liquidez. Suas operações dependem de um saldo de tesouraria negativo, que cresceu durante o período de 2011 a 2013. Se a empresa tem crédito no mercado isso não é necessariamente um problema, mas caso haja problemas de liquidez no mercado, como na crise financeira de 2008, quando os bancos se recusavam a emprestar para a maioria das empresas, a dependência de um T negativo pode afetar as operações da empresa.

No exemplo da Bernoulli, o aumento do endividamento de curto prazo de 2012 para 2013, saltando de R$5 milhões para R$11 milhões, pode ser visto pelo mercado financeiro como um aumento de risco da contraparte. Se esse aumento de endividamento não resultar em resultados operacionais positivos no futuro, a empresa pode ter dificuldade de honrar seus compromissos.

Definição "Por Fora"

Como podemos monitorar a liquidez de uma companhia, e seu saldo de tesouraria, por meio das contas erráticas, que são imprevisíveis por definição? Instituições financeiras não podem fazê-lo facilmente por causa da natureza estocástica de ativos e passivos financeiros irregulares. Contudo, firmas industriais e não financeiras podem monitorar sua liquidez. O saldo de tesouraria (T) tem seu comportamento definido pelo resultado do confronto entre as fontes de longo prazo disponíveis do capital de giro (CDG) e a necessidade operacional de recursos da necessidade de capital de giro (NCG). Podemos mostrar que o T não é somente a diferença entre ativos e passivos erráticos, mas também é a diferença entre CDG e NCG. Essa é a segunda equação fundamental:

> **Equação (2): T = CDG - NCG**

Se o CDG for insuficiente para financiar a NCG, o T será negativo[1]. Neste caso, o passivo errático será maior do que o ativo errático. Isto indica que a empresa financia parte da NCG e/ou ativo permanente com fundos de curto prazo, aumentando, portanto, seu risco de insolvência.

Se T for positivo, a empresa disporá de fundos de curto prazo que poderão, por exemplo, ser aplicados em títulos de liquidez imediata (*open market*), aumentando, assim, sua margem de segurança financeira.

É importante observar que um saldo de tesouraria positivo elevado não significa necessariamente uma condição desejável para as empresas; pelo contrário, pode significar que a empresa não está aproveitando as oportunidades de investimentos propiciadas por sua estrutura financeira, caso em que T "engorda" por falta de uma estratégia dinâmica de investimentos.

Vimos que o saldo de tesouraria da Bernoulli é negativo durante o período de 2011 a 2013. Calculamos T diretamente, por meio das contas de ativo errático e passivo errático. Outra forma de calcular seria usar capital de giro e NCG. Nesse caso, teríamos:

---

[1] Admitindo-se $CDG > 0$ e $NCG > 0$.

	2011	2012	2013
Capital de Giro	-4.000	-6.000	-7.000
NCG	0	-2.700	500
Saldo de Tesouraria	-4.000	-3.300	-7.500

O saldo de tesouraria é exatamente aquele calculado diretamente por meio das contas erráticas. Aqui mantemos a lógica da Contabilidade — mesmo modificando a análise das demonstrações contábeis, mantemos sua consistência interna.

Enquanto é difícil avaliar o risco de deterioração do saldo de tesouraria (T) a partir "de dentro" (das contas erráticas) como a equação (1) faz, a equação (2) torna possível monitorar as mudanças em T a partir de mudanças no CDG e na NCG.

Definindo-se ΔT de mudanças em T, ΔCDG de mudanças em CDG e ΔNCG de mudanças em NCG:

$$\Delta T = \Delta CDG - \Delta NCG$$

No caso da Bernoulli,

	2011	2012	2013	2011/12	2012/2013
Capital de Giro	-4.000	-6.000	-7.000	-2.000	-1.000
NCG	0	-2.700	500	-2.700	3.200
Saldo de Tesouraria	-4.000	-3.300	-7.500	700	-4.200

Ou seja, de 2011 para 2012 o saldo de tesouraria aumentou em R$700 mil. Como T era muito negativo, ainda permaneceu negativo, mas em um nível menor, em 2012, do que em 2011. Contudo, de 2012 para 2013, o saldo de tesouraria diminuiu significativamente, ΔT foi negativo em R$4,2 milhões.

O saldo de tesouraria (T) depende da maneira que a empresa cobre a necessidade de capital de giro (NCG). Se a NCG é financiada somente por capital de giro (CDG) (que é definido como sendo fundos próprios, dívidas financeiras de longo prazo e disposições menos ativos fixos), o T é positivo e, consequentemente, os ativos financeiros e monetários circulantes excedem dívidas financeiras de curto prazo. Se o CDG não cobre os requerimentos totais, a diferença é financiada por endividamento financeiro de curto prazo e o saldo de tesouraria é negativo. Quando passivo errático excede muito os ativos erráticos e a diferença é crescente e a firma pode entrar no "efeito tesoura".

Essa identidade $T = CDG - NCG$ reflete a dinâmica da empresa (por isso o nome Modelo Dinâmico) e a maneira que a companhia financia seus ativos fixos e seu capital de giro.

Vamos analisar o caso da Bernoulli. Na visão antiga, os investimentos da empresa, seus ativos de longo prazo, seriam aqueles representados pelo ativo não circulante (ANC). Assim, a forma tradicional de analisar balanços considera como ativos de longo prazo o ANC. Na visão do modelo, o total de ativos de longo prazo é a soma do ANC com a necessidade de capital de giro (NCG). Ou seja, a NCG também é um uso de longo prazo, pois representa a necessidade de recursos para manter a empresa operando em seu nível atual de vendas — com os prazos de estocagem, pagamento e recebimento constantes. O nome que se dá a esse conjunto de ativos de longo prazo com NCG é ativo econômico(AE). O AE representa os ativos da empresa que geram fluxo de caixa e têm baixa liquidez. Assim, para a Bernoulli o ativo econômico, ao longo do período 2011 a 2013, é:

	2011	2012	2013
Ativo Não Circulante	31.000	37.000	44.000
NCG	0	-2.700	500
Ativo Econômico	31.000	34.300	44.500

Como podemos perceber, para a Bernoulli o aumento no ativo econômico (AE) entre os anos de 2011 e 2013 é muito maior que o aumento no ativo não circulante (ANC). De 2011 para 2012 o AE aumenta R$3,3 milhões, enquanto o ANC aumenta R$6 milhões, mas no ano seguinte esse aumento é de R$10,2 milhões, enquanto o ANC aumenta somente R$7 milhões. O AE representa melhor as necessidades de recursos de longo prazo da empresa, pois relaciona os ativos fixos com a NCG.

A crise de liquidez pode ocorrer quando empresas usam dívidas de curto prazo (Δpassivos erráticos − Δativos erráticos) de modo crescente para comprar ativos de longo prazo e investem em necessidade de capital de giro (ΔALP + ΔNCG). Esse é o efeito tesoura.

O Efeito Tesoura

Conforme visto anteriormente, o saldo de tesouraria (T) tem seu comportamento definido pelo resultado do confronto entre as fontes de longo prazo disponíveis do capital de giro (CDG) e a necessidade operacional de recursos da necessidade de capital de giro (NCG). O efeito tesoura acontece quando a empresa não consegue aumentar o CDG no mesmo ritmo de aumento da NCG. Quando ocorre um descompasso entre a evolução das fontes disponíveis de longo prazo (CDG) e as aplicações que precisam ser financiadas (NCG), o saldo de tesouraria (T) se torna crescentemente negativo, evidenciando uma dependência cada vez mais acentuada dos recursos de curto prazo para o financiamento das atividades da empresa. Este processo persistente eleva o risco financeiro e se materializa quando ocorre um crescimento significativo e continuado do saldo negativo de tesouraria. Evidentemente que, a curto prazo, T poderá surgir como uma alternativa para o financiamento da NCG, desde que limitado a certo montante, tenha perspectivas concretas de ser substituído pelos recursos do CDG ou venha suprir uma necessidade que se prevê extinta proximamente.

A denominação "efeito tesoura" decorre do fato de que, visualizado em um gráfico, o processo que provoca o afastamento das curvas da NCG (aplicações operacionais) e do CDG (fontes de longo prazo) produz o efeito visual semelhante ao obtido pelas duas partes de uma tesoura:

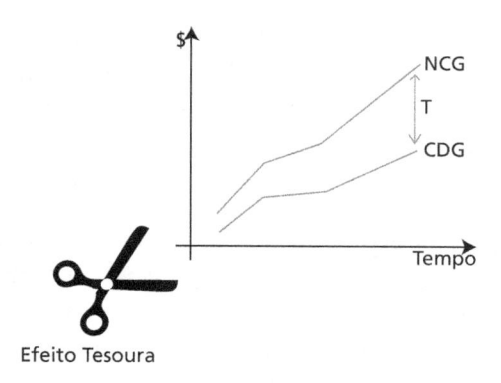

Efeito Tesoura

Esse espaço, o gap aberto entre as duas lâminas da tesoura imaginária, representa a participação dos recursos financeiros de curto prazo contidos no saldo de tesouraria (T), utilizados no financiamento da demanda operacional de recursos (NCG).

A análise do efeito tesoura deve focalizar a evolução de T, o que significa analisar sua evolução ao longo do tempo como uma resultante do comportamento apresentado pelo CDG e pela NCG, ou seja:

$$\Delta T = \Delta CDG - \Delta NCG$$

O problema básico será assegurar a evolução do CDG de forma compatível com a evolução da NCG, como forma de se evitar o aparecimento do efeito tesoura. Como nosso interesse está nas variações, devemos nos preocupar em analisar as causas de variação do CDG.

A variação de CDG deve ser suficiente para financiar a variação de NCG criada pela evolução das vendas em conjunto com o ciclo financeiro, evitando que o efeito tesoura se desenvolva.

Para evitar o efeito tesoura, o lucro retido deve ser suficiente para financiar, pelo menos, os aumentos de sua necessidade de capital de giro. Esta é uma regra ditada pela experiência. A ela nos prendemos por quatro motivos:

As operações correntes dão origem a uma necessidade de financiamento permanente, a saber, a NCG. O crescimento aumenta essa necessidade de fundos. Por sua vez, as operações geram o lucro retido, que representa um recurso permanente. Para que haja equilíbrio, é necessário que as necessidades sejam contrabalançadas pela geração de recursos.

O capital de giro deve acompanhar sempre a evolução das necessidades de capital de giro para que a situação da empresa não se deteriore. Os responsáveis pela área financeira das grandes sociedades multinacionais vêm negligenciando cada vez mais a importância do capital de giro e seus efeitos limitadores sobre as decisões financeiras. Para eles, os empréstimos de curto prazo habitualmente renovados equivalem a um recurso permanente. Pode-se até aceitar que isso seja verdade se o mercado financeiro estiver disposto a sempre refinanciar esse crédito bancário. Mas certamente isso não é verdade com relação às pequenas e médias empresas, pois elas não têm poder de pressionar seus banqueiros e fazê-los renovar regularmente seus empréstimos e até mesmo aumentá-los, como costuma ser o caso das grandes corporações. É bom também pensar o que vai acontecer quando os mercados financeiros se contraírem, como foi o caso em 2008.

Até prova em contrário, as empresas de médio porte devem oferecer garantias para conseguir empréstimos de médio ou de longo prazo. Para os bancos, os investimentos industriais ou financeiros são mais atraentes do que a aplicação de seus recursos no financiamento dos aumentos da necessidade de capital de giro das empresas, porque os primeiros oferecem melhores garantias para contrabalançar os riscos. Daí por que esses aumentos devem ser, preferencialmente, autofinanciados. De modo geral, o aumento do endividamento a longo e médio prazos não é adequado para melhorar a NCG de forma sustentável. Esses financiamentos preparam ou cobrem os investimentos. Se aumentarmos o endividamento à direita do balanço e se investimos à esquerda, o capital de giro pouco variará.

Esta é uma razão fundamental. Se a empresa financia o aumento da NCG por meio de endividamento ou aporte de capital, diminui suas chances de financiar as necessidades futuras. O aumento de capital leva posteriormente à distribuição de dividendos e, portanto, à diminuição da reserva de lucros. Já o aumento do endividamento leva a despesas financeiras suplementares que diminuirão os resultados futuros. A prudência aconselha, pois, a autofinanciar as necessidades suplementares de capital de giro. Caso contrário, a empresa vai sofrer as agruras do efeito tesoura.

As principais fontes de distúrbios na situação financeira da empresa e que podem ocasionar o desenvolvimento do efeito tesoura podem ser decorrentes dos seguintes fatores[2]:

- Crescimento muito elevado de vendas — causa o aumento explosivo da NCG mesmo sem variação no ciclo financeiro e provoca o efeito tesoura quando este aumento excede demasiadamente o lucro retido.

- Crescimento expressivo do ciclo financeiro — decorrente de alterações nos prazos operacionais de estoques, clientes e fornecedores; este crescimento provoca pressões sobre a estrutura financeira por meio do aumento significativo da NCG, caso não seja acompanhada de um crescimento compatível do CDG.

- Baixa geração de lucros — o aumento dos custos operacionais e/ou o aumento das despesas financeiras podem reduzir as margens da empresa ocasionando um pequeno crescimento ou mesmo uma redução do CDG, que passa a evoluir de forma incompatível com o comportamento da NCG, abrindo espaço que será ocupado crescentemente por T.

- Distribuição de resultados elevada resultando em baixa retenção de lucros em níveis insuficientes para fazer frente ao aumento da NCG.

- Redução das vendas — a diminuição das vendas pode provocar o aumento da NCG devido ao acúmulo de estoques (e, eventualmente, da inadimplência), o que pode ocasionar o efeito tesoura por causa da redução proporcionalmente maior do CDG devido à redução de vendas e das margens.

---

[2] Fonte: VIEIRA, Marcos Villela, Administração Estratégica do Capital de Giro. Editora Atlas, p.123

- Investimentos elevados com retorno a longo prazo não financiados por passivo não circulante e/ou aumento de capital — provocam o aumento das aplicações no ativo permanente ou de longo prazo e, por consequência, a redução ou estabilização do CDG, caso não estejam disponíveis outras fontes de longo prazo. Nesta situação, o CDG sofre efeito redutor devido aos novos investimentos, mas não se beneficia dos efeitos positivos que seriam decorrentes dos lucros mais elevados.

- Inflação elevada — a inflação elevada causa o aumento expressivo da NCG de forma quase que automática, enquanto pode não produzir impacto equivalente nos lucros devido às pressões de custos causadas pelo aumento geral dos preços dos insumos de produção e o aumento dos juros a curto prazo.

As Contas Erráticas São mesmo Erráticas?

Em trabalhos publicados em 2004, Medeiros e Rodrigues questionaram a validade do Modelo Dinâmico a partir de testes que comprovariam que os ativos e passivos circulantes financeiros não seriam erráticos. Os trabalhos dos autores foram divulgados e publicados em congressos de contabilidade e administração brasileiros, e também na revista Base da Universidade Federal do Vale dos Sinos, no Rio Grande do Sul. Em 2005, Medeiros publicou o mesmo questionamento na *Social Science Electronic Publishing*, Rochester, Estados Unidos.[3]

[3] MEDEIROS, Otavio Ribeiro de. "Questioning Fleuriet's Model of Working CapitalManagement on Empirical Grounds". In: SOCIAL SCIENCE ELECTRONIC PUBLISHING. Rochester, USA: SSRN, abr. 2005. Disponível em: <http://ssrn.com/abstract=700802>. Acesso em: 04 out. 2006.

_____; RODRIGUES, Fernanda Fernandes. "Análise Avançada do Capital de Giro: Testes Empíricos". In: CONGRESSO VIRTUAL BRASILEIRO DE ADMINISTRAÇÃO, 2004. Anais... Brasil: Convibra, 2004A.

_____. "Questionando Empiricamente a Validade do Modelo Fleuriet". In: BASE — Revista de Administração e Contabilidade da Unisinos. São Leopoldo: Unisinos, v. 1, n. 2, set./dez. 2004B, p. 25-32.

_____. "Testando Empiricamente o Modelo Fleuriet". In: CONGRESSO USP DE CONTROLADORIA E CONTABILIDADE, 4, 2004, São Paulo. Anais... São Paulo: USP, 2004C.

_____. "Questionando Empiricamente a Validade do Modelo Fleuriet". In: BASE — Revista de Administração e Contabilidade da Unisinos. São Leopoldo: Unisinos, v. 1, n. 2, set./dez. 2004B, p. 25-32.

_____. "Testando Empiricamente o Modelo Fleuriet". In: CONGRESSO USP DE CONTROLADORIA E CONTABILIDADE, 4, 2004, São Paulo. Anais. São Paulo: USP, 2004C.

Nestes estudos, os autores, a partir de dados da base Economática e utilizando demonstrações contábeis de oitenta empresas de capital aberto listadas na Bolsa de Valores do Estado de São Paulo (BOVESPA), de diversos setores, realizaram testes de correlação entre receita líquida operacional (RLO) e as seguintes variáveis: ativo circulante (AC), ativo circulante financeiro (ACF), ativo circulante operacional (ACO), passivo circulante (PC), passivo circulante financeiro (PCF) e passivo circulante operacional (PCO).

A conclusão dos autores é de que todas as variáveis são fortemente correlacionadas com a receita líquida operacional. Com isso, eles afirmam que o ativo circulante financeiro (ACF) e o passivo circulante financeiro (PCF) não são erráticos como ensina o Modelo, mas têm plena relação com o operacional da empresa.

Em um artigo posterior, Starke Jr, Freitag e Cherobim contaram a reposta: "Contudo, o próprio Michel Fleuriet rebateu o questionamento de Medeiros em artigo publicado no mesmo ano e intitulado Fleuriet's Rebuttal to 'Questioning Fleuriet's Model of Working Capital Management on Empirical Grounds'[4]. Fleuriet destaca que há grandes falhas na fundamentação de Medeiros, entre elas o fato de que correlacionar o valor absoluto de grupos do balanço com o valor da receita líquida."[5] Eles têm evidenciado, a partir de testes de correlação, que "Fleuriet está correto em relação a este erro por ele apontado, e que os autores Medeiros e Rodrigues estão equivocados em suas conclusões. Como utilizaram valores absolutos nos testes e não consideraram a evolução das variáveis no tempo, o que eles comprovam é que empresas com grande receita líquida possuem grandes valores em ativos e passivos circulantes, operacionais ou financeiros. E empresas de pequena receita líquida, em relação à amostra, possuem pequenos volumes em seus ativos e passivos circulantes, operacionais ou financeiros."

---

[4] FLEURIET, MICHEL. "FLEURIET'S REBUTTAL TO 'QUESTIONING FLEURIET'S MODEL OF WORKING CAPITAL MANAGEMENT ON EMPIRICAL GROUNDS'". IN: SOCIAL SCIENCE ELECTRONIC PUBLISHING. ROCHESTER, USA: SSRN, ABR. 2005. DISPONÍVEL EM: HTTP://PAPERS.SSRN.COM/SOL3/PAPERS.CFM?ABSTRACT_ID=741624. ACESSO EM: 14 SET. 2014

[5] "A ERRATICIDADE DAS CONTAS CIRCULARES FINANCEIRAS: UMA RESPOSTA A QUESTÕES SOBRE O MODELO FLEURIET", IN: RIC— REVISTA DE INFORMAÇÃO CONTÁBIL- ISSN 1982-3967- VOL. 2, NO 3, P. 43-60, JUL--SET, 2008.

Ou seja, Medeiros *et al.* não estão testando como se comportam as citadas variáveis em relação ao comportamento das receitas da empresa, e sim comparam o tamanho da receita com o tamanho das contas circulantes. Considerando estas ponderações, parece lógico que existe correlação entre as variáveis testadas, não sendo possível partir da premissa de que "ACF e PCF devem ter correlação nula ou baixa com RLO, pois são variáveis supostamente erráticas, enquanto ACO e PCO devem apresentar correlação elevada com RLO" (Medeiros e Rodrigues, 2004b, p. 29).

A fim de comprovar se ativo circulante financeiro (ACF) e passivo circulante financeiro (PCF) são erráticos em relação às operações da empresa, é necessário verificar como eles se comportam em relação às variações de receita, analisando de forma dinâmica as contas, e não os montantes estáticos como tomaram por base os autores Medeiros e Rodrigues. A partir de uma amostra de 276 empresas listadas na BOVESPA, dentre as quais 151 indústrias, e demonstrações contábeis referentes ao período de 1994 a 2004, utilizando correlação, Starke Jr, Freitag e Cherobim concluíram que o ativo circulante financeiro e o passivo circulante financeiro são erráticos em relação às atividades da empresa, que o Passivo Circulante Operacional apresenta linearidade com a receita líquida operacional e que o ativo circulante operacional é fortemente correlacionado com esta mesma *proxy* das atividades empresariais. As contas contábeis circulantes financeiras são erráticas em relação às operações, medidas a partir da receita de vendas, das empresas brasileiras de médio e grande porte.

CAPÍTULO 6

DEMONSTRAÇÕES GERENCIAIS

A essência de um negócio é aumentar sua riqueza por meio de seu ciclo produtivo, uma vez que ele aumenta a riqueza pela venda de produtos finais e serviços e a reduz por meio de despesas, como o consumo de matérias-primas e bens para revenda, o uso de trabalho, e o uso de serviços externos (transporte, pagamento de impostos e outras obrigações). Existem duas lógicas em termos de demonstrativos de resultados, a lógica contábil e a gerencial. Os demonstrativos contábeis devem ser detalhados de forma a atender os requisitos legais, enquanto os demonstrativos gerenciais devem ser utilizados no processo de decisão da gestão da empresa. Os demonstrativos gerenciais estão relacionados aos contábeis, mas os dois tipos não são idênticos.

No modelo dinâmico, a demonstração de resultados gerencial começa com o volume de vendas e a margem de lucro, e passa pelo EBIT (*earnings before interest and taxes*), que mede a capacidade da companhia de autofinanciar seu capital de giro, o mais legítimo recurso para crescimento. O modelo também mostra como o fluxo de caixa resulta do EBIT e da variação da necessidade de capital de giro (NCG), que depende do ciclo financeiro.

DEMONSTRAÇÃO DO RESULTADO DO EXERCÍCIO (DRE)

Na demonstração de resultado, despesas podem ser analisadas pela natureza (matéria-prima, custo de transporte, custo com pessoal, benefícios a empregados etc.) ou por funções (custo de vendas, vendas, administrativo etc.) De forma crescente, empresas apresentam despesas por função, mas com depreciação e amortização isolados numa linha separada.

Essa apresentação é baseada na abordagem de gerenciamento contábil, no qual custos são alocados às principais funções corporativas: produção, vendas e administração.

Como consequência, o demonstrativo de resultado aparece em geral assim:

RECEITAS OPERACIONAIS — Também chamadas de Vendas Líquidas ou Receitas Operacionais Líquidas.

CUSTOS DE BENS VENDIDOS (CMV) — Para fábricas, custos de Bens, Mercadorias ou Serviços vendidos (CMV), incluem os custos com materiais, salários daqueles que fazem o produto, frete e transporte, aluguel, energia, luz, manutenção etc. associados com o ciclo de produção. Para empresas varejistas, incluem o custo de mercadoria vendida, salários, transporte, aluguel etc. associada ao ciclo de varejo. São os custos variáveis de produção. **Receitas operacionais - CMV = Renda bruta** (também chamado "lucro bruto"). O lucro bruto não é verdadeiramente uma medida de lucro. Representa a diferença entre as vendas e os custos variáveis de produção. Também é conhecida como margem de contribuição.

DESPESAS COM VENDAS, GERAIS E ADMINISTRATIVAS (DVGA) — DVGA incluem todos os custos que não são diretamente da produção ou venda do produto: salários dos vendedores e comissões, despesas com vendas e marketing, salários dos gerentes-gerais e benefícios, despesas com escritório, custo com departamentos como Financeiro, RH etc. São os custos fixos de produção.

RENDA BRUTA – DVGA = EBITDA OU LAJIDA (Lucro Antes dos Juros, Impostos, Depreciações e Amortizações). Também chamado **lucro bruto operacional**, EBITDA é o resultado do ciclo de produção na demonstração de resultados; é o saldo das receitas operacionais e custos operacionais incorridos para obter esses lucros. É a grande medida de lucro operacional — ou seja, o quanto as operações da empresa geram de lucro.

DESPESAS COM DEPRECIAÇÃO — É o montante de depreciação debitado das vendas durante o período. Esta não é a mesma depreciação acumulada do balanço patrimonial, uma vez que aquela é a depreciação total passada. Esta despesa com depreciação estará na demonstração de resultados, e será adicionada à depreciação acumulada no balanço patrimonial no começo do próximo período. **EBITDA – Despesas com depreciação = EBIT** também chamado de **lucro operacional.**

DESPESAS FINANCEIRAS LÍQUIDAS DE RECEITA FINANCEIRA — Esse item reflete o custo dos empréstimos da empresa.

RECEITAS NÃO OPERACIONAIS – DESPESAS NÃO OPERACIONAIS são extraordinárias e itens não recorrentes.

> **EBIT – Despesas financeiras líquidas + Receitas não operacionais – Despesas não operacionais = Lucro antes de impostos**

PROVISÃO PARA IMPOSTOS DE RENDA — Impostos que serão debitados da renda neste período, ainda que eles não sejam pagos neste período.

LUCRO ANTES DE IMPOSTOS – PROVISÃO PARA IMPOSTOS DE RENDA = LUCRO LÍQUIDO — Se negativo, lê-se como prejuízo e o montante deve estar entre parêntesis.

> **lucro líquido – dividendo = lucros retidos**

O demonstrativo de resultado (DRE) da Bernoulli encontra-se a seguir. A empresa não teve depreciação no período e, portanto, o EBITDA é igual ao EBIT.

	2011	2012	2013
Receita Bruta	41.000	43.000	52.000
Impostos sobre receita	-1.000	-1.200	-1.500
Receita Líquida	40.000	41.800	50.500
Custos Bens ou Serv. Vendidos	-26.000	-30.000	-38.000
Lucro Bruto	14.000	11.800	12.500
Despesas Gerais e Adm.	-5.000	-6.000	-6.500
Despesas Comerciais	-300	-500	-600
Outros	0	0	0
EBIT (Lucro Operacional)	8.700	5.300	5.400
Receitas Financeiras	0	0	0
Despesas Financeiras	-1.350	-1.600	-1.650
Lucro Antes IR	7.350	3.700	3.750
IR	-2.500	-800	-1.400
Diferido	0	0	0
Lucro Líquido	4.850	2.900	2.350

Demonstrativos de Resultados e de Fluxo de Caixa

Nesse capítulo trataremos do demonstrativo de fluxo de caixa (DFC). Após a reforma do sistema contábil brasileiro, o demonstrativo de fluxo de caixa passou a ser exigido para empresas com patrimônio líquido acima de R$2 milhões. O DFC contém informações importantes para a tomada de decisão das empresas, mas muitas pequenas empresas continuam somente analisando o DRE e o balanço patrimonial.

Uma demonstração de caixa é um registro de entradas e saídas em um período específico de tempo. Para indivíduos, vemos isso em nossos extratos bancários de conta-corrente. Ao longo do mês vemos entradas e saídas e quanto temos em caixa. Enquanto em um DRE uma empresa tem o lucro líquido como resultado final, no DFC temos o resultado do fluxo financeiro. Começaremos mostrando que demonstrativos de conta-corrente (o extrato bancário mensal) são as demonstrações de fluxo de caixa para indivíduos.

A CONTA-CORRENTE COMO FLUXO DE CAIXA

Vamos começar com um extrato bancário mensal que clientes individuais recebem de seus bancos. Um extrato mensal mostrará o saldo corrente na conta bancária na data do extrato. O saldo corrente é o dinheiro que o cliente tem na conta bancária no dia do extrato. O extrato mensal apresentará também a demonstração de fluxo de caixa, uma revisão detalhada da atividade na conta que ocorreu desde o extrato do último mês. Essa demonstração de fluxo de caixa identifica as entradas de dinheiro na conta (créditos e depósitos) e as saídas de dinheiro da conta (pagamentos, saques e taxas). O total de entrada de dinheiro menos o total de saída durante o mês explica a variação entre os saldos iniciais e finais.

DINHEIRO E RIQUEZA

As pessoas normalmente confundem erroneamente dinheiro e riqueza. Receber dinheiro não necessariamente torna uma pessoa rica. Uma pessoa não se torna automaticamente mais pobre quando gasta dinheiro. A compra de um apartamento é um item de saída de dinheiro no montante que você paga em dinheiro na hora da compra, mas isso não faz você mais pobre (desde de que você tenha pago um preço justo pelo apartamento). Quando você compra um apartamento, você não se torna mais pobre, mas sua posição de dinheiro diminui pelo pagamento (que é uma saída de caixa na hora da compra). Se o dinheiro empregado para a compra é fruto de um empréstimo a prazo, aumentar a dívida não tem impacto em sua renda e não tem impacto na sua posição de dinheiro (até você pagar a dívida e os juros). Uma pessoa pode ser "rica" e ter problemas de caixa, ou ser "pobre" e ter saldo de caixa. Na visão do passado uma empresa tinha que ser "rica" e ter patrimônio, mas na visão moderna o que importa é se a empresa é capaz de gerar caixa.

Demonstrações de fluxo de caixa para uma empresa

Uma empresa apresenta sua posição de caixa no lado dos ativos em seu balanço patrimonial, *i.e.*, o montante de dinheiro ou ativos líquidos que a empresa possui num tempo específico. A conta do balanço patrimonial, chamada de "caixa e equivalentes", é similar ao saldo corrente no extrato bancário de um consumidor individual.

Como um consumidor individual, uma empresa pode querer entender a mudança entre o saldo inicial e final. Para explicar como a posição de caixa mudou, uma empresa usa o demonstrativo de fluxo de caixa (DFC). O DFC identifica entradas e saídas de dinheiro na conta da empresa. O total de entrada de dinheiro menos o total de saída durante um período de tempo (mensal, trimestral, semanal ou anualmente) explica a mudança entre o saldo inicial e final, no período.

A entrada (saída) líquida para um período aumenta (diminui) a posição de caixa do negócio (como mostrado no balanço patrimonial final *versus* o balanço patrimonial inicial).

Demonstração de resultados para uma empresa

Contrário a um cliente individual, uma empresa quer saber todos os itens que afetam positiva e negativamente sua riqueza durante um período (semanal, mensal, trimestral ou anualmente). Chamamos de receitas (ou renda) as adições à riqueza, e gastos (ou cobranças ou custos) as deduções da riqueza.

A demonstração de resultado é uma declaração dinâmica que registra receitas e despesas durante um período contábil. A diferença entre essas receitas e despesas é chamada de lucro líquido (quando positiva) ou perdas (quando negativa). Ganhos num período aumentam o valor líquido de um negócio. Perdas no período diminuem esse valor.

O valor líquido de uma empresa é chamado de patrimônio líquido, também conhecido como patrimônio dos proprietários. Ele representa a "reivindicação" dos ativos de um negócio pelos acionistas após todos os pagamentos de credores e dívidas. O patrimônio líquido de uma empresa surge principalmente de duas fontes: (1) montante investido pelos acionistas de uma empresa, e (2) lucros retidos, a renda líquida recebida acumulada desde a criação da empresa e que não foi (ainda) paga aos acionistas como dividendos. Quando a diferença entre receitas e despesas é negativa, a perda reduz o patrimônio líquido e o valor líquido da empresa. Quando as perdas acumuladas excedem o patrimônio líquido, a empresa passa a ter valor negativo.

Demonstração de resultados e demonstrativo de fluxo de caixa

Um demonstrativo de fluxo de caixa mostra a liquidez, enquanto a demonstração de resultado mostra a lucratividade.

Uma vez que o demonstrativo de resultado registra as receitas e despesas num período contábil, enquanto o demonstrativo de fluxo de caixa registra entradas e saídas de dinheiro no mesmo período, alguns fluxos de caixa não aparecem na demonstração de resultado (aqueles que não geram e nem destroem riqueza). Da mesma forma, algumas receitas e custos não aparecem no demonstrativo de fluxo de caixa (porque não têm impacto na posição de caixa da empresa).

A princípio, muitos itens de renda também são entradas de caixa. As vendas de produtos e serviços são geralmente ambos: lucro e entrada de dinheiro. Muitos itens de despesas são também saídas de caixa, como o consumo de matéria-prima pago em dinheiro.

Entretanto, há muitos itens de caixa que não são itens de renda ou despesa, e vice-versa. Por exemplo, a compra de uma máquina é uma saída de caixa se você paga em dinheiro no momento da compra, mas não é uma despesa: até que produza algo, a máquina não gera nem destrói riqueza.

Demonstrativos Dinâmicos de Fluxo de Caixa

O demonstrativo de fluxo de caixa no modelo dinâmico é um relatório dinâmico que registra as entradas e saídas de dinheiro num período contábil — uma vez que ele explica a mudança no saldo de tesouraria (T). O total de entrada de dinheiro menos o total de saída durante um período de tempo (mensal, trimestral, semanal ou anual) explica a mudança entre a posição de caixa inicial e final da empresa, que forma parte do T.

As entradas líquidas (saídas) para um período aumentam (diminuem) o T, que é o balancete de tesouraria final *versus* o inicial.

O demonstrativo consiste em três componentes: operações, investimentos e financiamentos.

Operações: Caixa do ciclo de produção

O resultado do ciclo de produção na demonstração de resultados é o EBITDA. O EBITDA é o principal conceito de resultado operacional, pois revela o que as operações da empresa conseguem gerar de caixa — é a diferença entre as receitas e os custos fixos e variáveis de produção (exclusiva depreciação).

Receita Operacional Liquída

(-) custos e despesas variáveis

(-) custos e despesas fixas (excluídas amortizações)

= EBITDA

Do EBITDA, devemos deduzir o Imposto de Renda (IR) e a Contribuição Social Sobre Lucro Líquido (CSSL) para se aproximar do fluxo de caixa líquido.

Contudo, a empresa também deve alocar recursos para que possa continuar operando, se houver mudança na necessidade de capital de giro (NCG). Isto significa que, para termos uma visão mais realista do fluxo de caixa produzido pelas operações, precisamos deduzir do EBITDA a variação da NCG no período (caso a variação da NCG seja negativa, seu valor deverá ser somado).

Como apontou Marcos Villela Vieira: "Esta nova medida, que chamamos de Fluxo de Caixa Operacional no Modelo Dinâmico[1], é interessante porque permite incorporar na avaliação o volume de recursos utilizados para suportar o crescimento do volume de negócios. Desta forma, um resultado elevado obtido por meio do aumento das vendas alavancado por uma política de crédito que produza um aumento relevante no contas a receber de clientes poderá se revelar não tão interessante quando todas suas consequências são consideradas."[2]

> **fluxo de caixa operacional = EBITDA – IR e CSSL – ΔNCG**

INVESTIMENTOS: CAIXA DE ATIVIDADES DE INVESTIMENTO LÍQUIDO

Atividades de investimento líquido incluem gastos em capital com equipamentos e ativos feitos durante o período, menos desinvestimentos. Investimentos líquidos são medidos pela variação do ativo não circulante (ANC) bruto nos balanços (final do período menos início do período). Normalmente, atividades de investimento são positivas e é então um item de "saída de dinheiro", porque o dinheiro é

---

[1] FLEURIET M, KEHDY R, BLANC G. OP. CIT. p.56

[2] VIEIRA, Marcos Villela. Administração Estratégica do Capital de Giro, Editora Atlas. p.184

usado para comprar novos equipamentos, prédios, ou ativos financeiros como títulos mobiliários numa subsidiária. Entretanto, um desinvestimento, por exemplo, quando uma empresa aliena um ativo, é considerado "entrada de dinheiro", e entra negativamente no cálculo das atividades de investimento líquido.

Podemos dividir (pelo menos conceptualmente) "investimentos líquidos" em duas partes: investimentos de manutenção e investimentos de expansão. Os investimentos de manutenção vão compensar a redução de valor devida à obsolescência e à exaustão da vida útil de um ativo. Depreciação acumulada aumenta com a despesa de depreciação do período. A despesa de depreciação é um abono pela deterioração e obsolescência de ativos permanentes baseado em sua vida útil estimada. Podemos esperar que o valor dos investimentos de manutenção seja igual às despesas de depreciação do período.

Os investimentos de Expansão, ou CAPEX (CAPital EXpenditures em inglês) são aqueles necessários para crescer no longo prazo.

O Fluxo de Caixa Operacional Livre (FCL) — em inglês, *Free Cash Flow* — é o fluxo de caixa proveniente exclusivamente pelas atividades operacionais, liquido de impostos e tributos, diminuído do caixa necessário aos investimentos em NCG e do CAPEX.

Fluxo de Caixa Operacional Livre (FCL) é a diferença entre o caixa das operações principais e o caixa das atividades de investimento líquidas.

Fluxo de caixa operacional livre (FCL)

(=) fluxo de caixa operacional

(-) investimentos de manutenção (= depreciação)

(-) investimento de expansão (= CAPEX)

Outra forma de ver essas relações é:

> **EBITDA = LOP (lucro operacional) + depreciação e**
> **Depreciação = investimentos de manutenção**

O que significa que:

> **Fluxo de caixa operacional (EBITDA – IR &**
> **CSSL – ΔNCG)**
>
> **(-) investimentos de manutenção (= depreciação)**
>
> **(-) investimento de expansão (= CAPEX)**
>
> **= fluxo de caixa operacional livre**

Que, por sua vez, é igual a:

> **LOP (lucro operacional)**
>
> **(-) IR & CSSL**
>
> **(-) ΔNCG**
>
> **(-) investimento de expansão (= CAPEX)**
>
> **= fluxo de caixa operacional livre**

Então:

> **Fluxo de caixa operacional livre (FCL)**
>
> **(=) lucro operacional – IR & CSSL – ΔNCG – CAPEX**

O fluxo de caixa operacional livre é o que sobra do lucro operacional após a empresa reinvestir uma parte para o ano seguinte. Nas atividades de varejo, essa dedução é igual ao crescimento da necessidade de capital de giro (NCG). Em grupos industriais, ela é igual ao crescimento da NCG mais CAPEX.

Fluxo de caixa livre após imposto forma a base da avaliação para o fluxo de caixa descontado. Neste método, impostos são computados em seu percentual previsto em lei, aplicando uma taxa de impostos sobre o lucro operacional. Impostos podem ser afetados por uma variedade de contas e convenções tributárias que não têm nenhuma influência sobre a força operacional contínua da empresa. **Lucro operacional após imposto (=) EBITDA (1 - taxa de impostos)**

As despesas de juros não são deduzidas do fluxo de caixa livre, porque elas são uma função de alavancagem, e não de operações. Empresas em qualquer ramo da indústria vão ter vários graus de despesa de juros, com base na carga da dívida que incorrem. A ideia do fluxo de caixa livre de impostos é revelar o quanto as operações geram de caixa para a empresa. É o dinheiro gerado que vai remunerar o capital de terceiros e os acionistas e, por isso, ainda não é influenciado pelos juros a serem pagos.

FINANCIAMENTOS: CAIXA DE ATIVIDADES DE FINANCIAMENTO

Atividades de financiamento incluem transações afetando passivo de longo prazo e patrimônio líquido.

Mudanças nas dívidas, empréstimos ou ações são contabilizadas nas atividades de financiamento líquidas. Atividades de financiamento líquidas são "entradas de dinheiro" quando o capital é levantado, e uma "saída de dinheiro" quando os capitais são pagos.

Definimos "financiamentos novos líquidos" como a diferença entre novos financiamentos por meio de venda de ações, títulos ou dívidas de longo prazo, e pagamento em recompra de ações ou títulos já existentes ou da dívida de longo prazo. Assim, se uma empresa emite títulos para o público, ela recebe o dinheiro. Com reembolso de empréstimos existentes, a empresa está reduzindo seu caixa.

Juros pagos também reduzem o caixa, mas já podem ter sido deduzidos do EBITDA para calcular rendimentos e rendimentos em caixa, e podemos ou não os encontrar aqui[3].

---

caixa de atividades de financiamento

(=) captação

(−) amortização

(−) pagamentos de juros

Quando uma empresa declara um dividendo de caixa em suas ações, este será informado como um uso de dinheiro na seção de atividades de financiamento na demonstração de fluxo de caixa. O resultado fluxo de caixa livre após impostos mais caixa de atividades de financiamento menos dividendos gera mudanças no saldo de tesouraria(T).

ΔT

(=) FCL

(+) caixa de atividades de financiamentos

(−) dividendos

---

[3]   IAS 7 — Cash Flows Statements permite que juros pagos sejam incluídos em atividades operacionais ou atividades de financiamento. US GAAP requer que juros pagos sejam incluídos posteriormente.

Fluxo de Caixa Livre para os Acionistas (FCA)

No modelo, o fluxo de caixa livre após impostos (FCL) gera o fluxo de caixa livre para os acionistas (FCA) ou *free cash flow to equity*. O FCA apresenta o fluxo de caixa que sobra na empresa depois de todos os usos operacionais de caixa e as atividades de financiamento. De forma intuitiva, o FCA mede a sobra do fluxo de caixa livre de impostos, investimentos e pagamento de dívidas, ou seja, o que realmente sobra para que os acionistas possam ser remunerados:

> **FCA = FCL (+) caixa de atividades de financiamentos**

Contudo, a empresa pode remunerar os acionistas com fluxo de caixa livre para os acionistas (FCA) mais o que tem em caixa.

Para estimar o que os gestores poderiam retornar aos acionistas, temos de voltar à equação anterior:

> **ΔT = FCL (+) caixa de atividades de financiamentos (–) dividendos**

Substituindo FCA por FCL (+) CAIXA DE ATIVIDADES DE FINANCIAMENTO, podemos constatar que a empresa pode pagar um dividendo potencial igual a:

> **dividendo potencial = FCA – ΔT**

O dividendo potencial resulta de duas fontes: o fluxo de caixa livre para os acionistas (FCA) e a variação de tesouraria ΔT.

Se FCA for positivo, temos dividendos potenciais. Se for negativo, FCA é uma necessidade de caixa a ser coberta com tesouraria (−ΔT), antes que se possa pagar dividendos.

Se o saldo de tesouraria (T) for positivo, o uso da tesouraria é uma fonte de dividendo potencial. A empresa pode diminuir o saldo de tesouraria de ΔT (um valor negativo) e −ΔT (um valor positivo), representando o que os gestores poderiam retornar aos acionistas. Se o saldo de tesouraria for negativo, consideramos no modelo que piorar o saldo de tesouraria não seria uma boa medida para pagar dividendos.

Contudo, muitas empresas podem pagar mais dividendos do que efetivamente pagam aos investidores. Em vez disso, mantêm dinheiro em caixa. Muitas empresas americanas tinham mais caixa em 2013 do que antes da crise financeira. Na verdade, uma montanha de dinheiro. No segundo semestre de 2013, o total de caixa e equivalentes mantido pelas 432 empresas não financeiras do Standard & Poor's (S&P) 500 chegava a US$1,2 trilhão.

Ou seja, sem analisar o comportamento do fluxo de caixa é impossível verificar o que realmente a empresa pode devolver aos acionistas.

"Para estimar o que os gestores poderiam retornar aos acionistas, podemos criar o conceito de dividendos potenciais que é chamado de fluxo de caixa livre para o acionista (FCA). De forma intuitiva, o FCA mede a sobra do fluxo de caixa livre de impostos, investimentos e pagamento de dívidas, ou seja, o que realmente sobra para que os acionistas possam ser remunerados"[4].

---

[4] DAMODARAN, Aswath,. THE LITTLE BOOK OF VALUATION: HOW TO VALUE A COMPANY, PICK A STOCK AND PROFIT (LITTLE BOOKS. BIG PROFITS). JOHN WILEY & SONS 2011, P.180. ASWATH DAMODARAN É UM PROFESSOR DE FINANÇAS DA STERN SCHOOL OF BUSINESS NA NEW YORK UNIVERSITY QUE ESCREVEU DIVERSOS TRABALHOS SOBRE VALUATION, SENDO UM DOS MAIS CONHECIDOS AUTORES SOBRE O TEMA.

CAPÍTULO 7

CRESCIMENTO E GERAÇÃO DE VALOR

Crescimento nas vendas significa que a saúde financeira de uma empresa é boa, não é? Não necessariamente, se o aumento das vendas, combinado com uma crescente necessidade de capital de giro (NCG) e CAPEX (Capital Expenditures), significar que a empresa está aumentando suas dívidas para pagar as já existentes. Como bem sabemos, chamamos esse crescimento não sustentável de "efeito tesoura". Ele pode levar uma empresa à falência.

COMO DEFINIR O CRESCIMENTO SUSTENTÁVEL

Na definição das Nações Unidas, "o desenvolvimento sustentável é o desenvolvimento que atende às necessidades do presente sem comprometer a capacidade das gerações futuras de atenderem às suas próprias necessidades". O desenvolvimento sustentável de uma empresa poderia, então, ser definido como: "o desenvolvimento que atende às necessidades do presente sem comprometer a capacidade da empresa de atender suas próprias necessidades no futuro".

A organização deveria crescer sem comprometer sua capacidade de atender às próprias necessidades no futuro. Quando as metas de lucratividade de curto prazo levam a empresa ao crescimento não sustentável, o valor criado é uma armadilha mortal. Para tocar sua produção futura, a empresa não precisa somente de investimentos em ativos imobilizados, mas precisa também mobilizar recursos que a permitam bancar o efeito crescimento da receita, sua NCG.

A variável importante é a necessidade de reinvestimento para o crescimento da empresa. O reinvestimento reduz o fluxo de caixa quando é feito, mas promove à empresa capacidade de maior geração de fluxo de caixa futuro. Para uma empresa comercial, a maior parte do reinvestimento é o aumento da NCG, pois a NCG cresce com o aumento da receita. Para uma empresa industrial, a NCG também aumenta, mas os investimentos em ativos fixos (ativo não circulante — ANC) normalmente são mais relevantes. Para uma empresa de tecnologia, não somente a NCG e o ANC aumentam, mas os reinvestimentos são mais usados para pesquisa e desenvolvimento.

Assim,

> **reinvestimento = ΔNCG + investimento de expansão**
>
> **FCL (fluxo de caixa livre) após imposto =**
>
> **LOP (lucro operacional) após impostos - reinvestimento**

Definimos a taxa de reinvestimento (TR) como TR = REINVESTIMENTO/ LOP APÓS IMPOSTOS.

Veja que você tem aqui lucro operacional (LOP) após imposto, e por que não colocar esta métrica em seu demonstrativo de fluxo de caixa?

> **FCL APÓS IMPOSTO**
>
> **= LOP APÓS IMPOSTOS (1 – TR)**

O percentual da taxa de reinvestimento (TR) pode ser maior ou menor que 100% em um período, mas não pode ser maior que 100% continuamente. Isso porque, nesse caso, a empresa deveria tomar empréstimos continuamente.

Como podemos determinar a TR? Sabemos que o ativo econômico é a soma da necessidade de capital de giro (NCG) e ativo não circulante (ANC). Sabemos que ANC são ativos não circulantes líquidos das depreciações que variam com investimentos de expansão (CAPEX — Capital Expenditures). Então, ativo econômico muda com a variação da NCG e o CAPEX.

$$\Delta \text{ativo econômico}$$

$$= \Delta NCG + \text{investimento de expansão}$$

Se dividir o denominador e o numerador da TR pelo ativo econômico (AE) do início do período temos:

$$TR = \frac{\text{reinvestimento} / AE}{\text{LOP após impostos} / AE}$$

O numerador da TR dividido por AE é:

$$\frac{\text{reinvestimento}}{AE} = \frac{(\Delta NCG + \text{investimento de expansão})}{AE}$$

Vale notar que ΔNCG + investimento de expansão é a variação do ativo econômico (AE).

$$\frac{\text{reinvestimento}}{AE} = \frac{\Delta \text{ativo econômico}}{AE}$$

Assim, o numerador da TR dividido por AE é a variação do ativo econômico dividido pelo AE, ou a **taxa de crescimento do AE**, que chamamos de **g**. Normalmente usamos o conceito de crescimento em relação a vendas e não ao ativo econômico, como na página anterior. Contudo o AE e as vendas de uma empresa são altamente correlacionados, já que o AE é condição necessária para que a empresa possa vender mais. Uma relação importante é a de giro do ativo econômico, definida como (ativo econômico/ vendas). Esse giro é uma variável financeira que mede a eficiência de uma empresa em se aproveitar de seus ativos para gerar vendas. Se o giro não mudar, a receita vai crescer como o AE e o g (AE) será igual ao g (vendas).

O denominador da TR é o LOP após imposto de renda/AE. Essa razão é o ROIC (retorno sobre capital investido). O ROIC é o quociente do LOP após IR sobre o ativo econômico (necessidade de capital de giro (NCG) + ativo fixo) do início do período. O ROIC é o retorno que a empresa tem a cada real investido na companhia. O ROIC pode ser definido de duas formas, estática e dinâmica. Na primeira, é o retorno sobre o capital investido e, na segunda, é o retorno sobre a variação no ativo econômico, ou seja, sobre novos investimentos. No momento, assumimos que ambos são iguais.

$$\frac{\text{LOP após IR}}{\text{ativo econômico}} = \text{ROIC}$$

Assim a taxa de reinvestimento (TR) é igual à relação entre a taxa de crescimento do ativo econômico, g, e o ROIC:

$$\text{TR} = \frac{g}{\text{ROIC}}$$

Agora podemos usar a taxa de reinvestimento para definir o fluxo de caixa livre (FCL) após imposto:

FCL após imposto = LOP após impostos (1-g/ROIC)

Afirmamos antes que a taxa de reinvestimento (TR) não pode ser maior que 100% continuamente. Isso é a mesma coisa que dizer que a taxa de crescimento do ativo econômico (g) não pode ser maior que o ROIC continuamente. O efeito tesoura acontece quando a taxa de crescimento do ativo econômico é maior que o ROIC. O fluxo de caixa livre é o que sobra do lucro operacional (LOP) após a empresa reinvestir uma porcentagem para o ano seguinte. Esse percentual é igual ao crescimento esperado para o próximo ano (em porcentagem), dividido pelo ROIC. Se a taxa de crescimento da empresa for maior do que o ROIC, ela terá que investir mais do que seu lucro operacional no crescimento para o ano seguinte. Em outras palavras, a companhia vai precisar de financiamento externo. No próximo ano, se o crescimento continuar o mesmo e o ROIC não melhorar, terá de pedir empréstimo de uma quantia ainda maior, não apenas para financiar o reinvestimento necessário, mas também para pagar os custos do financiamento externo do ano anterior. Esse é o típico "efeito tesoura".

Para evitar esse efeito tesoura e manter a sustentabilidade da empresa, a taxa de crescimento deve ser menor que o ROIC, para ser sustentável.

O fluxo de caixa livre para os acionistas é o que sobra da margem operacional, após uma porcentagem ser reinvestida para financiar o desenvolvimento. Quanto mais alta for essa margem e mais curto for o ciclo financeiro, mais alto foi o retorno sobre capital investido (ROIC), e mais a empresa poderá crescer sustentavelmente.

A relação entre ROIC e crescimento sustentável parece contraintuitivo, porque quanto maior o crescimento, menor o valor gerado pela empresa. Há casos em que o alto crescimento nas vendas não é sustentável, porque destrói valor. Podemos considerar o seguinte exemplo: uma empresa apresenta LOP de R$10 milhões por ano, com quatro cenários de g possíveis (5%, 10%, 15%, 20%) e três possibilidades de ROIC (10%, 20%, 30%). A figura abaixo mostra o fluxo de caixa (positivo ou negativo) que resulta da combinação desses parâmetros.

A maior taxa de crescimento (20%) com menor ROIC (10%) destrói valor. Essa combinação faz com que a empresa tenha que levantar R$10 milhões de financiamento de curto prazo (perigoso) ou de longo prazo, ou então buscar recursos com os sócios. A empresa deveria crescer rapidamente se, e somente se, a alta taxa de crescimento acontecesse com um ROIC elevado ou fosse capaz de aumentá-lo, para cerca de 20%. Com ROIC = 20%, a empresa pode crescer a 20% sem nenhum recurso externo, pois absorve todo o fluxo de caixa criado. Mas não vai gerar fluxo de caixa livre para os acionistas ou pagamento de dívidas.

		ROIC		
		10%	20%	30%
g	20%	-10 000 000	0	3 333 333
	15%	- 5 000 000	2 500 000	5 000 000
	10%	0	5 000 000	6 666 667
	5%	5 000 000	7 500 000	8 333 333

No caso de um ROIC de 20% e um crescimento projetado de 5% a empresa precisaria reinvestir R$2,5 milhões dos R$10 milhões do LOP para continuar crescendo a essa taxa. Isso deixaria R$7,5 milhões livres para fazer mais investimentos, pagar impostos e dívidas, e retornar valores aos acionistas da empresa. Mas achar oportunidades de investimento constantes não é fácil, em qualquer setor da economia. Se o ROIC é de 20%, a empresa deveria aumentar seu ativo econômico (AE) e receita em 20% ao ano para absorver todo o fluxo de caixa. A empresa estaria numa ótima situação, sem muitas opções a não ser diminuir o endividamento e devolver quantias substanciais aos acionistas.

O crescimento das vendas causa não apenas um efeito direto sobre a margem operacional, como também um efeito negativo no fluxo de caixa livre, se exceder o ROIC.

Quando o ROIC de uma empresa é alto, o crescimento normalmente gera valor adicional. Mas se o ROIC da empresa é baixo, gestores podem criar mais valor buscando aumentar o ROIC do que perseguindo estratégias de crescimento. Em um artigo de 2006, Bing Cao, Bin Jiang e Timothy Koller, da consultoria McKinsey, mostraram que a maioria das empresas com altos múltiplos de preço/lucro, ou seja, valorizadas pelo mercado, tinham ROIC extraordinário, mas baixo crescimento. Isso sugere que, diferentemente do senso comum, os investidores reconhecem (e estão dispostos a pagar mais por isso) os retornos antecipados de empresas com fortes ROIC, mesmo com baixas perspectivas de crescimento. Isso não significa que o crescimento não é desejável, mas sim que não deve ser buscado a qualquer custo.

COMO CRESCIMENTO E ROIC AJUDAM A DETERMINAR O VALOR DE UMA EMPRESA?

Agora que mostramos que o retorno sobre capital investido (ROIC) e o crescimento são os maiores determinantes do fluxo de caixa e valor da empresa, podemos dar um passo além e desenvolver uma simples fórmula que captura a essência do processo de *valuation* de uma empresa. Sabemos que:

$$\text{FCL após imposto} = \text{LOP após impostos}(1-g/ROIC)$$

Também assumimos que a taxa de crescimento sustentável da empresa g é constante e que a empresa investe a mesma proporção de seu lucro operacional (LOP) após impostos todo ano (o que significa que a taxa de crescimento do investimento também é constante).

Já que o fluxo de caixa da empresa crescerá a uma taxa constante, podemos avaliar o valor da empresa por uma fórmula de perpetuidade do fluxo de caixa.

$$\text{Valor} = \frac{\text{FCL após imposto}_{t=1}}{[\text{WACC}-g]}$$

A fórmula perpetuidade funciona se, e somente se, o custo médio ponderado de capital (WACC) é maior do que o g. Temos outra observação sobre g para criação de valor: o g deve ser também menor que o retorno sobre capital investido (ROIC). Essas condições são normalmente satisfeitas, mas há casos de empresas que crescem muito rapidamente ou apresentam margens baixas e que, portanto, não podem ter seu valor calculado pela fórmula acima.

O próximo passo é definir *FCL após imposto*$_{t=1}$, definido como FCL após imposto = LOP após impostos $(1 - g/\text{ROIC})$. Assim,

$$\text{Valor} = \frac{\text{LOP após imposto}_{t=1} \times (1 - g/\text{ROIC})}{[\text{WACC}-g]}$$

Para criar um múltiplo de lucro antes de impostos, devemos desagregar *LOP após imposto*$_{t=1}$ em LOP (= EBIT; o EBIT representa os lucros da empresa antes do impacto dos juros e imposto de renda. Assim, é um indicador da capacidade de geração de renda da empresa, excluindo-se os impactos de seu caixa e endividamento) e o IR a ser pago.

$$\text{Valor} = \frac{\text{LOP (1 - IR)}_{t=1} \times (1 - g/\text{ROIC})}{[\text{WACC}-g]}$$

Se dividirmos ambos por LOP:

$$\text{Valor/LOP}_{t=1} = \frac{(1 - IR) [1 - g/ ROIC]}{[WACC-g]}$$

Essa abordagem nos permite ligar o múltiplo valor/ LOP aos determinantes do valor da empresa, que não é o patrimônio líquido e sim o valor da empresa (enterprise value), que adiciona as dívidas ao valor do patrimônio líquido. Esse valor da empresa pode ser comparado ao LOP porque, diferentemente do lucro líquido, o LOP inclui os juros da dívida da empresa.

GERAÇÃO DE VALOR E ESTRATÉGIA

A geração de valor em uma empresa relaciona a geração de fluxo de caixa com sua base de ativo econômico. Ou seja, uma empresa gera valor se o resultado é suficiente para remunerar o custo de oportunidade do capital investido.

Temos que definir então duas coisas fundamentais: o que é o capital investido e como ele deve ser remunerado.

Quando se compra um investimento financeiro, o capital investido é claramente o valor investido e a remuneração é a quase renda gerada pelo investimento. Assim, uma caderneta de poupança entrega juros e um imóvel, renda de aluguel. O caso de uma empresa é mais complexo. Isso porque o capital investido não é somente capital próprio, mas envolve também capital de terceiros.

O capital investido é o ativo econômico e a remuneração desse capital é o fluxo de caixa operacional livre, o qual representa o caixa gerado pela empresa que deve remunerar o capital de terceiros e o capital próprio, além de prover parte do financiamento do crescimento futuro da empresa.

Uma das variáveis mais importantes do modelo dinâmico é o conceito de ativo econômico(AE). Como já vimos, o AE combina as aplicações de longo prazo da empresa mais a **necessidade de capital de giro (NCG)**. Ou seja, são as aplicações de recursos que têm como objetivo gerar fluxo de caixa para a empresa. O ativo e o passivo errático, por sua vez, não entram na geração de valor, pois ambos não têm função de geração de caixa. O exemplo da Apple é emblemático — embora a empresa tenha mais de U$150 bilhões em caixa em 2013, esse valor, ao estar parado na Irlanda, não gera valor para os acionistas da empresa.

Como podemos então relacionar os conceitos do modelo dinâmico à geração de valor, mas não de lucro, que maximiza o valor para os acionistas?

A base da análise é o AE. Esse é o ativo que deve ser remunerado pelo fluxo de caixa da empresa. O AE é financiado por capital próprio e de terceiros e, portanto, a geração de valor somente acontece depois da remuneração desse capital.

A remuneração do AE é determinada pelo custo de oportunidade do capital próprio e de terceiros. Por sua vez, esse custo de oportunidade é o custo médio ponderado de capital (WACC). Podemos medir esse custo de oportunidade por meio do conceito de custo de capital.

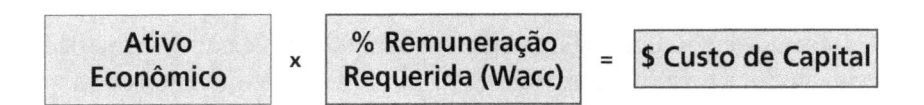

O custo de capital, como podemos ver na figura acima, é o valor que deve ser gerado pela empresa para remunerar o ativo econômico(AE). O valor que remunera o AE é determinado, por sua vez, pelo fluxo de caixa operacional livre de impostos. Esse fluxo é denominado LOP após impostos, ou lucro operacional livre do imposto de renda (IR) e contribuição sobre o lucro líquido. Uma das principais confusões em análise financeira é que conceito de lucro utilizar. Existem diversos conceitos de lucro: bruto, líquido, antes do IR, operacional, EBITDA, EBIT, etc. Aqui precisamos do LOP após imposto (também conhecido como NOPAT — net operating profit less adjusted taxes), porque revela algo fundamental dentro da lógica do modelo dinâmico: qual o caixa que é gerado pelas operações da empresa e que pode ser usado para remunerar o capital de terceiro, capital próprio e fazer os investimentos necessários para a geração futura de caixa. A geração de valor do modelo dinâmico é igual ao do modelo EVA (economic value added), criado pela Stern Stewart & Co. O EVA é um indicador de desempenho financeiro baseado na geração de valor que representa o valor residual do fluxo de caixa operacional depois de remunerar o capital de terceiros e capital próprio.

A empresa gera valor se o LOP após impostos é maior que o custo de capital da empresa. Nesse sentido, mesmo que a empresa tenha lucro, se não conseguir remunerar adequadamente o custo de capital, isso significaria que ela está destruindo valor dos acionistas.

A figura abaixo mostra como funciona a lógica do EVA e do modelo dinâmico.

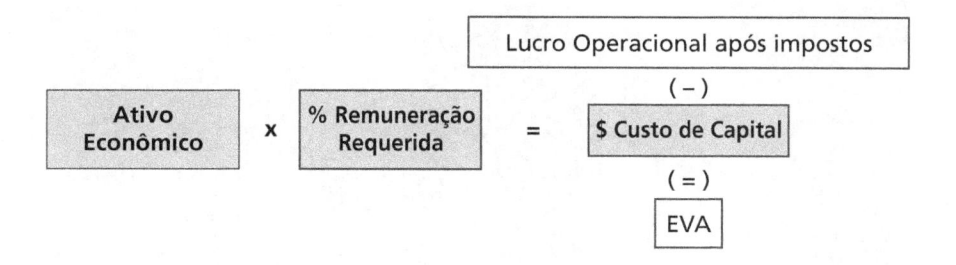

A regra de geração de valor é simples: se EVA > 0 a empresa gera valor e se EVA < 0 a empresa destrói valor. Em nosso modelo, se o ROIC > WACC a empresa gera valor e se ROIC < WACC a empresa destrói valor.

Podemos usar um exemplo simples para demonstrar isso. Vamos imaginar uma empresa que tenha um ativo não circulante de

R$400.000 e uma necessidade de capital de giro de R$100.000. Isso significaria que seu ativo econômico totalizaria R$500.000. Ainda, a estrutura de capital da empresa é de 60% de capital de próprio e 40% de capital de terceiros. O custo do capital próprio é de 15% e o de capital de terceiros, já com benefício fiscal, de 10% ao ano. Assim, o custo médio ponderado de capital (WACC) da empresa seria:

$$\text{WACC} = 0,6*0,15+0,4*0,1 = 0,09 + 0,04 = 13\%.$$

A empresa obteve um lucro operacional de R$150.000 e pagaria R$45.000 de imposto de renda (IR) e contribuição social sobre lucro líquido (CSSL). A pergunta é, a empresa gerou ou destruiu valor de seus acionistas? A figura abaixo mostra a situação da empresa.

ATIVO ECONÔMICO (AE)

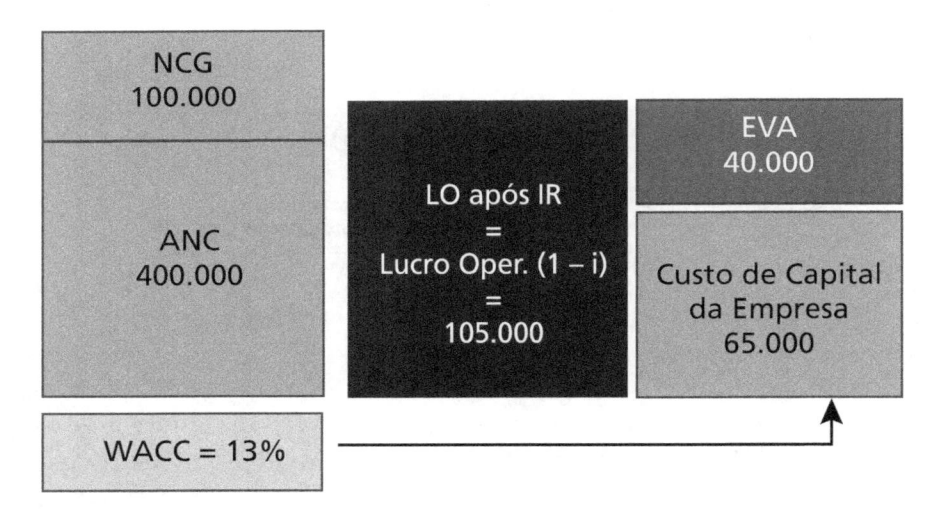

Como o ativo econômico da empresa é de R$500.000 e o custo médio ponderado de capital (WACC) é 13%, o custo de capital dela é de R$65.000. Esse valor representa, então, o mínimo de lucro operacional livre de impostos que a empresa deve gerar para que valha a pena mantê-la aberta. Como a empresa gerou R$105.000 de lucro operacional, isso significa que gerou valor no montante de R$40.000.

Notemos que em nenhum momento discutimos o lucro líquido no modelo. Afinal, o conceito de lucro líquido é contábil e muito mais facilmente manipulável que o lucro operacional da empresa. O caso da Enron é emblemático: em um dos maiores escândalos contábeis da história do capitalismo mundial, a empresa gerava lucros líquidos vultuosos, mesmo estando à beira da falência. O escândalo da Enron foi revelado em outubro de 2001 e foi um evento tão importante que levou à falência de uma das maiores firmas de auditoria do mundo, Arthur Andersen, e ainda foi a base da criação de uma nova lei societária nos EUA, chamada Sarbanes-Oxley.

Claro que a manipulação de lucro líquido é uma exceção. Em condições normais, o lucro líquido é uma medida de lucratividade do negócio como outros lucros contábeis. O problema é que, como o lucro líquido é aquele que ainda vai remunerar o capital próprio, o fato de ele ser positivo não quer dizer que a empresa será lucrativa. Por isso, para determinar a verdadeira geração de valor do negócio, é preferível usar o lucro operacional líquido de impostos (LOP após impostos), pois essa é a verdadeira base do fluxo de caixa gerado pelo negócio e que pode remunerar o capital de terceiros e próprio.

Destacamos que nenhuma das formas de geração de valor, mesmo o EVA (economic value added), é perfeita. É um indicador estático, que mostra a situação do ano, mas não revela se o valor gerado é compatível com os investimentos que estão sendo ou foram feitos. O modelo de geração de valor compara o fluxo de caixa das operações com a base de ativos instalada. O modelo não consegue medir se esses ativos são ideais para a continuidade do negócio ou apresentam potencial ótimo de EVA futuro. O modelo de geração de valor, então, é um indicador da situação presente (e passada) da empresa. É uma importante ferramenta de decisão, mas não pode existir sem estar integrado à estratégia empresarial. No próximo capítulo vamos analisar a relação entre o modelo de geração de valor e a estratégia empresarial.

Mas e a Bernoulli? Ela gera ou destrói valor para seus acionistas?

Durante os anos de 2011 a 2013 o ativo econômico da empresa aumentou rapidamente, especialmente de 2012 para 2013 passou de R$34,8 milhões para R$46,8 milhões. Uma das razões para isso foi a transformação da necessidade de capital de giro (NCG) de negativa em 2011 e 2012 para positiva em 2013. Mesmo com a diminuição do custo médio ponderado de capital (WACC) no período, com veremos adiante, o custo de capital da empresa aumentou fortemente, saindo de pouco mais de R$3,3 milhões em 2011 para quase R$5 milhões em 2013.

	2011	2012	2013
ANC	31.000	37.000	46.000
NCG	-600	-2.200	800
Ativo Econômico	30.400	34.800	46.800
WACC	11,0%	10,7%	10,5%
Custo de Capital	3.341	3.738	4.900
EBIT	8.700	5.300	5.400
IR e CSSL	-2.500	-796	-1.400
LOP APÓS IMPOSTOS	6.200	4.504	4.000
EVA	2.859	766	-900

A operação da empresa continuou gerando lucro operacional durante todo o período, de R$8,7 milhões em 2011 e pouco mais de R$5 milhões por ano em 2012 e 2013. Houve uma variação no pagamento de imposto de renda (IR) durante o período e aqui usamos os impostos efetivamente pagos durante o período para calcular o lucro operacional (LOP) após impostos. Outra forma de fazer isso seria utilizar a taxa efetiva, de cerca de 34%, e calcular o LOP após impostos em cima da taxa teórica em vez de efetiva. Como o EVA é uma forma de mensurar a geração de valor econômico e não contábil da empresa, utilizar a taxa de 34% faz mais sentido que utilizar o valor efetivamente pago, o qual pode ser afetado por créditos tributários temporários. Neste caso, o EVA da empresa seria:

	2011	2012	2013
LOP APÓS IMPOSTOS	5.742	3.498	3.564
Custo de Capital	3.341	3.738	4.900
EVA	2.401	-240	-1.336

Em qualquer um dos casos o padrão do EVA é parecido. O ano de 2011 apresenta forte geração de valor, que diminui em 2012 (sendo negativa no segundo caso), e ficando fortemente negativa em 2013. Ou seja, em 2013 podemos afirmar que a Bernoulli destruiu valor de seus acionistas. Isso aconteceu por duas razões: primeiramente, o forte aumento do ativo econômico; em segundo lugar, pela manutenção do lucro operacional de 2013 no mesmo patamar de 2012.

Destacamos que a empresa teve lucro líquido superior a R$2 milhões em 2012 e 2013, mas destruiu valor nesse último ano, assim como gerou pouco valor ou nenhum valor em 2012.

O caso da Bernoulli é mais comum do que se pensa na economia brasileira. Como não há tradição de mensuração de valor e os empresários brasileiros muitas vezes focam em minimizar o endividamento — subestimando o custo de capital próprio, várias empresas acabam sobrevivendo com linhas de lucro líquido positivas, mas destruindo valor dos acionistas.

Outro ponto interessante tem a ver com a cultura patrimonialista. O objetivo de uma empresa é usar de forma eficiente seu capital econômico e, para isso, deveria ter o menor ativo econômico (AE) compatível com seu modelo de negócios. No Brasil, ainda vemos muitas empresas que gostam de ter muitos ativos, especialmente imóveis e máquinas e equipamentos que não são necessariamente relacionados com sua atividade produtiva. Quanto maior o AE, maior o lucro operacional necessário para remunerar as fontes do capital econômico da empresa. A visão de alto nível de ativos deve ser abandonada. A empresa deve buscar a eficiência de seu capital empregado. Cada parte do AE deve ser remunerada e a empresa deve sempre buscar geração de lucro operacional para pagar seu custo de capital.

A ÁRVORE DE CRIAÇÃO DE VALOR

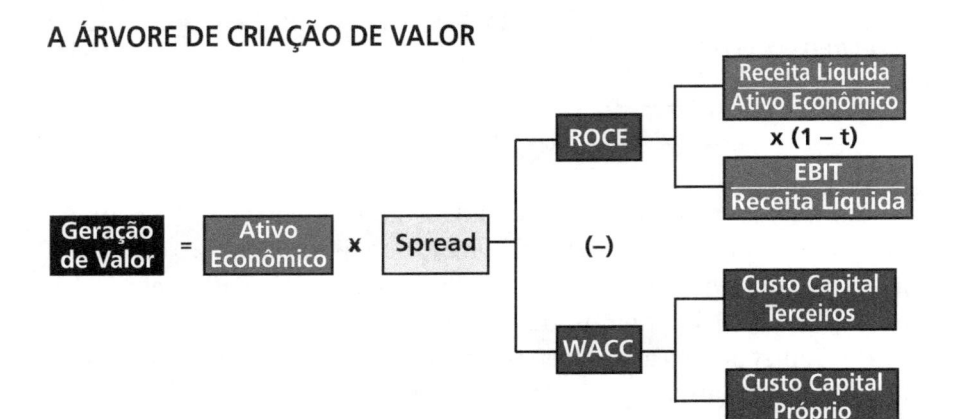

Agora que temos o conceito de geração de valor (ou EVA), podemos fazer análises mais sofisticadas para, no capítulo seguinte, chegarmos a uma relação da estratégia empresarial com o modelo de geração de valor.

Outra forma de visualizar a criação de valor de uma empresa é comparar o **retorno sobre capital investido** (ROIC) com o custo médio ponderado de capital (WACC) — a ideia é uma comparação de taxas de retorno. Se o ROIC da empresa for maior que o WACC, isso significa que a empresa gera valor, enquanto se ROIC < WACC, a empresa destrói valor.

Quanto maior o lucro operacional ou menor o ativo econômico (AE), maior o retorno sobre capital investido (ROIC). Podemos decompor o ROIC em dois: giro do ativo econômico (receita líquida (RL) / AE) e margem operacional (EBIT / RL). Ambos os conceitos são relevantes para a determinação do posicionamento de mercado da empresa.

O giro do ativo econômico revela o quanto a empresa consegue vender em cima de sua base de ativos. Determinados modelos de negócio, como empresas de varejo, apresentam naturalmente alto giro, enquanto negócios intensivos em capital, como siderurgia, apresentam giro mais baixo. Uma das formas de aumentar a geração de valor de uma empresa seria, então, aumentar o giro do ativo. Mas perceba como aumentar o giro do ativo não significa, necessariamente, aumentar a receita líquida. Para alcançar o objetivo de aumentar o giro é preciso gerenciar, de forma eficiente, a composição do ativo econômico (AE). Por exemplo, melhorar o ciclo financeiro gera menor necessidade de capital de giro (NCG) e, portanto, diminui o tamanho do AE, aumentando o giro do ativo e também o EVA. Tudo isso sem vender uma unidade a mais. É claro que o giro do ativo também pode crescer pelo aumento de vendas, mas é importante que o crescimento de vendas não venha acompanhado de diminuição da margem operacional, porque, caso contrário, o efeito receita sobre o ciclo financeiro pode ser maior que o aumento de lucro operacional e a empresa pode destruir valor ao aumentar suas vendas.

O outro componente operacional relevante para geração de valor é a margem operacional, que é determinada pela relação entre EBIT e receita líquida (RL). Obter uma margem saudável é a tarefa mais difícil de uma empresa, pois envolve um posicionamento de mercado no qual ela tenha alguma vantagem competitiva que sustente essa margem no tempo. Além disso, sempre existe o incentivo ao crescimento de vendas como meta principal da empresa. O crescimento da receita, embora possa ser saudável, se vier acompanhado de degradação da margem operacional pode destruir valor dos acionistas.

O segredo para a geração de valor, então, é a combinação do aumento de giro do ativo e/ou margem operacional — o que parece óbvio, mas muitas vezes empresas acabam mantendo metas agressivas de vendas, assumindo que controles, muitas vezes fracos, vão conseguir conservar a margem operacional da empresa. Do ponto de vista operacional, é importante se concentrar, no curto prazo, em um dos dois objetivos. Dificilmente uma empresa consegue aumentar seu giro e sua margem ao mesmo tempo. De fato, muitas empresas crescem aos soluços, passando por fases de grande crescimento de vendas e posterior reorganização produtiva para adequação de margens.

Uma forma de visualizar a estratégia de curto prazo da empresa em termos de giro e margem encontra-se na figura abaixo.

Baixa margem Alto giro	Alta margem Alto giro
Baixa margem Baixo giro	Alta margem Baixo giro

Aqui temos quatro possibilidades de enquadramento de qualquer empresa no curto prazo. O objetivo estratégico de qualquer empresa é se mover nesse quadro para a direção nordeste.

Uma empresa que tenha baixa margem e baixo giro normalmente destrói valor para seus acionistas. Manter uma empresa nessa situação somente faz sentido se houver a possibilidade de aumentar a margem ou o giro no médio prazo. Normalmente, essas empresas se encontram em mercados de concorrência perfeita, nos quais é difícil obter uma margem operacional maior que a média de mercado. O pequeno comércio em geral — lojas de informática, padarias, entre outros — é composto de empresas com baixa margem e baixo giro. O problema, nessa situação, é que os negócios são mantidos abertos mesmo não sendo viáveis a longo prazo.

A maioria das empresas de sucesso brasileiras surgiu como tendo baixa margem e baixo giro e passou, ao longo do tempo, a adquirir maior giro. Esse é o caminho natural das companhias que surgem pequenas e crescem ao longo do tempo. É o exemplo de empresas como Queiroz Galvão, Casas Bahia, Natura, entre tantas outras bem-sucedidas organizações brasileiras. Nosso modelo era de crescimento ao longo do tempo; a outra face é o modelo americano, no qual as empresas utilizam alavancagem operacional e financeira para tentar criar grandes empresas rapidamente, o que vale desde companhias de internet, como Facebook e Google, até organizações em mercados tradicionais.

As empresas que se especializam em determinados nichos de mercado, com altas margens, movem-se à direita no modelo da página anterior. Algumas são empresas com produtos de luxo ou outra forma de diferenciação de produto — inovação tecnológica, por exemplo. Mesmo alguns restaurantes que se destacam por produtos diferenciados conseguem se mover de um mercado de baixa para um de maior margem.

Economias de escala, por sua vez, permitem a movimentação vertical, aumentando o giro do ativo da empresa. Empresas industriais, supermercados e vários outros setores apresentam casos de companhias que crescem rapidamente. Esse crescimento rápido é normalmente difícil e uma barreira para novos concorrentes, já que o efeito tesoura acontece principalmente nesse tipo de empresa.

O último quadrante é aquele que contém empresas com alto giro e alta margem. São organizações semi ou monopolistas, que conseguem dominar seu mercado e apresentam contínua geração de valor para seus acionistas. Estão temos, neste caso, grandes empresas como Petrobras e Vale, no Brasil, além dos grandes bancos (um oligopólio), empresas de construção etc.

O objetivo de uma empresa é caminhar dentro desse quadro na direção nordeste, mas tentar crescer com margem alta é muito difícil. Normalmente a empresa caminha primeiro em direção a uma estratégia de margem ou giro.

Como então podemos resumir as estratégias de melhora da geração de valor (de outra forma, como aumentar o EVA da empresa) no curto prazo?

- Elevar a margem operacional (EBIT / V) por meio da melhoria de processos e redução de custos;

- Maximizar o giro do ativo (V / ativo econômico) por meio da otimização dos ativos empregados e da gestão eficiente da necessidade de capital de giro / ciclo financeiro;

- Minimizar o custo médio ponderado de capital (WACC) da empresa por meio da busca de uma estrutura ótima de capital, que se beneficia das vantagens fiscais da dívida sem elevar o risco financeiro além do padrão aceitável pelo mercado.

A integração entre as operações e o setor financeiro da empresa pode ser vista na figura a seguir.

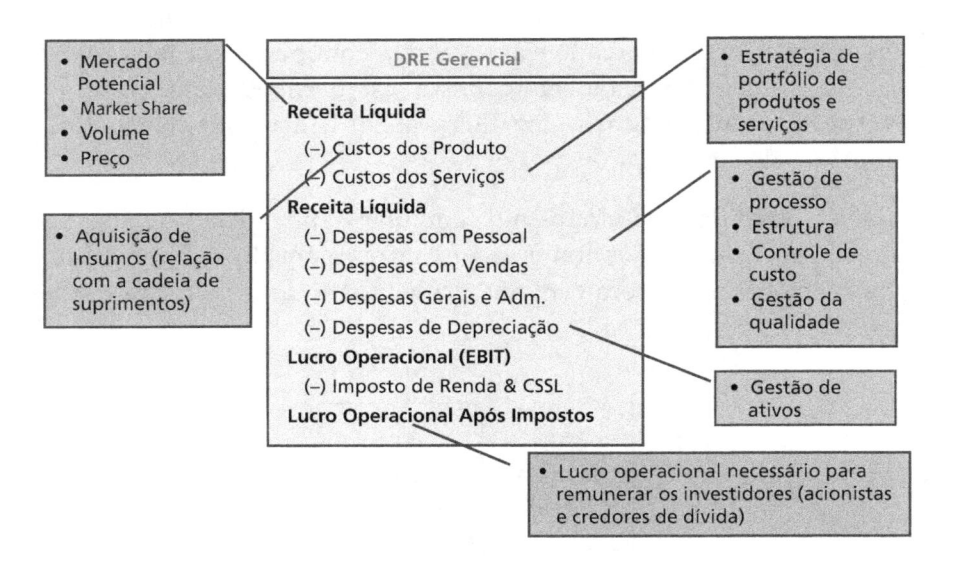

Aqui assumimos a existência de um demonstrativo de resultado (DRE) gerencial, que difere do DRE contábil, por colocar como variável final de decisão o lucro operacional (LOP) após impostos e não lucro líquido ou qualquer outra variável contábil. Como podemos ver, gerenciar as operações da empresa implica em mudar diretamente as variáveis do DRE gerencial. Por exemplo, a gestão de processos pode otimizar as despesas com pessoal e, portanto, aumentar a margem operacional. Melhoras no processo de aquisição de insumos podem reduzir custos de produção e, assim, aumentar o lucro bruto.

Uma das maiores dificuldades de uma empresa é integrar o setor operacional com o financeiro. Vimos, anteriormente, que uma das formas de integrar esses setores é por meio do ciclo financeiro e da necessidade de capital de giro (NCG). Na figura anterior, encontra-se a segunda forma, que é mostrar como as operações da empresa impactam diretamente no DRE gerencial e na formação do lucro operacional (LOP) após impostos.

Empresas normalmente têm dificuldades para estabelecer metas para seus executivos. A razão disso é o fato de que criar incentivos para uma determinada variável operacional pode resultar em destruição de valor. Um exemplo clássico é o de incentivo ao aumento de vendas. Esse aumento, pura e simplesmente, pode resultar em perda de margem operacional. É a dicotomia clássica de muitos negócios: crescer rapidamente ou crescer com manutenção ou aumento de margem? Associar a gestão operacional à financeira significa gerenciar a empresa com a visão de geração de valor e, portanto, aliar as variáveis operacionais presentes na figura com o lucro operacional (LOP) após impostos necessário para pagar o custo de capital da empresa.

Podemos fazer isso por meio do fluxo de caixa livre do acionista (FCA) da empresa. É esse fluxo de caixa que representa, no final das contas, o que é passível de ser distribuído aos acionistas. Por último, podemos visualizar todo o processo de gestão da empresa por meio da figura a seguir.

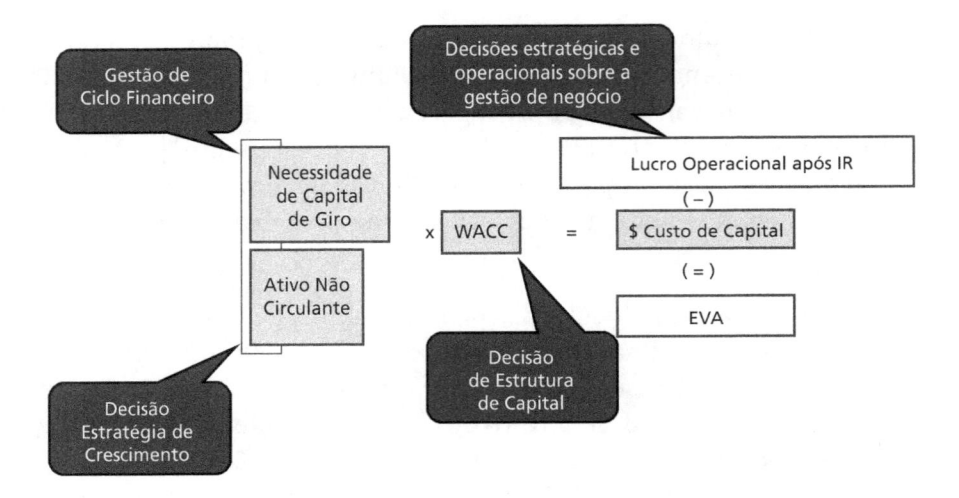

Gerar valor no curto prazo, então, é gerenciar o ciclo financeiro e a estrutura de capital de forma que complementem as decisões operacionais e estratégicas sobre o negócio e seu crescimento.

Vimos como relacionar a criação de valor com as operações das empresas por meio da árvore de criação de valor e dos impactos operacionais sobre o lucro operacional (LOP) após impostos. Mas como definir uma análise de longo prazo que leve a empresa para um processo sustentado e sustentável?

Uma das formas de visualizar isso é através da matriz finanças/crescimento

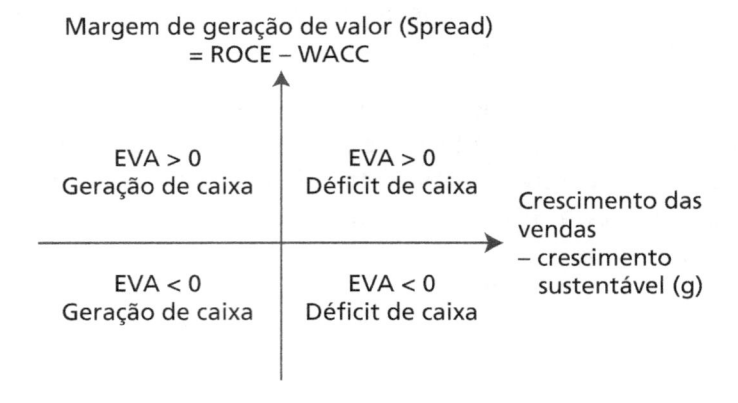

O fluxo de caixa do acionista (FCA) está relacionado ao fluxo de caixa livre(FCL), como vimos em capítulos anteriores. O FCL está relacionado ao fluxo de caixa da empresa menos os investimentos e emissões de dívida. O que é importante perceber é que a empresa também deve alocar recursos para suas necessidades de capital de giro. Para tocar sua produção futura, a empresa não precisa somente de investimentos em ativos imobilizados, mas precisa mobilizar recursos que a permitam bancar o efeito crescimento da receita, sua necessidade de capital de giro (NCG).

Um dos principais paradoxos de finanças é que uma empresa com lucro líquido positivo pode ser fechada por não gerar valor para os acionistas. O senso comum nos diz que o lucro é o que importa. Na verdade, o lucro pode ou não ser a variável relevante para um acionista, mas não é necessariamente o que importa. Para um acionista, o que interessa é se a empresa gera ou não valor. Em um relatório da Vale: "Quando um investidor compra ações de uma empresa, ele se torna um sócio, mesmo que em proporção pequena. Prestar contas para o acionista e entregar resultados que gerem valor para seu investimento são importantes para uma empresa de capital aberto."[1] Devemos acrescentar: são importantes para uma empresa de capital fechado também. Um empreendedor normalmente tem três papéis: o operacional, empresário e investidor. Isso também deveria ser a responsabilidade de todos os executivos: entender seu papel como operacional, empresário e também como gestor dos fundos dos acionistas. O objetivo final de uma empresa não é maximizar lucro, como afirmam os economistas, mas sim maximizar a geração de valor para os acionistas. Normalmente esses objetivos são bem parecidos, mas não necessariamente são idênticos. Por exemplo, uma empresa muito lucrativa, mas que sofra o efeito tesoura vai ter que alocar, de forma crescente, recursos para financiar sua necessidade de capital de giro (NCG). O resultado é que parte ou mesmo o total do lucro pode ser "comido" pelo aumento da NCG. Nesse sentido, o lucro não gera valor para o acionista, pois deverá ser reinvestido em uma atividade que não gera receita para a empresa.

---

[1] VALE NOTÍCIAS, 26/09/2013. "ENTENDA A IMPORTÂNCIA DE CRIAR VALOR PARA OS NOSSOS ACIONISTAS".

Em geral, o empreendedor se sente mais confortável com o papel de operacional ou empresário. Essa é a transição natural de um pequeno empreendedor para um médio empresário — no começo, toda decisão passa pelo dono, que toma conta desde da cor dos azulejos do banheiro dos funcionários até a relação com clientes e fornecedores. À medida que a empresa cresce, o empreendedor começa a delegar decisões e se torna um gestor. Contudo, ainda existe uma grande resistência a pensar em uma empresa como um investidor.

O QUE DETERMINA O VALOR DE UMA EMPRESA?

A variação de uma ação acontece de acordo com a relação entre oferta e demanda. Ela sobe quando mais investidores procuram por ela, e cai quando há mais oferta do que procura. Esse movimento reflete o desempenho da empresa e as expectativas que os investidores têm para o futuro dela. "O bom desempenho da Vale e a entrega dos projetos acordados refletem no aumento do **valor** das ações e, consequentemente, no rendimento do acionista."

Como Adam Smith observou em *A Riqueza das Nações*[2], a palavra "valor" tem dois significados diferentes: às vezes expressa a utilidade de algum objeto particular, e, às vezes, o poder de comprar outros bens. O primeiro pode ser chamado de "valor de uso", o outro, "valor de troca".

"O valor de uso" expressa a utilidade de algum objeto particular, seu valor intrínseco. O valor intrínseco é inato, inerente, é inseparável da coisa a ser valorizada em si. Economistas sempre se inspiraram na ideia de um preço natural. Sepultada nessa atitude está a crença de que há um preço justo para qualquer produto, com base nos custos de matérias-primas e de trabalho para produzi-lo. Esse princípio remonta a Aristóteles, 350 anos a.C. Mas preços naturais não existem. Um postulado básico da economia capitalista é o fato de que um comprador

---

[2] SMITH, Adam. "An inquiry into the nature and causes of the wealth of nations". In: Book 1, Chapter 4 — Of the origin and use of money (1776).

não deveria pagar mais caro por algo do que "vale". Isso significa que o comprador deveria avaliar o preço de cada item consumido. Porém, seria impossível avaliar o preço de algo por seu custo de produção, pois cada consumidor deveria, para isso, saber os custos de produção de cada bem da economia! Ainda, não há custo de matérias-primas para produzir um ativo financeiro, enquanto o custo para uma obra de arte é desprezível. E mesmo para produzir uma casa, o preço de venda de hoje não tem nenhuma relação com o custo de produção de dez, vinte ou cem anos atrás. Então, como avaliamos o preço de uma ação da Vale, um Picasso ou um apartamento construído há vinte anos?

Para um Picasso, alguém poderia dizer que o valor é o desejo puro e simples de um comprador, e que qualquer preço seria justificado se várias pessoas quisessem muito ter um quadro dele em casa. É por isso que empresas de leilão vendem obras de arte ao maior lance. Mas alguém poderia querer checar o valor ao olhar o preço de obras similares. É assim que a Sotheby's, por exemplo, chega a uma estimativa do valor de uma pintura que leva a leilão — uma mistura de dados históricos e percepção de mercado. Ou seja, obras de arte também são avaliadas levando-se em consideração como o mercado precifica obras similares.

Uma pessoa poderia avaliar um imóvel baseado em quanto ela estaria disposta a pagar para morar ali, tomando uma decisão baseada em seu valor pessoal. No entanto, para colocar o preço de um apartamento, um especialista imobiliário tem de considerar o preço pelo qual outras propriedades semelhantes foram vendidas no passado recente, ajustando as diferenças em termos de localização, tamanho e aparência do imóvel. A renda do imóvel, o aluguel, também é parte do processo. Alguém paga mais por um apartamento com locatários de longo prazo, que pagam alto valor de aluguel, do que por imóveis em áreas com alta inadimplência. Essas duas abordagens para estabelecer o valor de um imóvel são chamadas de valor **intrínseco** e **relativo**. O valor intrínseco está relacionado às expectativas de geração de fluxo de caixa futuro e às incertezas sobre esses fluxos. O valor relativo olha como o mercado precifica imóveis similares.

É interessante notar que esses dois significados da palavra "valor" se referem também aos significados da palavra "especulador", ambas vindo do latim.

No latim, "especuladores" eram os patrulheiros das legiões romanas que tentavam descobrir os movimentos do inimigo ao escalar pontos altos. Para nós, o valor intrínseco corresponde a essa especulação. A outra fonte para especulador é "speculum", espelho em latim. O valor relativo olha como o mercado precifica imóveis similares, como um espelho das outras decisões do mercado.

Você sabe se comprar ações da Vale realmente vale a pena? A percepção não importa quando se compra um ativo financeiro. Ninguém nunca se apaixonou por uma ação da Vale! Ativos financeiros são comprados pela capacidade de geração de caixa que alguém espera receber no futuro. O preço de uma ação não pode ser justificado pelo argumento de que outros investidores gostam daquela empresa. Não se deve comprar uma ação baseado nas expectativas dos outros. Assim como nos demais casos, temos o valor intrínseco e relativo para determinar o preço de uma ação.

O valor intrínseco de um ativo é determinado pela série de fluxos de caixa que você espera que o ativo gere ao longo de sua vida e por como você se sente seguro com relação a esses fluxos de caixa.

Na avaliação relativa, os ativos são avaliados com foco na precificação de ativos comparáveis relativamente a uma variável comum, como lucros, fluxos de caixa, valor contábil ou metros quadrados (no caso de um apartamento).

O valor intrínseco de uma ação da Vale é determinado pelos dividendos esperados. O valor relativo dela será criado a partir da análise de empresas similares — assim, a companhia será recomendada para compra se estiver desvalorizada em relação a seus pares, por exemplo, se estiver sendo negociada a 12 vezes seu dividendo esperado, enquanto outras empresas de mineração estiverem sendo negociadas a 16 vezes o dividendo.

O VALOR INTRÍSECO

Existe um problema em olhar somente os dividendos, contudo. Normalmente, considera-se que o acionista é remunerado pelos dividendos. É muito comum a ideia de que a empresa deve pagar dividendos somente quando tem lucro. Para Vale, "o dividendo é a divisão dos lucros de uma empresa entre seus acionistas, após os descontos de imposto de renda e contribuição social. Quando uma empresa obtém lucro, ela deve entregar uma parte desse lucro aos seus acionistas." Isso está errado.

Em geral, os dividendos pagos aos acionistas devem ser feitos somente após o pagamento de reinvestimentos e necessidades operacionais, o que chamamos de fluxo de caixa livre do acionista (*free cash flow to equity*). O fluxo de caixa livre do acionista (FCA) é o dividendo potencial que os gestores poderiam pagar aos investidores. É esse fluxo de caixa que representa, no final das contas, o que é passível de ser distribuído aos acionistas, e não o lucro líquido.

Porém, podemos ver que a Vale, assim como a maioria das empresas de capital aberto, não paga aos acionistas esse dividendo potencial. A diferença entre o fluxo de caixa livre do acionista (FCA) e os dividendos que são efetivamente pagos acumula-se no saldo de tesouraria. Não é segredo que muitas empresas possuem muito mais caixa hoje do que antes da crise financeira de 2008. Nos EUA, baseados em dados de 2013, as empresas do Standard & Poor's (S&P) 500 (na verdade, 432 empresas não financeiras) tinham, coletivamente, mais de US$1,2 trilhão em caixa e equivalentes. Empresas com pouco caixa têm menos controle sobre seu futuro, porque estão expostas a forças de mercado e têm maior risco de seus resultados não estarem adequados às expectativas. Empresas com muito caixa são mais sólidas e podem aproveitar melhores oportunidades de crescimento, seja via investimentos ou aquisição. Contudo, se não o fazem, acabam por deixar caixa parado com baixíssimos rendimentos. A questão central é que o excesso de caixa é dos acionistas e, se as companhias não têm perspectiva de utilização, acabam por destruir valor deles.

Um acionista é remunerado pela valorização da empresa e por parte do fluxo de caixa gerado pela empresa (que pode ser pago como dividendos, juros sobre capital próprio e recompra de ações). É possível separar o fluxo de remuneração aos acionistas em três categorias: **pró-labore, prêmio de risco** e **geração de valor.**

O **pró-labore** somente existe quando o acionista também trabalha na empresa. Isso funciona para pequenas e médias empresas. Normalmente, muitos pequenos empresários também remuneram seu trabalho somente quando a empresa faz caixa suficiente para isso, o que não faz nenhum sentido. O pequeno empresário que também trabalha na empresa (sócio-gerente) merece ter seu trabalho remunerado como qualquer outro funcionário da organização.

A **remuneração pelo risco** refere-se ao fato de que o capital próprio investido na empresa é um capital de risco e, portanto, deve ser remunerado por isso. O conceito que exprime essa relação é o de **prêmio de risco**, que é a diferença entre a remuneração exigida pelos acionistas e a taxa de juros livre de risco. Essa taxa, no Brasil, é a SELIC. Poupadores brasileiros podem sempre que quiserem comprar letras financeiras do tesouro (LFT), que paga aos investidores a taxa SELIC anual. No passado, a SELIC chegou a mais de 40% ao ano, mas em 2013 estava em cerca de 10% ao ano. Isso significa que qualquer investidor pode conseguir, ao investir em títulos públicos pós-fixados, ser remunerado à taxa de 10% ao ano, sem correr riscos. Isso porque o governo tem a melhor garantia possível — pode imprimir papel-moeda sem lastro.

O gráfico a seguir mostra a evolução da SELIC durante o período de 2003 a 2013.

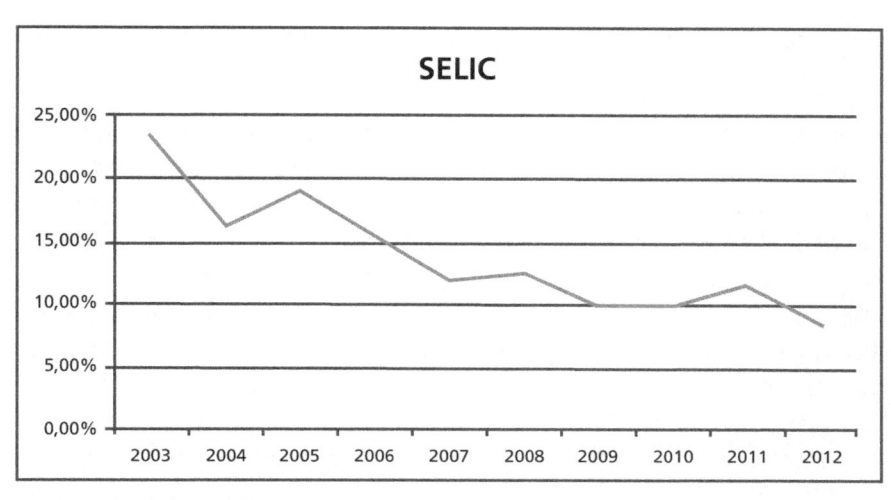

Fonte: Banco Central do Brasil, 2013.

Nenhum acionista pode ser remunerado a uma taxa menor que a SELIC, como a mostrada acima. O prêmio de risco dependerá do ramo de negócios da empresa e do risco que o capital do acionista corre. Em empresas de mercados regulados esse prêmio é menor, pois a demanda pelos serviços é mais previsível. Em negócios pré-operacionais esse prêmio é maior, pois ainda não se conhece o fluxo de caixa a ser gerado.

O conceito de prêmio de risco é pouco difundido na realidade brasileira, já que até meados da década de 1990 era impossível medi-lo. Afinal, como mensurar prêmio de risco em um ambiente de quase hiperinflação? Ainda hoje permanece uma visão de que o capital próprio é preferível ao capital de terceiros, pois o primeiro não é oneroso, enquanto o segundo onera a empresa pelo pagamento de juros.

Essa visão antiquada brasileira está errada. No passado, o capital de terceiros era escasso e muito caro, e em um ambiente de quase hiperinflação realmente era temerário fazer qualquer tipo de dívida. Os acionistas devem ser remunerados pelo risco que correm e o capital próprio é mais barato que o capital de terceiros. Afinal de contas, o capital de terceiros corre menos risco, tem fluxo de recebimentos periódicos, garantias reais e prioridade de recebimento no caso de um processo de falência.

Assim, um acionista deve ser remunerado pelo risco. Somente após essa remuneração é que a empresa cria valor. Vamos imaginar um caso simples, no qual os acionistas apresentam um capital investido de R$1 milhão, a SELIC é de 10% ao ano e o prêmio de risco de 5% ao ano: a remuneração do capital investido deve ser de R$150.000 por ano. Nesta situação, a empresa somente gera valor se conseguir liberar um fluxo de caixa para os acionistas maior que os R$150.000 por ano necessários para remunerar o capital dos acionistas. É a partir dessa análise que podemos concluir que uma empresa pode ser lucrativa e destruir valor dos acionistas. **Geração de valor** é o grande objetivo de uma empresa: criar valor acima do necessário para remunerar o risco dos acionistas e as dívidas contraídas via capital de terceiros. E como podemos medir esse valor dentro da análise do modelo dinâmico? Primeiro, devemos entender qual o retorno de um acionista e depois ver como ele será gerado dentro dos demonstrativos financeiros.

O retorno de um acionista é medido por uma variável chamada de retorno total do acionista (RTA — *total shareholder return*). O RTA é a soma do fluxo de caixa entregue aos acionistas e o aumento do valor da empresa. Muitas vezes nos fixamos nos dividendos pagos, mas a valorização da empresa também gera retorno aos acionistas. E vice-versa.

O conceito de retorno total do acionist (RTA) e a forma de geração de valor acima do custo de oportunidade do dinheiro (prêmio de risco) estão implícitos em outras formas de análise financeira, entre elas o EVA.

O lucro líquido é um conceito contábil que não necessariamente representa o fluxo de caixa para remunerar os acionistas. Se tomarmos o exemplo anterior, de uma empresa com investimento por parte dos acionistas de R$1 milhão, vamos imaginar que a empresa tenha gerado e vá gerar, no futuro próximo, cerca de R$75 mil anuais de lucro líquido. Mesmo desconsiderando questões como depreciação e variação da necessidade de capital de giro (NCG), podemos afirmar que a organização, embora lucrativa, destrói valor dos acionistas. Se eles pudessem, deveriam investir seus recursos em títulos públicos, que pagariam um retorno, sem risco, acima da taxa de 7,5% ao ano que os acionistas receberiam (R$75 mil / R$1 milhão).

O lucro líquido é importante, mas fundamental mesmo é a geração de valor para os acionistas. E somente se olharmos o fluxo de caixa do acionista e compararmos com o crescimento do capital investido, podemos ter ideia se a empresa realmente gera valor para os acionistas ou não.

Mas como se calcula o custo médio ponderado de capital (WACC)? Como é uma combinação entre capital próprio e de terceiros, o WACC é calculado por meio de uma média ponderada. A fórmula é dada por:

WACC = ke*%CP + kd*%CT.

Ke = custo do capital próprio

Kd = custo do capital de terceiros, líquido de impostos

%CP = percentual de capital próprio no balanço da empresa

%CT = percentual de capital de terceiros no balanço da empresa

---

Vamos usar o exemplo da Bernoulli e calcular o custo médio ponderado de capital (WACC) em cada ano do triênio 2011–2013 com base em duas hipóteses: custo do capital próprio com base em um prêmio de risco de 7% ao ano e um custo bruto de capital de terceiros de 12% ao ano.

Os percentuais de capital próprio e de terceiros podem ser encontrados no balanço da Bernoulli a seguir:

	2011	2012	2013
Passivo Total	38.500	45.000	57.000
Passivo Circulante e NC	25.500	31.000	41.000
Patrimônio Líquido	13.000	14.000	16.000
%CT	66%	69%	72%
%CP	34%	31%	28%

Como podemos ver, a empresa aumentou a participação de capital de terceiros durante o período de 2011 a 2013. Isso significa que a empresa se tornou mais alavancada. Contudo, somente esse indicador não seria suficiente para revelar que a empresa realmente está mais endividada, já que seria possível a busca por fontes de financiamento não onerosas, como fornecedores, por exemplo. Porém, se olharmos o balanço patrimonial (BP) da Bernoulli, veremos que houve significativo aumento do endividamento da empresa, tanto de curto quanto de longo prazo.

Enquanto em 2011 o total de empréstimos era de R$16,5 milhões, em 2013 o valor passou a R$29,8 milhões, quase dobrando em dois anos. Isso normalmente refletiria em maior custo de capital de terceiros, mas aqui vamos assumir, por simplicidade, que a taxa de captação da empresa manteve-se constante em 12% ao ano.

Se assumirmos uma alíquota de imposto de renda (IR) de 34% e uma SELIC média de 10%, qual seria então o custo médio ponderado de capital (WACC) da empresa?

	2011	2012	2013
Passivo Total	38.500	45.000	57.000
Passivo Circulante e NC	25.500	31.000	41.000
Patrimônio Líquido	13.000	14.000	16.000
%CT	66%	69%	72%
%CP	34%	31%	28%
Ke	17%	17%	17%
Kd	7,92%	7,92%	7,92%
WACC	10,99%	10,74%	10,47%

Por que os valores de 17% para custo do capital próprio (Ke) e 7,92% para capital de terceiros (Kd)? Como assumimos o valor da SELIC de 10% ao ano durante o período e um prêmio de risco de 7% ao ano para os acionistas da empresa, o custo do capital próprio é simplesmente a soma dessas duas variáveis, resultando em um Ke de 17% ao ano. O custo de dívida, por sua vez, seria de 12% menos o benefício fiscal. Assim, Kd = 12%*(1-0,34) = 7,92%. Com isso podemos calcular os custos médios ponderados de capital (WACCs) dos diferentes anos.

O custo médio ponderado de capital (WACC) para 2011, por exemplo, é determinado por WACC = 17%*34% + 66%*7,92% = 10,99%. O que esse valor significa? Que para financiar seus ativos produtivos a empresa capta recursos, próprios e de terceiros, a uma taxa média ponderada de cerca de 11% ao ano. Nesse caso, qualquer projeto da empresa que não tivesse uma taxa de retorno de, pelo menos, 11% ao ano, deveria ser engavetado, pois a empresa teria um retorno menor que seu custo de financiamento.

COMO CALCULAR O WACC EM EMPRESAS DE CAPITAL FECHADO

Para determinar o custo médio ponderado de capital (WACC) em situações reais, a única variável difícil de ser mensurada é o custo do capital próprio. O custo de capital de terceiros é uma informação fácil de ser extraída, pois o setor financeiro da empresa sabe o quanto paga de juros em cima de suas linhas de crédito.

Os percentuais de capital próprio e de terceiros também são facilmente extraídos dos demonstrativos contábeis da empresa.

Em empresas de capital aberto, o custo médio ponderado de capital (WACC) é obtido por meio do **capital asset pricing model** (CAPM). Nesse modelo, custo do capital próprio (Ke) é obtido por meio da estimação de um prêmio de risco que compara a taxa de juros livre de risco e o prêmio de risco do mercado como um todo. A fórmula é dada por:

$$Ke = rf + \beta(rm - rf).$$

Rf = taxa de juros livre de risco

RM = taxa de retorno de mercado

β **= coeficiente beta**

Não vamos no estender em relação ao cálculo do beta para empresas listadas em Bolsa, pois não somente envolve a utilização de econometria, como foge ao escopo do livro.

Observe-se que o cálculo do custo de capital próprio não é simples nem direto, seja para empresas listadas em Bolsa ou empresas de capital fechado. Damodaran, por exemplo, sugere o cálculo do beta "desalavancado", baseado em empresas do mesmo setor que estejam listadas em Bolsa, para que seja possível analisar o custo de capital próprio de empresas de capital fechado. Aqui, assumimos uma forma mais pragmática e exata e pegamos informações diretamente dos acionistas das empresas. Afinal, se um empreendedor consegue entender seu papel de acionista, deverá saber responder a simples pergunta: qual o prêmio de risco aceitável para manter seus recursos investidos na empresa?

Embora essa pergunta não seja facilmente respondida, uma vez estipulada pode ser usada no médio prazo para determinar as políticas de gestão de projetos da empresa. Em diversos grupos empresariais, o conselho de administração da *holding* decide o custo de capital próprio a ser utilizado em outras empresas do grupo. Isso torna o cálculo do WACC direto e simples para a gestão da empresa.

O Comércio de Bairro (*The Mom And Pop Shops*)

Nas últimas décadas vimos o declínio do pequeno comércio local. Padarias, barbeiros, lojas de quinquilharias, todos os tipos de pequenos negócios estão em queda no mundo e no passado, era possível manter uma pequena empresa, mesmo sem ser muito lucrativa, por causa da falta de competição com grandes empresas que usam economias de escala — e, portanto, alto giro.

A razão é simples: muitas vezes o empreendedor sobrevive por meio do pró-labore adquirido em seu pequeno negócio. Assim, ele perde dinheiro como acionista, mas seu custo de oportunidade é baixo. Muitos pequenos empresários, se fecharem a empresa, teriam dificuldades em se colocar no mercado de trabalho. Dessa forma, manter uma empresa aberta para viver de pró-labore, mesmo destruindo valor como acionista, pode ser racional. Contudo, como o mercado é dinâmico, empresas com maior giro e maior margem apresentam incentivos a conquistar o mercado dessas pequenas empresas. A longo prazo, ao descobrir que acabam destruindo valor de seus acionistas, essas pequenas empresas tendem a desaparecer, a não ser que consigam se fixar em nichos de mercado que as permitam ter margens maiores que a média de mercado.

O grande dilema do pequeno empreendedor é como garantir margem ou giro compatível com seu negócio, de forma a criar valor para a empresa. Contudo, poucos pequenos empreendedores entendem seu papel de acionista. Os donos das lojas de bairro gostam de se especializar na operação diária da empresa, mas não entendem como gerenciar o empreendimento como negócio e como estabelecer metas de remuneração ao acionista. Embora não seja a única razão para o declínio, a falta de profissionalização é um dos fatores determinantes para o desaparecimento do pequeno comércio no mundo.

A Empresa mais Rentável do Mundo

Um dos maiores sucessos empresariais dos últimos anos é a Apple. A razão disso é que a empresa combina um altíssimo giro do ativo com foco em altas margens operacionais.

No ano de 2013, as ações da Apple estavam sendo negociadas a um valor aproximadamente 30% menor que em 2012. Uma das grandes preocupações dos investidores é que a empresa não conseguiria continuar gerando valor, especialmente por causa da deterioração das margens.

Produtos eletrônicos como iPhones e iPads têm ciclos de vida curtos, com picos de vendas meses após o lançamento e rápido declínio. É por isso que para manter as altas margens, a empresa tem de manter um fluxo contínuo de novos produtos. Embora possua uma margem muito alta, a redução da margem no terceiro trimestre de 2013 levou a companhia a anunciar uma política de tentar recompor as altas margens dos anos anteriores.[3]

Como podemos ver no gráfico a seguir, a empresa tinha problemas em gerar margens significativas na década de 1990, chegando a ter margem negativa em 1997. Este problema persistiu até 2002, quando a margem operacional da Apple foi zero. Desde então e até 2012, a margem cresceu significativamente — mesmo com aumento exponencial da receita, que passou de U$5,36 bilhões em 2001 para U$170,91 bilhões em 2012, um crescimento de 31 vezes em 11 anos! A Apple é a exceção que comprova a regra, a de que é praticamente impossível apresentar significativos e concomitantes aumentos no giro e na margem.

---

[3] SHINAL, John. Rising sales of cheap iPhones hurting profit margins. USA Today. Disponível em: <http://www.usatoday.com/story/tech/columnist/2013/10/28/apple-results-new-tech-economy-john-shinal/3188269/>. Acesso em: 14 set. 2014

APPLE: MARGEM OPERACIONAL (%)

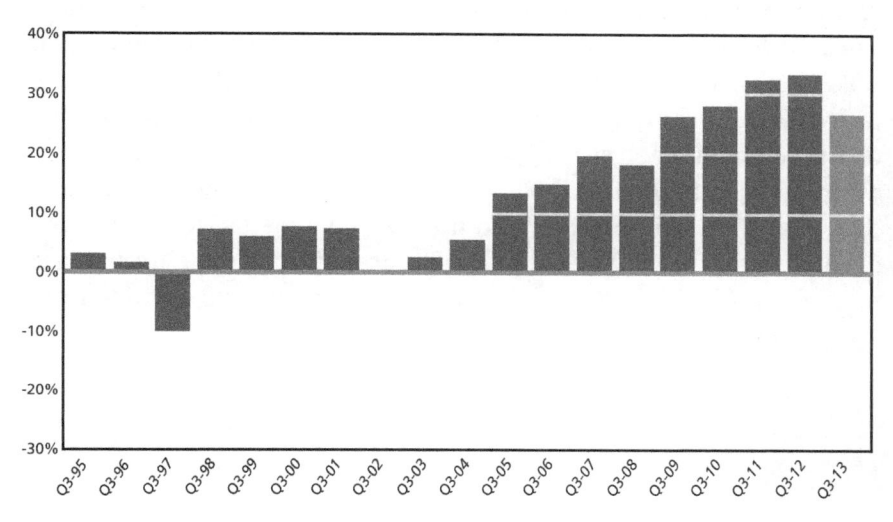

O que impressiona no caso da Apple é que em 2013 a empresa tinha uma margem quase tão alta quanto Microsoft e Google. Isso porque a Apple é hoje uma empresa manufatureira, enquanto Microsoft e Google apresentam receitas de serviços. Historicamente, empresas de serviços apresentam margens maiores que organizações industriais. Em 2012, a margem da Microsoft era de 37% e a da Google 27%, com a Apple situando-se entre as duas. Empresas de serviço como Microsoft e Google apresentam economias de escala pelo lado da demanda, ou de forma mais técnica, externalidades de rede. A ideia básica por trás desse conceito é que o retorno das empresas aumenta a cada novo cliente, pois a decisão de cada novo consumidor depende dos anteriores — se todo mundo usa Windows, a probabilidade de um novo consumidor usar esse produto é muito grande. Isso se torna uma barreira a competidores e, por isso, empresas que exploram vantagens de rede, como a Microsoft, podem ter margens de lucro de mais de 60% — a Microsoft em 2012 obteve lucro operacional de mais de U$15 bilhões sobre o pacote Office de softwares, simplesmente aproveitando-se de seu monopólio baseado em externalidades de rede.

A Apple continua tentando manter suas altas margens, mas seus resultados recentes desapontaram analistas, com as ações da empresa caindo 5% após o anúncio dos resultados do terceiro trimestre de 2013. As receitas aumentaram 4,2% na comparação anual, mas os executivos da companhia informaram aos analistas que as margens da Apple podiam não se recuperar no trimestre seguinte, já que, entre outras razões, as vendas do novo modelo de iPad estavam aumentando e esse produto teria margem menor que a média dos outros produtos da empresa.[4] Ou seja, mesmo a organização mais lucrativa do mundo em 2013 tem de se preocupar com o equilíbrio entre margem operacional e giro do ativo.

[4] TEAM, Trevis. Apple delivers solid quarter on record iPhone sales with increased margin focus. Forbes. Disponível em: <HTTP://WWW.FORBES.COM/SITES/GREATSPECULATIONS/2013/10/29/APPLE-DELIVERS-SOLID-QUARTER-ON-RECORD-IPHONE-SALES-WITH-INCREASED-MARGIN-FOCUS/>. Acesso em: 14 set. 2014

CAPÍTULO 8

ÍNDICES DE LIQUIDEZ

ÍNDICES TRADICIONAIS DE LIQUIDEZ

Existem quatro tipos de índices de liquidez tradicionais:

1. O índice de liquidez geral (ILG) pretende ser uma medida de liquidez a longo prazo da empresa por meio da comparação do [ativo circulante mais o realizável a longo prazo], com o [passivo circulante mais o passivo não circulante]. Em realidade, o índice ILG não é um indicador de liquidez para uma empresa em funcionamento. É um indicador que determina que se a empresa fosse encerrar suas atividades naquele momento, teria ou não condições de honrar seus compromissos com suas disponibilidades mais seus realizáveis a curto e a longo prazo, sem precisar utilizar o seu ativo permanente.

2. O índice de liquidez corrente (ILC) mede se a empresa possui recursos suficientes no ativo circulante para cobrir suas dívidas de curto prazo (passivo circulante).

3. O índice de liquidez seca (ILS) é o mesmo que a liquidez corrente, exceto que os estoques são excluídos do cálculo.

4. O índice de liquidez imediata (ILI) é quanto a empresa tem imediatamente disponível para pagar o passivo circulante.

Nenhum dos três últimos é realmente útil para medir a liquidez de uma empresa.

Vamos começar com o índice de liquidez corrente (ILC), que é igual ao ativo circulante dividido pelo passivo circulante. Por exemplo, uma empresa que tenha R$200.000 em ativo circulante e R$100.000 em passivo circulante apresenta liquidez corrente de dois. A ideia é que o ILC mede a capacidade da empresa em cumprir suas obrigações de curto prazo. Esse índice significa se os ativos a serem convertidos em dinheiro em menos de um ano excedem as dívidas a serem pagas no mesmo período. Se o ILC é 2.0, isso indica que os ativos circulantes da empresa, aqueles que podem ser vendidos nos próximos 12 meses (teoricamente), são duas vezes maior que as obrigações de curto prazo.

O problema com esse raciocínio é que: se a companhia pode vender os ativos circulantes nos próximos 12 meses para cumprir com suas obrigações de curto prazo, ela pode não ter o dinheiro necessário para repor os ativos circulantes necessários para sua produção (como estoques) e para suas vendas (como contas a receber). Isso pode ser ilustrado ao se considerar os estoques de uma pequena empresa que compra e vende carros usados. Para esse tipo de companhia, a conta de estoques é normalmente bastante elevada, chegando a representar até 80% do ativo circulante. Em nosso exemplo, isso significaria que a conta de estoques poderia ser de R$160.000.

Presumindo que os carros continuem em estoques por um período de aproximadamente 15 dias, o valor dos estoques será uma aplicação em fundos por menos de um ano, sendo, portanto, um ativo circulante. Entretanto, presumindo que a empresa é um negócio em funcionamento, será necessário manter algum montante de carros em estoque para evitar possíveis perdas de vendas. Neste caso, o valor dos carros em estoque, o qual necessita ser renovado constantemente, representa uma aplicação permanente de fundos para a empresa. O mesmo se aplica para recebíveis. Se o índice de liquidez corrente é 2.0, isto não significa que a companhia pode usar o valor dos estoques e dos recebíveis para pagar suas dívidas bancárias.

Diz-se que, quanto maior o índice, mais líquida a empresa é. O raciocínio é explicado em um excelente manual: "Mantendo um índice de liquidez corrente acima de um (mais ativos circulantes que passivos circulantes) a empresa protege seus credores de incertezas na 'liquidação gradual' des seus ativos circulantes, isto é, na venda de seus estoques e na coleta de seus recebíveis. Essas incertezas poderiam, ao contrário, impedir a empresa de honrar seus compromissos, como o pagamento de fornecedores, empréstimos bancários ou impostos[1]".

---

[1] QUIRY, Pascal; LE FUR,Yann ; SALVI, Antonio; DALLOCHIO, Maurizio; VERNIMMEN, Pierre. Corporate Finance: Theory and Practice, p.220 (3rd ed. Wiley, 2011).

Isso quer dizer que a empresa teria uma melhor situação financeira de curto de prazo para cumprir suas obrigações, mas somente se ela pudesse encerrar suas operações. Pagar passivo com ativos é o que ocorre na liquidação da empresa: neste caso, quanto maior o índice de liquidez corrente, maior o percentual de pagamento para credores. O índice de liquidez corrente não é um índice de liquidez, mas um índice de solvência.

> AS LIMITAÇÕES ÓBVIAS DO ÍNDICE DE LIQUIDEZ CORRENTE COMO UM INDICADOR DE LIQUIDEZ VERDADEIRA CLARAMENTE ESTABELECEM UM FORTE ARGUMENTO PARA UM MAIOR RECONHECIMENTO E USO, DO CICLO FINANCEIRO EM QUALQUER ANÁLISE DA POSIÇÃO DO CAPITAL DE GIRO DA EMPRESA.

> AINDA ASSIM, OS RELATÓRIOS FINANCEIROS DAS EMPRESAS, A LITERATURA DE INVESTIMENTO E SERVIÇOS DE PESQUISA DE INVESTIMENTO PARECEM ESTAR RESTRITOS AO USO DO ÍNDICE DE LIQUIDEZ CORRENTE COMO UM INDICADOR DE LIQUIDEZ.[2]

Contudo, percebemos que já que nosso capital de giro (CDG) é igual a: passivo não circulante - ativo não circulante, o CDG é positivo quanto o índice de liquidez corrente (ILC) é maior que um. Assim, uma empresa pode ter um ILC acima de um e um CDG positivo, mas pode sofrer uma crise de liquidez se sua necessidade de capital de giro (NCG) for positiva e muito grande e se o saldo de tesouraria (T) for negativo.

Vejamos o caso da Bernoulli. A empresa apresenta um índice de liquidez corrente tradicional menor do que um para todos os anos.

	2011	2012	2013
Ativo Circulante	7.500	8.000	13.000
Passivo Circulante	11.500	14.000	20.000
Liquidez Corrente	0,65	0,57	0,65

[2] LOTH,RICHARD. LIQUIDITY MEASUREMENT RATIOS: CASH CONVERSION CYCLE. ÍNFOPEDIA. DISPONÍVEL EM: <HTTP://WWW.INVESTOPEDIA.COM/UNIVERSITY/RATIOS/LIQUIDITY-MEASUREMENT/RATIO4.ASP>. ACESSO EM: 11SET. 2014.

Pela visão tradicional, a empresa teria um problema de liquidez, mas na visão do modelo dinâmico, isso não seria necessariamente verdade. Já vimos que o efeito tesoura, esse sim um indicador de liquidez, somente acontece de 2012 para 2013. O problema da Bernoulli está no fato de que ela está financiando investimentos de longo prazo com recursos de curto e não, como na visão tradicional, que ela tem problemas para honrar seus compromissos de curto prazo.

A mesma crítica pode ser feita contra o índice de liquidez seco, também conhecido como *acid test ratio*. É o mesmo que a liquidez corrente, exceto que os estoques são excluídos dos cálculos; logo ele é a soma do caixa, títulos mobiliários e recebíveis, divididos pelo passivo circulante. Um índice de liquidez seco maior supostamente indica melhor liquidez — isto é, maior capacidade para cumprir com obrigações de curto prazo — e vice-versa. Um índice de liquidez seco menor que um significa que a empresa pode ter problemas de liquidez de curto prazo, visto que ela possui menos ativos circulantes do que deve para os credores de curto prazo. Se estes param de fornecer meios de pagamento, ela necessitará de uma injeção de dinheiro dos acionistas ou de credores de longo prazo, ou então, encarar falência.

Para a empresa Bernoulli, os dados da liquidez seca são pouco diferentes da liquidez corrente.

	2011	2012
Ativo Circulante-Estoques	6.500	7.000
Passivo Circulante	11.500	14.000
Liquidez Seca	0,57	0,50

Pela visão tradicional, ao tirar os estoques da conta de liquidez corrente, poderia se analisar uma situação mais real da liquidez da empresa, pois o restante do ativo circulante seria aquele que poderia ser utilizado para o pagamento das obrigações de curto prazo. Contudo, existem, como já vimos, outras contas cíclicas relevantes para as operações da empresa e, na visão do modelo dinâmico, a liquidez seca pouco se diferencia da liquidez corrente como um indicador de solvência caso se planeje liquidar a empresa. Fora isso, não há muita aplicação para esses conceitos na presente análise.

A liquidez seca é a maneira de reconhecer que a parcela de estoques corresponde ao mínimo de que a empresa necessita para suas atividades. Assim, é equivalente aos ativos fixos. Ela também reconhece que a empresa pode não ser capaz de liquidar os estoques que ela possui rápido o suficiente em caso de necessidade urgente de caixa. Certos itens de estoque têm valor somente por serem usados no processo de produção.

O índice de liquidez seca desconta estoques já que estes não podem ser facilmente convertidos em dinheiro. O índice é uma versão conservadora do índice corrente, visto que ele só inclui os ativos circulantes mais líquidos: caixa, valores mobiliários e recebíveis, e leva em consideração que os credores podem não ser capazes de perceber o valor total dos estoques. Porém, o índice de liquidez seca não necessariamente mede a liquidez de uma empresa em funcionamento. Por exemplo, a empresa **A** tem um alto índice de liquidez seca, porque os prazos de pagamento dos clientes permitem que eles paguem suas compras três meses depois da venda. A empresa **B**, com um índice menor porque os clientes pagam em dinheiro, pode ser mais líquida. O índice de liquidez seca menor que um indica que a empresa pode ter problemas de liquidez de curto prazo, já que ela possui menos ativos circulantes do que deve aos credores de curto prazo.

Finalmente, o índice de liquidez imediata completa o conjunto dos três: Índice de liquidez imediata = caixa ou equivalente dividido por passivos circulantes (com prazo menor de um ano)

O índice de liquidez imediata é geralmente muito baixo. Suas flutuações normalmente não ajudam a interpretação.

Outro problema com os índices de liquidez tradicionais é que vários bancos os utilizam no processo de empréstimos. Isso proporciona um círculo vicioso: gerentes financeiros olham para as medidas de liquidez tradicionais, porque elas precisam estar alinhadas com as convenções dos bancos para possibilitar o empréstimo. Em vez de administrar a liquidez por meio do que é o melhor para a empresa, os gestores devem restringir as decisões financeiras para manter os índices de liquidez tradicionais em consonância com os contratos firmados com os bancos.

Os Índices de Liquidez do Modelo Dinâmico

Um índice real de liquidez deveria medir qual percentagem de ativos de longo prazo (ALP) e de necessidade de capital de giro (NCG) está coberta por recursos de longo prazo (RLP) (passivo de longo prazo mais patrimônio total líquido):

RLP/(ALP + NCG) ou Recursos de longo prazo / Ativo econômico

Já que, por definição, CDG = RLP - ALP e T = CDG - NCG,

$$\frac{T}{(ALP + NCG)} = \frac{RLP}{(ALP + NCG) - 1}$$

O índice de liquidez dinâmico é **ILD = T / (ALP + NCG)**, onde T é o saldo de tesouraria.

Deve ser notado que nosso índice de liquidez está intimamente relacionado com a medida de correspondência: RLP /(ALP + NCG).

$$ILD = \frac{T}{(ALP + NCG)} = \left\{ \frac{RLP}{(ALP + NCG)} \right\} - 1$$

O numerador de nosso índice de liquidez T (saldo de tesouraria) pode comportar valores positivos ou negativos. O denominador só pode conter valores positivos. Para (ALP + NCG) ser negativo, a necessidade de capital de giro (NCG) deve ser negativa e maior que os ativos de longo prazo (ALP). Neste caso, a NCG é um recurso e financia mais que os ALP.

No caso da Bernoulli, o indicador de liquidez dinâmico (ILD) seria:

	2011	2012	2013
Saldo de Tesouraria	-4.000	-3.300	-7.500
Ativo Econômico	31.000	34.300	44.500
Liquidez Dinâmica	-0,13	-0,10	-0,17

Como podemos ver, são dois os fatores relevantes no indicador de liquidez do modelo dinâmico: analisar se os valores são positivos ou negativos e seu comportamento ao longo do tempo. O fato de que indicador de liquidez dinâmico (ILD) é negativo significa que a empresa está exposta a riscos de liquidez de curto prazo. Ainda, esse valor é menor (maior em termos absolutos) em 2013, o que significa que para esse ano a empresa apresenta menor liquidez, em concordância com a liquidez real apresentada anteriormente e que discorda da análise tradicional. Toda a ideia do modelo dinâmico é analisar os usos e recursos de financiamento e não focar em medidas estáticas.

Esse índice de liquidez pode ser muito útil para evitar uma quebra na cadeia de suprimento financeira, como um grande cliente ou um fornecedor-chave ir à falência, ou simplesmente não cumprir ou atrasar o pagamento ou entrega. Empresas precisam estar cientes da situação financeira de seus clientes e fornecedores. O indicador de liquidez dinâmico (ILD) pode ser calculado ao olharmos os relatórios financeiros dos principais clientes e fornecedores. Bancos podem ajudar seus clientes a ter acesso a crédito registrando informações e lhes dando ciência do histórico de crédito de seus clientes e fornecedores. Medir o ILD da cadeia pode dar à empresa uma noção da liquidez das outras organizações e, portanto, da solidez da cadeia.

Para o caso da Bernoulli, esse indicador de liquidez real seria:

	2011	2012	2013
Capital de Longo Prazo	27.000	31.000	37.000
Ativo Econômico	31.000	34.300	44.500
Liquidez Real	0,87	0,90	0,83

Como podemos ver, há uma clara diferença entre a liquidez real e os indicadores tradicionais. Pelos indicadores tradicionais a menor liquidez da empresa seria no ano de 2012, enquanto pela análise do modelo dinâmico é o contrário, o maior indicador de liquidez é exatamente o ano de 2012. Tanto na análise tradicional quanto no modelo dinâmico, a empresa apresenta liquidez menor que um e, portanto, abaixo do desejável. Contudo, as razões são diferentes e o padrão de evolução também. Enquanto na análise tradicional os indicadores de liquidez (corrente e seca) dos anos 2011 e 2013 são praticamente iguais, no caso do modelo dinâmico a liquidez do ano de 2013 é claramente menor. Isso porque a liquidez do modelo dinâmico mede o quanto a empresa está usando de recursos de curto prazo para financiar seus investimentos de longo prazo, e não se ela pode "honrar" seus compromissos de curto prazo, como na análise tradicional.

A estratégia de correspondência refere-se ao financiamento de ativos de forma que a duração dos componentes do financiamento do ativo é igual ao tempo de vida útil dos ativos, para que o risco financeiro da empresa seja menor por apresentar menor risco de liquidez. Ao usar uma estratégia de correspondência, uma empresa sabe que terá financiamento pelo período necessário de uso dos ativos, e sabe qual vai ser esse custo, uma forma de imunizar a empresa quanto ao tipo de risco de liquidez que muitas companhias carregam consigo.

Empresas usando uma estratégia de desencontro de ativos correm três riscos:

- Vulnerabilidade a choques de receita. Quando empresas têm uma perda de fluxo de caixa — que as permite pagar suas dívidas — elas podem ter um grande problema em renovar as dívidas de curto prazo. Esse é o caso da Bernoulli, que expandiu seu financiamento de curto prazo e, se sua receita não acompanhar esse crescimento, poderá ter problemas em honrar seus compromissos futuros.

- Vulnerabilidade aos choques de taxa de juros. Quando taxas de curto prazo são menores que as de longo prazo, empresas podem minimizar os pagamentos de juros correntes por meio do uso de dívidas primordialmente de curto prazo. Entretanto, isso pode ser um grande erro se as taxas de juros aumentarem.

- Vulnerabilidade a choques de financiamento. O risco de financiamento materializou-se na crise financeira de 2008, quando diversas empresas, usando uma estratégia agressiva de desencontro, não puderam renovar suas dívidas de curto prazo. The Economist explicou em 2013 como todo o setor manufatureiro britânico estava vulnerável ao choque de financiamento. "Realmente, o grande risco é que uma crise de crédito implacável para empresas ponha um fim no crescimento. Os últimos dados mostram que os empréstimos a famílias estão apenas 0,3% abaixo do pico de 2008. Mas os empréstimos a empresas estão 22% menores. Considerando a inflação, a queda é de 32% e acelerando... Créditos para o setor manufatureiro têm sido cortados bruscamente, com empréstimos às indústrias químicas e eletrônicas 30% menores que o pico em 2008. Nos setores têxteis e de alimentos a crise abateu 39% e 47% dos empréstimos, respectivamente. Nada disso foi num setor com bolhas próprias. Empréstimos permitem empresas superarem a diferença entre compra de insumos e fazerem as vendas; eles financiam despesas com máquinas que devem ser pagas antes dos lucros aumentarem. A crise explica por que a taxa de criação de novas firmas no Reino Unido está atipicamente baixa, e por que os investimentos nos negócios caíram 34% em cinco anos. O Reino Unido estava em uma terrível 159ª colocação no mundo em 2012, pela razão investimento — PIB."[3]

---

[3] THE ECONOMIST, 10 DE AGOSTO DE 2013.

Considerações sobre a Taxa de Juros Corporativa no Brasil

Quando o mercado de capitais funciona de forma eficiente, as empresas conseguem se financiar no mercado com crédito farto. O Brasil, porém, apresenta um histórico de crédito escasso e caro. A situação tem mudado nos últimos anos, mas muitas empresas ainda enfrentam restrições de crédito e, portanto, podemos afirmar que o mercado de capitais brasileiro é incompleto e ineficiente, embora venha melhorando a passos largos nos últimos anos.

Em um mercado eficiente, a taxa de juros de curto prazo é menor que a taxa de juros de longo prazo. A razão é simples, se uma empresa pega dinheiro com prazo longo, o risco dos bancos é maior e, portanto, a empresa deverá pagar uma taxa de juros maior. Empréstimos de curto prazo, então, teriam a vantagem de ter uma taxa de juros menor. O lado ruim de financiar a empresa via empréstimos de curto prazo seria a existência de riscos de liquidez e de mudanças na taxa de juros. Se uma empresa apresentasse um problema operacional de curto prazo, ter que fazer pagamentos de empréstimos de curto prazo pode significar dificuldades. Com prazos de amortização mais longos, os capitais de longo prazo, embora mais caros, tornariam menor o risco de liquidez de curto prazo das empresas.

No Brasil, contudo, existe uma situação única. Ainda hoje é possível para muitas empresas conseguir acesso a créditos de longo prazo subsidiados, por meio do BNDES, por exemplo. Isso significa que, para muitas empresas, se conseguirem crédito via fundos públicos, o custo de financiamento de longo prazo será menor que o custo de curto prazo. Nesse caso, a decisão racional é conseguir o maior número possível de empréstimos de longo prazo, o que representaria menor custo de capital e maior liquidez.

O cenário de crédito escasso e caro para empresas melhorou nos últimos anos. Empresas sólidas hoje conseguem financiamento de curto prazo a taxas aceitáveis e em grande quantidade. No entanto, o risco de liquidez desse tipo de financiamento ainda é maior no Brasil do que em outros países.

CAPÍTULO 9

CRISES

Como diversos economistas históricos descreveram, a maioria das grandes crises financeiras segue o mesmo padrão: firmas, bancos, ou investidores usam dívidas de curto prazo para comprar ativos de longo prazo e ilíquidos. Isso significa que a saldo de tesouraria é negativo e que esse é usado para financiar ativos fixos (ativos não circulantes — ANC): o efeito tesoura, mais uma vez.

CriseFinanceiraeSaldodeTesouraria

Nos últimos trinta anos, o mundo viu pelo menos quatro crises financeiras que surgiram em grande parte porque empresas e bancos estavam financiando ativos ilíquidos com dívidas de curto prazo. O padrão das crises financeiras ocorre em quatro passos:

Passo 1

Quando se torna claro que os ativos não têm mérito econômico suficiente para justificar seu preço ou quando o custo de financiamento aumentou.

Passo 2

Com isso em mente, credores não refinanciam a dívida de curto prazo quando ela vence.

Passo 3

Os tomadores de empréstimos não têm dinheiro em mãos para pagar sua dívida e eles têm que vender ativos.

Passo 4

Os preços dos ativos caem, justificando sua falta de valor.

Nos últimos quarenta anos, houve uma crise financeira a cada dez anos. Durante a década de 1980, nos Estados Unidos, associações de poupança e empréstimos financiaram agressivamente a expansão de dívidas e depósitos de curto prazo. Quando se tornou claro que essas instituições de investimento (normalmente imobiliárias) não valiam seu passivo, credores e depositantes se recusaram a emprestar mais para eles. Em 1989, o governo norte-americano foi forçado a socorrer a indústria.

No meio da década de 1990, as economias de rápido crescimento no Leste Asiático, incluindo Indonésia, Coreia do Sul, e Tailândia, aumentaram seus investimentos em propriedades, plantas e equipamentos industriais ilíquidos com dívida de curto prazo, geralmente em dólares americanos. Quando as taxas de juros globais aumentaram e ficou claro que as empresas do leste asiático construíram muita capacidade, essas companhias não eram capazes de pagar ou refinanciar suas dívidas. A crise subsequente desestabilizou economias locais e prejudicou investidores estrangeiros. A crise financeira de 2008 seguiu o mesmo padrão — discutiremos mais a frente sobre isso.

O mesmo ocorreu com os Landersbanks alemães e com os bancos de poupança regional espanhóis em 2011–2012. Em 2011, foi descoberto que os bancos de poupança regionais espanhóis, ou "cajas", haviam financiado uma agressiva expansão com depósitos de curto prazo para construir obras públicas que satisfaziam políticos locais (quem administrava os "cajas"), mas não possuíam méritos econômicos. Quando a bolha imobiliária do país estourou, os "cajas" ficaram com um montante desproporcional de maus empréstimos e ativos imobiliários ruins. Por exemplo, Bankia foi criado em dezembro de 2010 por meio da fusão de sete "cajas". Com €340 bilhões em ativos, foi listado na bolsa de Madri numa oferta que fora comercializada massivamente para os próprios clientes do banco. O Fundo de Reestruturação Ordenada Bancária (FROB) espanhol explicou, um ano e meio depois, que o credor espanhol nacionalizado tinha um valor econômico *negativo* de €4,15 bilhões, baseado no estado atual do balanço patrimonial do grupo e em sua capacidade de gerar ganhos no futuro. O estado espanhol teve que socorrer o Bankia e se endividou para tanto.

Enquanto os ativos financeiros circulantes excederem os passivos erráticos, empresas não devem ter muitos problemas de liquidez, encontrar recursos ou adquirir empréstimos de curto prazo para equilibrar as obrigações à medida que elas vençam. Um problema sério pode surgir, entretanto, em um dos dois casos:

- quando passivos erráticos excedem muito ativos financeiros circulantes e a diferença é crescente (isso é muitas vezes encontrado em empresas não financeiras): nós chamamos isso de *efeito tesoura*;

- quando os ativos de curto prazo ou os passivos de curto prazo são estocásticos, ou imprevisivelmente variáveis (isso acontece essencialmente em empresas financeiras).

Nessas situações, passivos erráticos podem repentinamente exceder os ativos erráticos, forçando a empresa a liquidar ativos de longo prazo para aumentar os passivos de longo prazo ou enfrentar uma bancarrota. Quando esses eventos ocorrem, a empresa entra em "perigo financeiro", e podem achar que o mercado para ambos ativos e passivos diminuíram ou desapareceram.

Até a crise de 2007–2008, empresas norte-americanas não estavam cientes do risco de liquidez: elas podiam refinanciar passivos erráticos tanto no mercado financeiro como com empréstimos bancários. Trinta anos após a criação do modelo dinâmico e oitenta anos depois da crise de 1929, a falta de liquidez veio vingativa em 2007.

No Brasil, a falta de liquidez e a crise internacional poderiam ter criado dois problemas sérios, visto que com a súbita parada dos mercados financeiros mundiais, os bancos não estavam preparados para financiar ativos cíclicos. No mês de setembro de 2008 fora constatada a desaceleração da economia: a partir do terceiro trimestre de 2008, é atribuída à crise financeira a saída de investimentos estrangeiros de portfólio e a remessa de lucros pelas subsidiárias estrangeiras para suas matrizes no exterior. Neste cenário, desponta a necessidade de divisas pelas empresas brasileiras para garantir suas operações lastreadas em moeda estrangeira.

Mas as organizações brasileiras ajustaram a estrutura dos balaços para enfrentar a crise. Em um estudo com título "Tipologia de Fleuriet e a Crise Financeira de 2008", publicado no fim de 2012, os autores tiveram por objetivo identificar se ocorreram alterações no perfil dos balanços patrimoniais gerenciais (BPG) de empresas brasileiras em meio ao período da crise financeira de 2008 deflagrada mundialmente, e com consequências no Brasil, mediante análise da tipologia do modelo dinâmico. O resumo indica: "A amostra é composta por 87 empresas concomitantemente listadas na Revista Exame Melhores e Maiores de 2009 e com ações negociadas na BM&FBOVESPA (Bolsa de Valores, Mercadorias e Futuros). Executou-se análise descritiva, com abordagem qualitativa e quantitativa, aplicada às variáveis dinâmicas e aos resultados inerentes a tipologia. Dentre os resultados do estudo, destacam-se: ao longo dos oito trimestres analisados a variável saldo de tesouraria (T) foi negativa em 46,84% da amostra, a variável necessidade de capital de giro (NCG) foi negativa em 16,67% da amostra; dentre as empresas analisadas 63,2% apresentou saldo positivo para a variável capital de giro (CDG) nos oito trimestres analisados. Constatou-se predominância de BPG dos tipos 2 e 3 ao longo de 2008 e 2009. Ressalta-se a redução no número de BPG com tipologia 2 e aumento nas tipologias 3 e 4 nos trimestres relacionados à ocorrência da crise financeira no Brasil. Contudo, observou-se que, por se tratar de uma crise anunciada pelo governo dos Estados Unidos em 2007, a partir do início da crise financeira no Brasil em outubro de 2008 aumentou o número de empresas sujeitas a alterações em sua estrutura financeira com tendência de redução no volume de recursos aplicados na gestão do capital de giro." [1]

---

[1] NASCIMENTO, Cristiano do; ESPEJO, Márcia Maria dos Santos Bortolocci; VOESE, Simone Bernardes; PFITSCHER, Elisete Dahmer. "Tipologia de Fleuriet e a Crise Financeira de 2008". In: REVISTA UNIVERSO CONTÁBIL, out./dez., 2012. Disponível em <HTTP://PROXY.FURB.BR/OJS/INDEX.PHP/UNIVERSOCONTABIL/ARTICLE/VIEW/2592>. Acesso em: 14 set. 2014

CRISE DE LIQUIDEZ E SALDO DE TESOURARIA

CRISE DE LIQUIDEZ

Uma crise de liquidez pode ocorrer quando a firma usa crescentemente dívidas de curto prazo líquidas (Δpassivos erráticos – Δativos erráticos) para comprar ativos de longo prazo e investir em necessidade de capital de giro (Δativos de longo prazo + Δnecessidade de capital de giro).

Para evitar o efeito tesoura, a empresa deve monitorar o aumento de necessidades nos ativos de longo prazo e nas flutuações da necessidade de capital de giro por um lado, e gerar uma EBITDA (lucro operacional bruto) suficiente do outro lado. De forma mais simples, são somente duas as principais métricas para responder a uma das mais fundamentais perguntas que um empreendedor deve fazer: a minha empresa é financeiramente bem-sucedida?

- Fluxo de caixa operacional livre (FCL) após impostos positivo.

Se a empresa conseguir obter fluxo de caixa positivo, ela pode pensar em outros usos para esse dinheiro, como pagar dívidas, projetos mais sofisticados de expansão (além do CAPEX) ou adquirir outros negócios. Afinal de contas, uma empresa que não produz fluxo de caixa operacional para reinvestir na continuidade de seu negócio, está provavelmente no ramo errado e desapontará seus acionistas pela falta de dividendos ou os bancos, pela falta de capital para eventualmente quitar suas dívidas. Sem fluxo de caixa positivo, dificilmente a empresa existirá no médio prazo.

SALDO DE TESOURARIA (T)

Há menos risco quando o T é positivo. A quantidade do T que deve ser positiva para minimizar o risco de liquidez da empresa, sem incorrer em elevados custos de oportunidade — depende do risco da empresa gerar fluxos de caixa negativos. Esse risco, por sua vez, depende do risco da empresa em produzir fluxos operacionais de caixa negativos e também do tamanho do ciclo financeiro da organização. Companhias que produzem, processam e convertem vendas em caixa rapidamente, podem operar com menos caixa em mãos, porque podem restaurar ou adicionar caixa em menos tempo. O ciclo financeiro pode variar, especialmente se a empresa está em processo de expansão para novos mercados ou vai introduzir novos produtos.

Para a empresa Bernoulli, o ativo econômico (AE) aumentou de forma significativa de 2012 para 2013, em cerca de R$12,2 milhões. No mesmo período, o saldo de tesouraria (T) decresceu R$4,2 milhões. Isso significa que a empresa, para aumentar seu AE em R$10,2 milhões, teve que buscar fontes de financiamento para isso. Essas fontes não precisam ser externas, mas poderiam vir de lucros retidos, por exemplo. No caso da Bernoulli, dos R$10,2 milhões necessários para cobrir o aumento do ativo econômico, R$4,2 milhões vieram de fontes de curto prazo. Ou seja, o efeito tesoura em ação. Para que o efeito tesoura não tivesse ocorrido, a empresa teria que aumentar suas fontes de longo prazo para cobrir todas as necessidades de crescimento do ativo econômico. Isso poderia ser feito via empréstimos e financiamentos de longo prazo ou lucros retidos. Ao escolher fontes de curto prazo, a empresa se sujeita ao efeito tesoura. Mais uma vez, isso não significa que a empresa necessariamente está numa posição ruim, mas sua liquidez diminui e seu risco de curto prazo aumenta.

PETROBRAS E A CRISE DE 2008

Grandes empresas normalmente têm muito menos problemas de liquidez que pequenas empresas. Contudo, em cenários extremos, mesmo grandes empresas podem sofrer com crises de liquidez que afetem suas operações. Um dos exemplos mais interessantes nos últimos anos é o da Petrobras. A seguir, temos os dados do saldo de tesouraria (T) da Petrobras no período de 2007 a 2010.

DADOS CONTÁBEIS DA PETROBRAS S.A., 2007 A 2010, EM R$MIL.

Trimestre	Passivo Erráticos	Ativo Errático	Saldo de Tesouraria
31/12/2007	9.423.364	10.090.507	667.143
31/03/2008	3.606.846	19.109.497	15.502.651
30/06/2008	3.528.692	21.532.640	18.003.948
30/09/2008	4.009.638	9.536.251	5.526.613
31/12/2008	15.079.497	13.680.250	-1.399.247
31/03/2009	15.676.823	18.200.625	2.523.802
30/06/2009	10.348.832	6.650.438	-3.698.394
30/09/2009	7.023.186	24.629.603	17.606.417
31/12/2009	6.350.062	19.550.650	13.200.588
31/03/2010	14.649.692	19.980.940	5.331.248
30/06/2010	13.046.699	20.143.573	7.096.874

A Petrobras tem operações extremamente complexas e, portanto, seu balanço patrimonial flutua mais do que a maioria das empresas. O que podemos ver de interessante na tabela acima é o fato de que somente em dois períodos o saldo de tesouraria (T) da empresa ficou negativo. Infelizmente, um desses períodos coincidiu com a maior crise financeira desde a década de 1930. Em condições normais, a Petrobras não tem problemas em operar com T negativo, mas em 2008 isso foi diferente. O impacto da crise foi tão grande que o mercado de crédito mundial simplesmente parou. Mesmo grandes empresas tinham dificuldades de conseguir crédito para suas operações, incluindo a Petrobras. No Brasil, o governo reagiu a essa situação ao praticamente obrigar os bancos públicos a abrirem suas torneiras, a fim de evitar dificuldades para centenas de grandes empresas, sendo uma delas a Petrobras. No final de 2008, a Caixa Econômica Federal anunciou um empréstimo emergencial de R$2,02 bilhões a estatal para aumentar seu capital de giro. Como revelou o presidente da Petrobras à época, em explicação a senadores, José Sérgio Gabrielli afirmou que "a operação foi "normal" e só ocorreu porque o crédito no exterior secou"[2]. Devemos lembrar que esse foi um cenário extremo e, normalmente, o risco de liquidez de empresas como a Petrobras é muito baixo.

---

[2] Folha Online. Blog do Josias: Em meio à crise, Petrobras pediu empréstimo à CEF. Folha de São Paulo. Disponível em: <HTTP://WWW1.FOLHA.UOL.COM.BR/FOLHA/DINHEIRO/ULT91U472178.SHTML>. Acesso em: 14 set. 2014.

CAPÍTULO **10**

ESTRATÉGIAS DO BALANÇO PATRIMONIAL

Para alguns acadêmicos, "o modelo Fleuriet propõe que empresas cujo saldo de tesouraria é negativo encontram-se em desequilíbrio financeiro".[1] Isso está errado. O modelo não se propõe a estabelecer se uma firma está em equilíbrio financeiro ou não. O método explica que a estrutura de balanço evidencia uma situação de risco, seja risco de efeito tesoura ou uma crise financeira externa.

A partir do modelo, é possível identificar seis famílias diferentes de balaços patrimoniais. Inicialmente (em 1978), destacávamos quatro tipos de estruturas financeiras. O problema naquela época era a hiperinflação. Depois, Braga[2] mostrou que há mais outros dois tipos resultantes, num total de seis famílias.

Em uma amostra de 258 empresas brasileiras de capital aberto, a distribuição dos tipos, em 2013, era de:

	CDG	NCG	T	Número de Empresas	%
TIPO 1	+	-	+	37	14,30%
TIPO 2	+	+	+	90	34,90%
TIPO 3	+	+	-	52	20,20%
TIPO 4	-	+	-	29	11,20%
TIPO 5	-	-	-	36	14,00%
TIPO 6	-	-	+	14	5,40%

No Brasil, assim como na maior parte do mundo, o tipo mais comum é o 2, no qual todos os valores (NCG, CDG e T) são positivos.

---

[1] MEDEIROS, Otávio Ribeiro; DE RODRIGUES, Fernanda Fernandes. BASE — Revista de Administração e Contabilidade da Unisinos pp.25–32, setembro/dezembro 2004.

[2] BRAGA, R. "Análise avançada do capital de giro". In: CADERNO DE ESTUDOS, São Paulo, FIPECAFI, N. 3, P. 1–20, SET. 1991.

Na tabela seguinte, pegamos empresas brasileiras que em junho de 2012 representavam cada um dos seis tipos e colocamos seus valores.

Empresa	Código	ILD	ST	AT Cíclico	Pass Cíclico	NCG	CDG	Tipo
BMF Bovespa	BVMF3	0,18	3.216.289	265.837	1.800.421	-1.534.584	1.681.705	1
Localiza	RENT3	0,22	478.255	380.582	397.409	-16.827	461.428	1
P. Açúcar - Cbd	CBD	0,09	928.122	2.738.655	2.745.650	-6.995	921.127	1
PGD Realt	PDGR3	0,12	881.782	330.286	370.044	-39.758	842.024	1
Viavarejo	VVAR3	0,03	51.626	1.007.454	1.030.829	-23.375	28.251	1
Weg	WEGE3	0,26	800.427	80.656	94.571	-13.915	786.512	1
Cia Hering	HGTX4	0,33	202.893	586.503	255.826	330.677	533.570	2
Klabin S/A	KLBN4	0,23	1.781.425	1.771.311	682.033	1.089.278	2.870.703	2
Lojas Americanas	LAME3	0,09	267.997	1.920.510	1.542.128	378.382	646.379	2
Lojas Marisa	AMAR3	0,09	130.768	691.540	326.053	365.487	496.255	2
Lojas Renner	LREN3	0,02	27.142	923.206	649.428	273.778	300.920	2
Magazine Luiza	MGLU3	0,05	84.803	1.880.303	1.358.440	521.863	606.666	2
Petrobras	PETR4	0,08	33.367.177	53.641.837	49.721.522	3.920.315	37.287.492	2
TOTVS	TOTS3	0,26	194.671	259.580	178.573	81.007	275.678	2
Gafisa	GFA	-0,14	-662.422	2.256.843	1.115.619	1.141.224	478.802	3
Inds Romi	ROMI3	-0,31	-324.610	758.944	85.928	673.016	348.406	3
Sid Nacional	CSNA3	-0,03	-994.660	5.142.252	2.726.785	2.415.467	1.420.807	3
Souza Cruz	CRUZ3	-0,11	-390.177	2.532.675	1.387.748	1.144.927	754.750	3
Usiminas	USIM5	-0,05	-1.145.745	5.611.310	3.380.648	2.230.662	1.084.917	3
Vale	VALE	-0,01	-1.673.018	25.967.605	13.104.769	12.862.836	11.189.818	3
Gerdau	GGBR4	-0,10	-1.305.543	9.483	4.755	4.728	-1.300.815	4
Natura	NATU3	-0,24	-420.514	857.609	733.316	124.293	-296.221	4
Ambev	AMBV3	-0,01	-167.512	3.182.289	7.151.754	-3.969.465	-4.136.977	5
Cemig	CMIG4	-0,06	-792.926	756.029	761.599	-5.570	-798.496	5
Comgas	CGAS3	-0,21	-711.535	872.370	903.068	-30.698	-742.233	5

Empresa	Código	ILD	ST	AT Cíclico	Pass Cíclico	NCG	CDG	Tipo
MMX	MMXM3	-0,01	-41.661	35.547	85.347	-49.800	-91.461	5
Braskem	BAK	0,09	1.859.086	5.006.227	9.014.755	-4.008.528	-2.149.442	6
Light S/A	LIGT3	0,01	35.478	124.436	186.221	-61.785	-26.307	6

As empresas dos tipos 1, 2 e 3 mantêm um financiamento permanente ou capital de giro positivo, significando que fontes de financiamento com prazo de mais de um ano são maiores que os ativos não circulantes, isto é, o uso de fundos "maturando" em mais de um ano. Isso também significa que ativos circulantes são maiores que passivos circulantes, e que o índice de liquidez corrente é maior que um. O índice de liquidez dinâmico, $ILD = T/(ALP + NCG)$ é positivo. Na amostra de 258 empresas de capital aberto do Brasil em 2012, 70% das empresas se encaixavam nessa situação, incluindo-se as duas maiores organizações brasileiras, Vale e Petrobras.

As empresas do tipo 2 apresentam a maior liquidez e os menores riscos, e as empresas do tipo 1 também são excelentes. Já as do tipo 3 são mais problemáticas, uma vez que parte da necessidade de capital de giro é financiada por empréstimos de curto prazo. Esses empréstimos não podem ser quitados dentro do ciclo operacional, exceto se diminuirmos este período, ou, em outras palavras, iniciarmos a liquidação da empresa. Vejamos o caso da Companhia Siderúrgica Nacional (CSN), que estava no tipo 3 em 2012. Ela tinha, nesse ano, um índice de liquidez dinâmico de -0,03, o que significa que tinha um saldo de tesouraria negativo. Parte do seu ativo econômico estava sendo financiado via dívidas de curto prazo. A necessidade de capital de giro (NCG) era de aproximadamente R$2,4 bilhões, enquanto o saldo de tesouraria (T) era negativo em quase R$1 bilhão. Ou seja, parte da NCG, uma aplicação de longo prazo, estava sendo financiada por meio de passivos de curto prazo, representando algum risco de liquidez. Eliminar esse risco significaria, para o caso da CSN, modificar seu ciclo financeiro, ou aumentando o prazo de pagamento ou reduzindo o prazo de estocagem e de recebimento. Claro que, no caso da CSN, esse valor é marginalmente negativo e o risco muito baixo, já que a empresa tem diversas linhas de crédito de curto prazo.

As organizações dos tipos 4, 5 e 6 mantêm financiamento líquido permanente (ou capital de giro) negativo, significando que os ativos não circulantes estão sendo financiados parcialmente por empréstimos de curto prazo. Lembramos que, quando o capital de giro (CDG) é negativo, o índice de liquidez corrente é menor que um. Essa situação pode ser perigosa quando a necessidade de capital de giro (NCG) é positiva e crescente e o saldo de tesouraria (T) é negativo e crescente. Essas fontes de financiamento T são obrigações cujos prazos são próximos, enquanto ativos não circulantes "liquidam" apenas gradualmente a longo prazo e a NCG é um investimento permanente. Isso é a situação das empresas do tipo 4.

A Natura em 2012, por exemplo, tinha capital de giro e saldo de tesouraria negativos, e estava no tipo 4. Isso significava que suas necessidades de longo prazo, tanto parcela de seu ativo fixo quanto sua necessidade de capital de giro, estavam sendo financiadas por capitais de curto prazo, o que implicaria em elevado risco de liquidez. A empresa pode sobreviver a isso, especialmente se suas necessidades de investimento forem baixas e sua rentabilidade for suficientemente alta, mas está sujeita a riscos. No caso da Natura, a alta rentabilidade da companhia compensa esses riscos e a empresa tem capital aberto. Para organizações listadas em bolsa, liquidez é um problema menos importante, porque um dos benefícios da transparência é o acesso ao mercado de capitais.

Outra empresa com estratégia semelhante é a Walmart, a maior empresa do mundo em termos de receita. Por causa de seu imenso tamanho e poder de barganha, a Walmart pode comprar seus produtos a preços mais baixos que a concorrência, repassando parte desses ganhos aos consumidores. Se a Walmart apresentar problemas de liquidez, ela pode rapidamente reduzir sua necessidade de capital de giro (NCG) por meio de mudanças nos contratos com fornecedores, alongando prazos de pagamento mesmo às custas de menores descontos.

Empresas dos tipos 1, 5 e 6 possuem necessidades de capital de giro negativo. Isso é um problema? A empresa com uma necessidade de capital de giro (NCG) negativa reage muito mais rapidamente em tempos de crise, como uma recessão. A inércia, que impede NCG positiva, não é tão boa. Entretanto, uma contração no volume de negócios da companhia pode provocar um sério impacto em sua estrutura financeira.

O Pão de Açúcar apresentava, em 2012, uma estrutura com necessidade de capital de giro (NCG) negativa, estando na estrutura de tipo 1. No setor de supermercados, com margens pequenas, ter uma NCG negativa é visto com algo extremamente benéfico, pois significa que a empresa está conseguindo financiar parte de suas necessidades de longo prazo com capital de terceiros como fornecedores, por exemplo. Embora para muitas empresas uma NCG positiva seja algo natural, para negócios como o do Pão de Açúcar gerenciar a NCG para mantê-la perto de zero ou mesmo negativa pode significar liberar um capital precioso em um modelo de negócios no qual o giro sobre ativos é extremamente relevante. Contudo, uma redução de vendas pode significar uma potencial perda adicional ao Pão de Açúcar, além das margens sobre as vendas perdidas. Como a empresa financia suas operações com capital de terceiro, essa fonte seria menor e, portanto, a organização perderia em duas frentes, nas margens e na maior NCG.

Os tipos 3, 4 e 5 apresentam saldo de tesouraria negativo. Na maioria dos casos, ILD = T/(ALP + NCG) é negativo. Saldo de tesouraria negativo significa que os empréstimos de curto prazo financiam, pelo menos parcialmente, a necessidade de capital de giro permanente e os ativos não circulantes. Empréstimos de curto prazo não isentam a empresa de analisar estrategicamente como as suas necessidades operacionais variarão no tempo. Este é um pré-requisito para qualquer estratégia financeira. Esses empréstimos podem ser pagos por meio da diminuição da necessidade de capital de giro e pela venda de ativos não circulantes — em outras palavras, pelo início de uma liquidação da empresa.

Vamos agora comentar cada tipo de balanço gerencial.

Os Tipos de Balanço Patrimonial no Modelo Dinâmico

TIPO 1

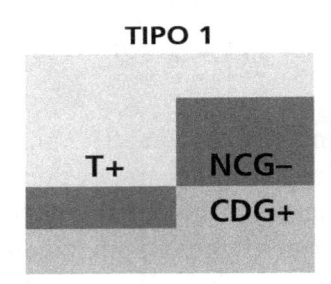

Empresas do tipo 1 exibem uma excelente liquidez visto que ambos financiamentos permanentes e seus ciclos financeiros as permitem reter um saldo de tesouraria positivo ou, seja, uma grande reserva de caixa em mãos. Empresas com necessidade de capital de giro negativo levantam uma questão fundamental: podem estas companhias manter uma estrutura financeira com relativamente pouco passivo de longo prazo e patrimônio líquido?

A resposta é sim, mas somente para alguns tipos de empresas. Analisamos as organizações americanas de capital aberto que mantiveram a mesma estrutura de balanço durante um período de dez anos (2002–2012). Apenas cinco delas mantiveram capital de giro (CDG) positivo, necessiade de capital de giro (NCG) negativa e saldo de tesouraria (T) positivo durante todo o período: Amazon, Apple, Dell, Leap Wireless e Paccar.

Consideremos a Amazon. A companhia recebe pagamentos antes de fazer seus próprios pagamentos, o que ajuda a financiar seus investimentos em crescimento. Entre 2008 e 2012, a Amazon gerou US$7,3 bilhões de financiamento através da necessidade de capital de giro (NCG) crescentemente negativa. Esse financiamento contribui com 1/3 dos investimentos de US$21,1 bilhões que fez a Amazon em cinco anos — gastos com capital (US$7,3 bilhões), P&D (US$11,5 bilhões) e aquisições (US$2,3 bilhões). De 2008 a 2012, o lucro da

Amazon cresceu em US$46,3 bilhões, o qual, quando dividido pelo investimento de EBITDA (lucro operacional bruto) de US$13,8 bilhões, implica numa efetividade de reinvestimento de 335%. Essa eficácia em reinvestimentos da Amazon é mais que 11 vezes maior que a média da S&P 500 de 29%. Dada a alta efetividade de reinvestimento da Amazon, não é surpresa que a empresa tenha tido um TSR[3] de 171% de 2008 a 2012, excedendo (e muito) a média da S&P 500, de 35%. Na verdade, as empresas dessas 500 com taxas de reinvestimento acima do índice médio tiveram o dobro da TSR média daquelas abaixo da média de efetividade de reinvestimento.

TIPO 2

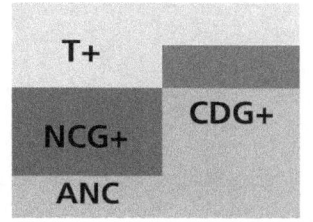

Empresas do tipo 2 usam fontes de financiamento de longo prazo para financiar ativos não circulantes (ANC) e sua necessidade de capital de giro positiva (NCG+) e para manter caixa disponível (T+). Isto é excelente! Destacamos que não existe uma resposta certa sobre qual deve ser o nível de retorno, o nível de liquidez ou o nível de risco ideias. Algumas empresas podem absorver mais riscos ou ter menor liquidez, enquanto outras são mais lucrativas se forem mais líquidas. As medidas do modelo dinâmico são importantes para a tomada de decisão do gestor, mas o ponto mais relevante é tomar decisões baseadas nas métricas corretas e não em indicadores defasados.

Como indicado previamente, usar fontes de longo prazo para financiar necessidades de capital de giro assegura que a liquidez está disponível se necessária. Essa estratégia normalmente resultará na empresa

---

[3] O TSR (total shareholder retrun) ou retorno total aos acionistas (RTA) é a variação do valor de mercado da ação (ganhos ou perdas de capital) somado aos dividendos pagos pela empresa no período.

simultaneamente tomar emprestado (passivo errático) e investir (ativos financeiros circulantes) pelo menos parte do tempo. Funcionários da tesouraria precisarão destacar isso quando buscarem aprovação da diretoria para as políticas e estratégias de dívida de curto prazo. Uma diretoria conservadora pode considerar isso um preço apropriado a se pagar para assegurar liquidez suficiente, especialmente se não é tão significativamente diferente de pagar taxas de compromissos.

TIPO 3

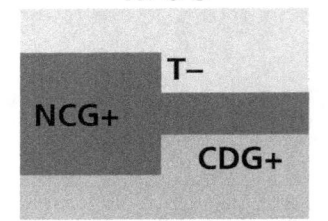

Uma empresa do tipo 3 usa seu capital de giro (CDG) para financiar apenas parte de sua necessidade de capital de giro (NCG). A diferença é muitas vezes financiada por dívidas de curto prazo, até que um dia, quando as coisas ficam realmente ruins, a empresa pode quebrar. Como resultado, a companhia é muito mais vulnerável do que organizações do tipo 5, nas quais a necessidade de capital de giro é bastante negativa e os ativos não circulantes são principalmente financiados pela necessidade de capital de giro, dívidas de longo prazo e patrimônio líquido.

As empresas do tipo 3 que exportam grande parte de suas vendas ou que participam de construção ou projetos de obras públicas estão em risco na medida em que muitas vezes têm financiamento permanente insuficiente em comparação com as suas necessidades de capital de giro (NCGs). Apesar do risco de liquidez de empresas do tipo 3, elas têm um bom índice de liquidez corrente: acima de 1. O que é normal, porque mostram um capital de giro (CDG) positivo. Ou seja, são consideradas saudáveis pelos indicadores tradicionais, enquanto apresentam grande risco de liquidez pelo modelo dinâmico. Tudo depende do tamanho da NCG positiva e do seu impacto no saldo de tesouraria (T), ou seja, depende do modelo de negócios da empresa.

TIPO 4

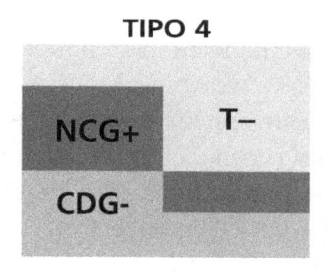

Empresas do tipo 4 financiam parte de seus ativos não circulantes e parte de sua necessidade de capital de giro permanente por meio de dívidas de curto prazo. Financiar por empréstimos de curto prazo resolve o problema imediato da gerência de caixa, mas deixa a empresa muito vulnerável para quaisquer mudanças em seus ambientes financeiros e de negócios. Esse tipo de financiamento provocou algumas falências espetaculares ou quase falências. No verão de 2013, o grupo EBX ("X" pretende significar retornos múltiplos) pertencente ao Sr. Eike Batista, anteriormente o homem mais rico no Brasil, implodiu, por causa de estrutura de capital inapropriada, com grandes montantes de dívidas de curto prazo alavancados contra recursos que ainda estavam no chão.

Eike Batista havia fundado sua companhia de exploração de petróleo, OGX, em 2006. Em 2007, a OGX comprou direitos de exploração da Bacia de Campos por R$1,57 bilhão. A companhia foi listada em 2008 captando R$6,7 bilhões no que foi o maior IPO na história da BOVESPA. O prospecto da listagem mencionava dez vezes que a OGX era bem posicionada para "capturar o vasto e inexplorado potencial do Brasil de recursos de petróleo e gás natural atualmente estimados por especialistas do setor em aproximadamente 70–100 bilhões de barris equivalentes de petróleo". A empresa deveria encerrar 2012 com uma produção de 14 milhões de barris de petróleo. De acordo com o site da organização acessado em 7 de agosto de 2013, "em aproximadamente três anos de atividades exploratórias, a empresa perfurou mais de 120 poços, na maior exploração do setor privado no Brasil. A produção de petróleo da OGX foi iniciada em janeiro de 2012 na Bacia de Campos, no campo de Tubarão Azul (acumulação Waimea). No quarto trimestre de 2012, a OGX começará a produção de gás natural na bacia terrestre do Parnaíba, onde foram indicados grandes acúmulos. Desde que foi fundada, a OGX já investiu mais de R$10 bilhões em suas atividades no Brasil, o que significa que é o principal investidor privado no setor de petróleo e gás no país". Infelizmente a OGX repetidamente errou previsões culminando em um reconhecimento, em julho de 2013, que seus únicos poços de petróleo produtivos em Tubarão Azul provavelmente fechariam no ano seguinte e que encerraria três campos *offshore* — Areia, Gato e Tigre — que estavam em fase de desenvolvimento.

TIPO 5

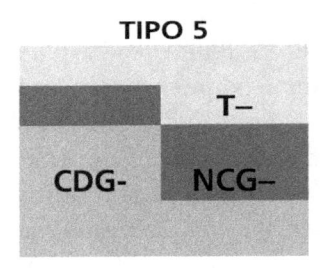

Empresas do tipo 5 financiam uma parte de seus ativos não circulantes por meio de dívidas de curto prazo, mas também por necessidades de capital negativas. Uma empresa com capital de giro negativo corre o risco de os prazos de pagamentos cedidos por seus fornecedores mudarem abruptamente. Esta é uma função de equilíbrio de poder entre a empresa e seus fornecedores. Além disso, uma crise pode reduzir suas fontes de financiamento por meio da redução da necessidade de capital de giro.

TIPO 6

Necessidade de capital de giro (NCG) negativa permite companhias do tipo 6 manterem caixa em mãos (T+) apesar do capital de giro (CDG) ser negativo. O risco de uma crise financeira é menor para empresas do tipo 6 que para as de tipo 5 ou 4. Entretanto, uma empresa do tipo 6 pode ter um índice de liquidez corrente pior que uma companhia do tipo 5 ou 4.

A Bernoulli mudou de estrutura nos três anos de análise. Como já vimos, os dados de NCG, CDG e saldo de tesouraria (T) da empresa são:

	2011	2012	2013
Capital de Giro	-4.000	-6.000	-7.000
NCG	0	-2.700	500
Saldo de Tesouraria	-4.000	-3.300	-7.500

Se considerarmos o valor de necessidade de capital de giro (NCG) como não negativo em 2011, a empresa estava no tipo 4 naquele ano, passou para o tipo 5 em 2012 e voltou para o tipo 4 em 2013. No ano de 2013 a empresa apresenta seu pior indicador de liquidez (ILD), o que é claramente visível pelo fato de que seu capital de giro (CDG) é negativo, assim como seu saldo de tesouraria (T), enquanto a NCG é positiva. Ou seja, a companhia usa capital de curto prazo para financiar parte do seu ativo econômico, tanto a NCG quanto parte do ativo não circulante (ANC). Essa situação representa risco de liquidez elevado, mas se a empresa gerar lucro operacional significativo, ela pode se manter em boa situação, enquanto o mercado de capitais financiá-la.

ESTRATÉGIAS DE BALANÇO PATRIMONIAL

Há três grandes estratégias para monitorar dívidas de curto prazo:

Estratégia de correspondência com maturidade (*matching strategy*).

Empresas usando a estratégia de correspondência com a maturidade buscam financiar ativos de longo prazo e necessidade de capital de giro com fontes de financiamento de longo prazo. O saldo de tesouraria é em média positivo, mas pode ser negativo quando o financiamento de curto prazo é usado para financiar flutuações na necessidade de capital de giro.

Estratégia conservadora de correspondência de ativos

Organizações usando uma estratégia de correspondência de ativos mais conservadora financiarão parte das flutuações da necessidade de capital de giro com fontes de financiamento de longo prazo, resultando em necessidades de empréstimos menores no curto prazo.

Estratégia agressiva de financiamento

Comparado com a estratégia de correspondência com a maturidade, organizações usando uma estratégia agressiva de financiamento buscarão financiar mais de seus ativos de longo prazo e necessidades de capital de giro com fontes de financiamento de curto prazo. Isso resultará numa necessidade relativamente maior de empréstimos. O fato de que os componentes de capital de giro são autorrenováveis induz as empresas a usarem linhas de créditos rotativos nos quais recebíveis de clientes e estoques são os colaterais dos empréstimos, como no caso da Natura. Isso funciona quando a rentabilidade da companhia compensa os riscos da estratégia, pois esta requer menor alocação de capitais como no caso da Walmart. No caso da OGX, a estrutura de capital era inapropriada, porque a organização estendia muito o prazo e contraía muitas dívidas para financiar ativos que poderiam não gerar fluxo de caixa suficiente. O uso permanente de linhas de créditos rotativos de curto prazo pode ser perigoso por que ele:

- Exaure a capacidade de tomar empréstimos;

- Inflaciona despesas com juros desnecessariamente;

- Aumenta o volume de compromissos relativamente inflexíveis, os quais restringirão a capacidade da firma de estabilizar ou reestruturar sua atividade.

Um estudo publicado em 2012[4] "objetivou avaliar se o desempenho econômico-financeiro obtido pelas empresas pertencentes à BMF&BOVESPA, no período de 1999 a 2008, teve relação de dependência com a liquidez das mesmas, mensurada por meio do modelo Fleuriet. Este modelo consiste em uma técnica de análise de balanços que avalia a liquidez pela perspectiva das operações. A liquidez foi representada pelo modelo Fleuriet, enquanto o desempenho foi medido pelo retorno sobre capital próprio e pelo lucro por ação. Os dados foram analisados sob a técnica de dados em painel, que tem por característica o estudo de uma mesma unidade amostral ao longo do tempo. Os resultados indicam que o ROE e o LPA diferem para empresas conforme sua estrutura de balanço e a análise robusta de dados em painel indica a existência de relação de dependência entre o ROE e o modelo Fleuriet, e entre o LPA e o modelo Fleuriet. A liquidez foi representada pelo modelo Fleuriet, enquanto o desempenho foi medido pelo retorno sobre capital próprio e pelo lucro por ação. Os dados foram analisados sob a técnica de dados em painel, que tem por característica o estudo de uma mesma unidade amostral ao longo do tempo. Os resultados indicam que o ROE e o LPA diferem para empresas conforme sua estrutura de balanço e a análise robusta de dado sem painel indica a existência de relação de dependência entre o ROE e o modelo Fleuriet e entre o LPA".

De acordo com Juliara Lopes da Fonseca e Paulo Sergio Ceretta, a utilização de recursos de terceiros a longo prazo para financiar a necessidade de capital de giro (NCG) reduz o risco financeiro da empresa, já que o prazo de pagamento e a possibilidade de renovação da dívida são maiores.

Porém, esses recursos diminuem a lucratividade dos acionistas, tendo em vista que, quanto maior é o prazo do empréstimo, maior é o risco para a instituição que o fornece, sendo, por essa razão, maior a taxa de juros, a não ser no Brasil, onde muitas vezes taxas de curto prazo são mais baratas que as de longo prazo para as empresas. Já a opção de

---

[4] FONSECA, Juliara Lopes da; CERETTA, Paulo Sergio. "A Gestão da Liquidez e o seu Reflexo no Retorno sobre o Capital Próprio e no Lucro por Ação das Empresas Pertencentes à BMF&BOVESPA". In: REVISTA ALCANCE – ELETRÔNICA, Vol. 19, N. 02, p. 202–221, abr./jun. 2012

utilizar recursos de curto prazo aumenta a rentabilidade, mas sacrifica a liquidez da companhia no curto prazo.

Estratégias agressivas na gestão de recursos de curto prazo apresentam um risco e um retorno elevado; estratégias moderadas possuem um risco e um retorno um pouco menor; e o risco e o retorno ainda menores são características de estratégias conservadoras. A política conservadora resulta de um investimento de recursos de curto ou de longo prazo em ativos líquidos, sacrificando alguma rentabilidade. Para Nazir e Afza[5], a estratégia conservadora nas políticas de financiamento e de investimento do capital de giro pode criar valor para a empresa.

Outra maneira de uma organização adotar uma estratégia agressiva é com o uso de um menor nível de ativos circulantes em relação aos ativos totais ou, também, o uso de um alto nível de dívidas de curto prazo em relação ao total de dívidas. Em contrapartida, estratégias conservadoras financiam uma grande quantidade de ativos líquidos com capital próprio ou de terceiros de longo prazo, diminuindo a rentabilidade.

QUANDO PODER DE MERCADO AJUDA EM UMA CRISE

Já é bem entendido que uma crise bancária afeta severamente os bancos, mas a análise do seu impacto em empresas não financeiras é normalmente escasso. Uma crise pode afetar empresas não financeiras de diversas maneiras, desde uma queda nas vendas até uma restrição de crédito. No caso da maior cervejaria na América Latina, Ambev, a crise afetou a liquidez da empresa, que respondeu por meio da administração de seus ciclos financeiros para restaurar a liquidez para seus balanços patrimoniais. A Ambev é uma grande companhia no Brasil, e está presente em qualquer lugar no país. Em 2007 e 2008

---

[5] NAZIR, M. S.; AFZA, T. "Impact of Aggressive Working Capital Management Policy on Firms' Profitability". In: THE IUP JOURNAL OF APPLIED FINANCE. Vol. 15, n. 8, 2009.

ela tinha uma estrutura no balanço patrimonial peculiar. No fim de 2007 essa estrutura se parecia com:

Ativo	Passivo
AE 2.483	PE 2.521
AC 5.397	PC 5.965
ANC 27.595	PLP 26.990

CDG 606	T 38
	NCG 568

O capital de giro (CDG) não estava sendo financiado com financiamento permanente, mas com o saldo da tesouraria e a necessidade de capital de giro (NCG). A empresa estava no tipo 5, financiando uma parte de seus ativos fixos com dívidas de curto prazo, mas também com a manutenção de uma necessidade de capital de giro negativa. Uma empresa com NCG negativa corre o risco de que os prazos de pagamentos dados pelos fornecedores mudem de repente. Essa é uma função de balanço de poder entre a empresa e seus fornecedores. Adicionalmente, a crise pode reduzir as fontes de financiamento por meio da redução da necessidade de capital de giro, o que foi que realmente aconteceu.

A Ambev tinha um amplo financiamento de curto prazo prontamente disponível e a empresa estava agressiva na busca por estratégias de crescimento, logo seu impacto nos fornecedores e necessidade de capital negativa.

O impacto da crise financeira, entretanto, foi sentido por todos os tipos de firmas, grandes ou pequenas. A Petrobras precisou de empréstimos de emergência da Caixa Econômica Federal e do Banco do Brasil, e a Ambev necessitava mudar suas operações para lidar com as fragilidades em seu balanço patrimonial, que ficou pior em 2008, como pode ser visto a seguir.

Ativo   Passivo

AE 3.299	PE 4.266
AC 6.548	**PC 6.413**
ANC 27.423	**PLP 26.591**

NCG 135	
CDG 832	**T 967**

Aqui a empresa estava financiando todos seu capital de giro (CDG) e necessidade de capital de giro (NCG) por meio de financiamento de curto prazo. Seu saldo de tesouraria cobria todas as necessidades da empresa. Em uma situação de restrição de crédito, foi revelada a fraca posição da Ambev, que mudou de um tipo 5 para um tipo 4. A companhia também teve que absorver mudanças no ciclo financeiro, devido ao fato de que era uma empresa muito mais forte, financeiramente, que o resto de sua cadeia de suprimentos.

CAPÍTULO 11

CICLOS

A necessidade de capital de giro (NCG) muda de acordo com a variação de receitas e os prazos de pagamento, de estocagem e de recebimento.

A NCG e a Variação de Receita

Um exemplo simples de como o aumento de vendas pode aumentar a necessidade de capital de giro (NCG) de uma empresa pode ser visto pelo crescimento das vendas diárias. Antes, vimos como vendas diárias de R$20.000 e um prazo de pagamentos de trinta dias geram uma conta de clientes e, portanto, impactam a NCG em R$600.000. Vamos imaginar agora que as vendas dobrem, para R$40.000 por dia. Qual o efeito sobre a conta de clientes, se o prazo de pagamento for o mesmo?

Dia	Vendas	Recebimentos	Clientes	Vendas	Recebimentos	Clientes
1	20.000	0	20.000	40.000	0	40.000
2	20.000	0	40.000	40.000	0	80.000
3	20.000	0	60.000	40.000	0	120.000
10	20.000	0	200.000	40.000	0	400.000
20	20.000	0	400.000	40.000	0	800.000
30	20.000	20.000	600.000	40.000	40.000	1.200.000
31	20.000	20.000	600.000	40.000	40.000	1.200.000
32	20.000	20.000	600.000	40.000	40.000	1.200.000
60	20.000	20.000	600.000	40.000	40.000	1.200.000

Na tabela acima temos o caso anterior das vendas diárias de R$20.000. Vemos que o total da conta clientes é de R$600.000. Se dobrarmos as vendas diárias, para R$40.000 e mantivermos o mesmo prazo de recebimento, de trinta dias, vemos que a empresa somente começa a receber por suas vendas no 30º dia e, portanto, acumula uma conta de clientes de R$1,2 milhão. Isso impacta a necessidade de capital de giro (NCG) porque a companhia deverá manter recursos, agora na casa de R$1,2 milhão, para financiar suas atividades (desconsiderando os outros componentes da NCG nesse momento). Tudo o mais permanecendo constante, o crescimento nas vendas impacta em um aumento na conta de clientes e, portanto, na necessidade de capital de giro. O inverso também é verdadeiro: uma queda nas vendas resulta em menor NCG. É só analisar o caso descrito de trás para frente: se as vendas diárias caírem de R$40.000 para R$20.000, a NCG cairá de R$1,2 milhão para R$600.000. Se a empresa não se preparar para o aumento da NCG, advinda do aumento de receitas, pode ter problemas sérios de liquidez. Esse é um paradoxo que muitas pessoas não entendem — empresas podem quebrar, não porque são mal sucedidas, mas por um crescimento muito acelerado das vendas que impacta primeiramente a NCG, e somente se tornará caixa posteriormente, via acúmulo de lucros.

A NCG E OS PRAZOS

Em essência, o ciclo financeiro é igual ao prazo médio de estocagem (PME) mais o prazo médio de recebimento (PMR) menos o prazo médio de pagamento (PMP).

Equação (3) CICLO FINANCEIRO = PME + PMR - PMP

Quanto maior a duração dos estoques em mãos (prazo médio de estocagem ou PME) e a arrecadação de recebíveis (PMR), combinado com uma pouca duração para o pagamento dos fornecedores da empresa (PMP), mais o caixa está ligado aos estoques e recebíveis, e será usado mais rapidamente para quitar as contas a pagar.

Um resumo dos ciclos da Bernoulli segue abaixo.

	2011	2012	2013
Prazo Médio de Estocagem	14	12	19
Prazo Médio de Pagamento	-44	-60	-52
Prazo Médio de Recebimento	45	41	53
Ciclo Financeiro	15	-7	20

Para mostrarmos como chegamos a esses números precisamos de alguns dados do demonstrativo de resultado do exercício (DRE) para os mesmos anos. Vamos complementar a análise do modelo dinâmico com os dados do DRE mais à frente, mas as informações de que precisamos, receita líquida e custos de mercadorias e serviços vendidos, seguem abaixo.

	2011	2012	2013
Receita Líquida	40.000	41.800	50.500
Custos Bens ou Serv. Vendidos	-26.000	-30.000	-38.000

PME

Prazo médio de estocagem é a medida do ciclo econômico de produção, o tempo entre a entrada dos insumos e a saída dos produtos. Por exemplo, é o número de dias que demora para o estoque da empresa ser convertido em vendas, tanto em dinheiro ou contas a receber.

Vamos ver a seguir o que ocorre quando uma empresa compra um item necessário para produção (insumo). Quando um insumo é entregue, ele é enquadrado no estoque de matéria-prima, com outros bens a serem consumidos diretamente ou indiretamente na produção. Quando ele entra no processo de produção, vai para o estoque de "trabalho em processo" com outros bens na linha de produção. Saindo da produção ele entra nos estoques de produtos finalizados com outros bens aguardando a venda. Estoque para varejo ou atacado consiste apenas em produtos finais, mas o estoque de uma fábrica incluirá todos os três tipos de bens.

Vamos lembrar como os estoques são avaliados. A medida do estoque começa com a determinação da quantidade física de bens que devem ser incluídos nos estoques. Uma vez que o número de itens é sabido, é necessário dar um valor monetário para a quantidade de bens restantes no estoque final. A empresa dá o mesmo valor monetário para as quantidades físicas de bens usados e vendidos durante o período.

Há quatro tipos de métodos diferentes para determinar o valor unitário para o custo dos bens vendidos e no estoque final: custo real, custo médio, *primeiro a entrar, primeiro a sair* (*first-in first-out* ou FIFO) e *último a entrar, primeiro a sair* (*last-in first-out* ou LIFO). Cada um desses métodos permite determinar a unidade de custo para aplicar a cada item vendido ou usado, e para cada item que permanece no estoque final. O custo de bens usados ou vendidos durante o período é igual a esse custo unitário multiplicado pelo número de itens usados ou vendidos durante o período. O valor do estoque final é igual a essa unidade de custo multiplicado pela quantidade física de bens remanescentes nos estoques. Se a empresa estoca matéria-prima por duas semanas antes de consumi-las na produção, o estoque de matéria-prima representa as últimas duas semanas de compras.

Vamos supor que não sabemos o tempo entre a entrada da matéria-prima e sua ida para produção. Balanços contábeis podem ser usados para esse propósito. O tempo entre a chegada da matéria-prima e sua ida para produção é encontrado dividindo o valor do estoque final de matéria-prima pelo custo da matéria-prima usada por dia. O resultado será 14 dias (ou duas semanas).

O que foi feito para matéria-prima, pode ser feito para estoques de "trabalho em processo" e para bens finais. Para medir o tempo entre a entrada de insumos e a saída de produtos nos estoques em produção, devemos saber o valor do estoque final, dos estoques em produção e o custo dos bens processados durante o período. Para medir o tempo entre a entrada dos insumos e saída dos produtos nos estoques de

bens finalizados, devemos saber o valor do estoque de bens finalizados no fim do período, e o custo dos bens vendidos durante o período.
Fora de uma empresa, quando não se sabe a divisão de estoques por
matéria-prima, de produção por bens finais, pode-se tomar o valor de
todos os estoques pendentes.

O prazo médio de estocagem (PME) dá a medida do ciclo de produção. Ele mede o número de dias que a empresa mantém seus estoques antes de vendê-los, por dinheiro ou contas a receber. A fórmula
do PME é:

Equação (3a):

$$PME = \frac{\text{estoques e trabalho em processo}}{\left\{\dfrac{CMV}{dia}\right\}}$$

Onde CMV/Dia é calculado dividindo o custo total de bens vendidos por ano por 360 dias.

Para a Bernoulli o prazo médio de estocagem é dado então por:

	2011	2012	2013
Estoques	1.000	1.000	2.000
Custos Bens ou Serv. Vendidos	26.000	30.000	38.000
Prazo Médio de Estocagem	14	12	19

Embora os estoques tenham permanecido no mesmo valor de
2011 para 2012, como a empresa cresceu sua produção e, portanto,
os custos de bens ou serviços vendidos, o prazo médio de estocagem
(PME) caiu. Como os estoques aumentaram mais que proporcionalmente ao crescimento de custos de 2012 para 2013, o PME nesse período elevou significativamente.

PMR

O prazo médio de recebimento (PMR) dá a medida do número de dias que a empresa demora para arrecadar o produto das vendas que vai para as contas a receber. Contas a receber resultam da venda de bens ou serviços no crédito e elas têm prazo de algumas semanas ou meses dependendo dos prazos oferecidos para os clientes. Para mostrar como calculamos os dias incluídos nas vendas pendentes, vamos supor que sabemos que os clientes pagam em sessenta dias. Se PMR = sessenta dias, contas a receber representará sessenta dias de vendas. De maneira inversa, para encontrar o PMR devemos dividir o valor das contas a receber pelo valor líquido de vendas diárias.

O PMR é medido pela divisão das vendas anuais líquidas por 360, para encontrar a "receita líquida diária" — e dividindo as contas a receber pelo valor da receita diária.

Recebíveis deveriam também incluir contas pendentes descontadas (a não ser que elas já estejam incluídas nos recebíveis) e outras formas de diferimento a clientes ou adiantamento a fornecedores.

Equação (3b):

$$PMR = \dfrac{\text{recebíveis}}{\left\{\dfrac{\text{vendas anuais}}{\text{dia}}\right\}}$$

Onde Vendas Anuais/Dias é calculado dividindo o total de vendas por ano por 360 dias.

Para a Bernoulli, os recebimentos são a soma da conta clientes com os adiantamentos a fornecedores. Ambos são receitas que não são recebidas imediatamente e que somente poderiam ser executadas caso a empresa fosse liquidada. Ambas impactam o prazo médio de recebimento que, nesse caso, é:

	2011	2012	2013
Adiantamento a Fornecedores	2.000	1.800	3.500
Clientes	3.000	3.000	4.000
Receita Líquida	**40.000**	**41.800**	**50.500**
Prazo Médio de Recebimento	45	41	53

De 2011 para 2012, o prazo médio de recebimento caiu, o que é positivo para a empresa, mas a situação se reverteu em 2013. Nesse último período, embora a receita líquida tenha aumentado, as contas de clientes e adiantamento a fornecedores cresceram rapidamente, tornando o prazo de recebimento maior.

PMP

O mesmo raciocínio do prazo médio de recebimento (PMR) é aplicado para prazo médio de pagamento (PMP). O PMP mede quanto tempo demora para que a empresa pague suas obrigações com fornecedores. PMP é encontrado pela divisão das compras anuais por 360, para encontrar o custo de vendas por dia, e dividindo as contas a pagar por esse valor.

Equação (3c):

$$PMP = \frac{\text{contas a pagar}}{\left\{ \dfrac{\text{compras anuais}}{\text{dia}} \right\}}$$

Onde Compras Anuais/Dia é calculado dividindo o total de compras por 360 dias.

Para a Bernoulli:

	2011	2012	2013
Fornecedores	3.200	5.000	5.500
Custos Bens ou Serv. Vendidos	26.000	30.000	38.000
Prazo Médio de Pagamento	44	60	52

De 2011 para 2012, o aumento da conta de fornecedores foi muito maior do que o crescimento de custo dos bens e serviços vendidos, o que estendeu o PMP. Isso é bom para a empresa, porque significa que ela está se financiando mais com capital dos fornecedores. A situação se inverte de 2012 para 2013, e o PMP cai.

VARIAÇÃO DA NECESSIDADE DE CAPITAL DE GIRO

A necessidade de capital de giro (NCG) depende de duas classes de fatores operacionais, o volume de vendas e o tempo do ciclo financeiro. A NCG iguala o volume de vendas por dia multiplicado pelo ciclo financeiro (C2C) (em dias de vendas).

> **NCG = vendas por dia x C2C**

Em um período de mais de dez anos entre 2001 e 2012, a tendência do ciclo financeiro (C2C) tem sido de queda na Europa e nos Estados Unidos. Como sabemos, uma tendência decrescente é positiva, uma vez que indica que o tempo da conversão em dinheiro no ciclo está diminuindo, isto é, a conversão de insumos em dinheiro está mais rápida. Na realidade, a necessidade de capital de giro (NCG) diminuiu em alguns países do mundo. Nos EUA, o ciclo financeiro médio caiu de 44 dias em 2002 para 39 dias em 2012 e, na Europa, caiu de 49 dias em 2002 para quarenta dias em 2012, de acordo com a Ernst & Young, uma empresa de consultoria[1]. Muitas empresas nessas regiões continuaram a buscar novas iniciativas nessa área, especialmente em relação a um processo de produção enxuto, faturamento e arrecadação, gasto com consolidação, terceirização para países de baixo custo, renegociação de prazos de dívidas e eficiência na cadeia de suprimentos.

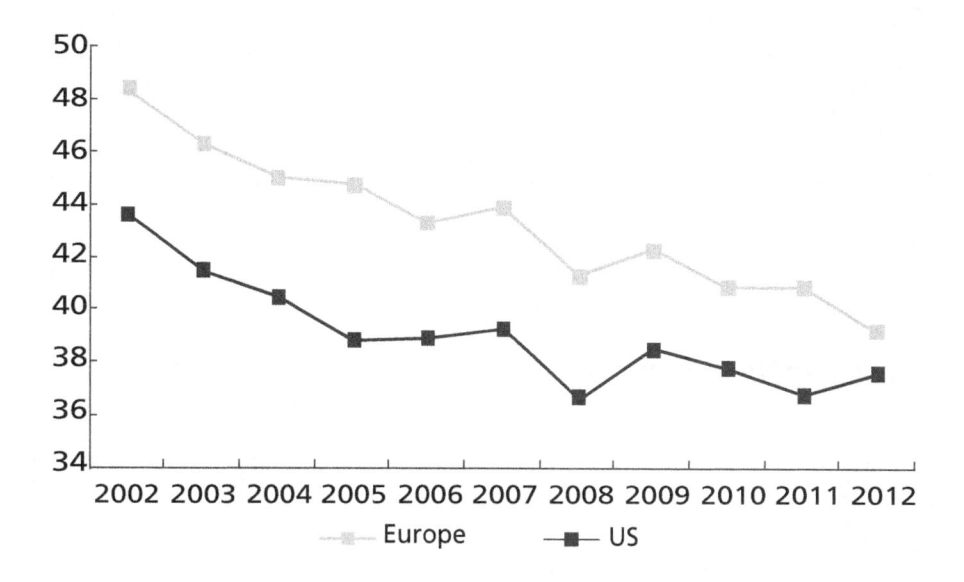

Mas, fora desta tendência secular, variações da necessidade de capital de giro (NCG) podem vir de sazonalidade, crescimento ou recessão, inflação, mudanças nos prazos de pagamentos, mudanças no processo de produção.

Para realizar sua atividade econômica, a empresa necessita fazer investimentos em imóveis, equipamentos e instalações (ativo não circulante), bem como alocar recursos para cobrir a necessidade de capital de giro (NCG). A NCG é um "mal necessário" à atividade ope-

---

[1] ERNST&YOUNG, "ALL TIED UP-WORKING CAPITAL MANAGEMENT REPORT 2013".

racional da companhia, pois exige a alocação de capitais onerosos em aplicações de baixa ou nenhuma rentabilidade.

Contudo, nem todos os recursos que formam a necessidade de capital de giro (NCG) são passíveis de gerenciamento, pois seus volumes são exclusivamente função do nível de atividade operacional e de políticas predefinidas. Uma das lições principais do modelo dinâmico é tratar a NCG como um recurso precioso alocado na empresa, um investimento que é necessário para a atividade, mas que em si não gera fluxo de caixa. Ou seja, gerenciar a NCG é fundamental para o sucesso de uma organização. No final das contas, a NCG aumenta por dois efeitos: vendas ou ciclo financeiro. O primeiro efeito é benéfico à empresa, enquanto o segundo, não.

- O **efeito ciclo financeiro** representa a variação da NCGt em função do ciclo financeiro.

- O **efeito receita** representa a variação da NCGt decorrente da variação no nível de atividade.

- O **efeito mix** representa a variação da NCGt motivada pelo reflexo combinado da variação da receita e do ciclo financeiro.

Se:

R_t = receita no instante t

CF_t = ciclo financeiro no instante t,

---

a figura a seguir mostra como uma alteração positiva na receita e no ciclo afetam a necessidade de capital de giro NCG da empresa.

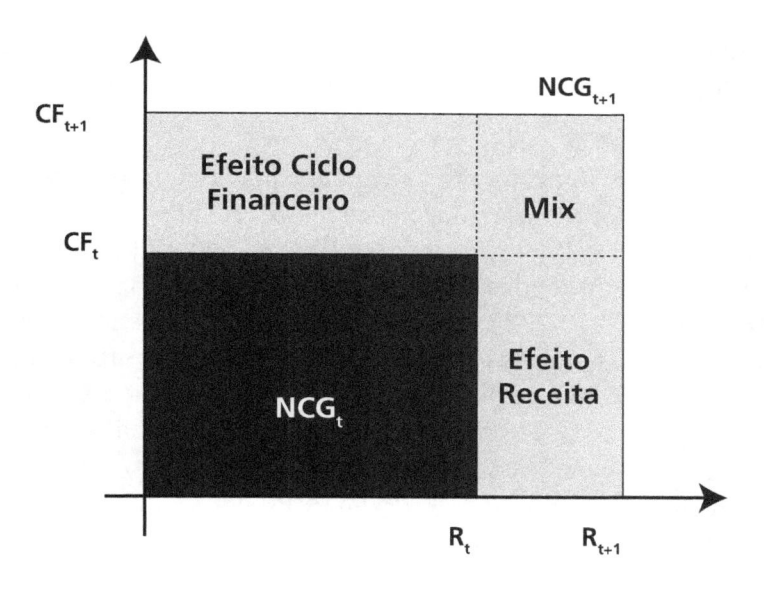

É importante observar que o efeito mix somente acontece caso o ciclo financeiro esteja se alterando. Caso isso não aconteça, a variação da necessidade de capital de giro (NCG) somente dependerá da variação da receita. Tanto a receita quanto o ciclo e, portanto a NCG, variam por:

1. SAZONALIDADE

Para negócios sazonais, compra de serviços e matéria-prima, produção e vendas não ocorrem regularmente durante o ano todo. Como resultado, a necessidade de capital de giro (NCG) também varia durante o ano, inchando-se em alguns meses, quando a produção aumenta, e contraindo-se, quando os consumidores pagam. Entretanto, até uma NCG sazonal não se enquadra num nível permanente de necessidade de capital de giro. Se a empresa publica demonstrações financeiras trimestrais, a necessidade de capital de giro permanente é a mais baixa dos balanços trimestrais.

2. O CRESCIMENTO DA EMPRESA TENDE A AUMENTAR A NCG

Esse aumento representa uma necessidade adicional que um plano de negócios deve levar em consideração. O ciclo financeiro mede o período de tempo pelo qual a empresa se privará de financiamento se ela aumentar seus investimentos como uma parte de sua estratégia de crescimento.

Por exemplo, imagine que as vendas anuais de uma organização aumentaram de R$100 milhões para R$140 milhões e o ciclo financeiro (C2C) é de 120 dias de vendas. Para R$100 milhões de vendas anuais, a média de vendas diárias é 273.972 e a NCG é igual a R$32,87 milhões (120 x 273.972). Para R$140 milhões em vendas anuais, a média de vendas diárias é 383.561 e NCG é igual a R$46,03 milhões (120 x 383.561). Em termos absolutos, a necessidade de capital de giro (NCG) aumenta de R$32 milhões para R$46 milhões, ou 40%, o mesmo percentual que o crescimento nas vendas. A empresa terá que financiar um aumento na NCG de R$14 milhões como resultado de crescimento de R$40 milhões nas vendas.

Um livro celebrado de finanças corporativas diz que: "Pode-se estar tentado a pensar que o capital de giro[2] não cresce tão rápido quanto as vendas porque alguns itens, como níveis mínimos de estoques, não são necessariamente proporcionais ao nível de volume do negócio. A experiência mostra que, entretanto, um crescimento geralmente causa um forte, às vezes mal controlado, aumento do capital de giro, pelo menos proporcional ao crescimento no volume de vendas da empresa."[3]

Na verdade, uma empresa em crescimento é geralmente confrontada com uma necessidade de capital de giro (NCG) que aumenta mais que as vendas, porque a gerência negligencia o controle do ciclo financeiro, concentrando-se apenas na estratégia e no aumento das vendas. Empresas com crescimento eficiente têm de reduzir os prazos oferecidos aos clientes, negociar com os fornecedores e aumentar seu período de crédito próprio, manter o nível correto de estoques por meio de administração de estoques *just-in-time*. Se a NCG cresce de forma não controlada, mais cedo ou mais tarde ela desencadeará sérias dificuldades financeiras e diminuirá a independência da empresa.

---

[2] Para nós, NCG.

[3] QUIRY, Pascal; LE FUR, Yann; SALVI, Antonio; DALLOCHIO, Maurizio; VERNIMMEN, Pierre. Corporate Finance: Theory and Practice. p. 220 (3RD ed. Wiley, 2011). Tradução nossa.

3. Recessão

Uma tendência crescente no prazo médio de estocagem (PME) pode significar demanda decrescente por produtos da empresa. Não é difícil entender que uma redução substancial das vendas em períodos de recessão econômica pode ameaçar seriamente a liquidez das companhias que apresentam uma estrutura financeira inadequada, forçando-as até mesmo a encerrar suas atividades. Em face de uma dramática redução nas receitas, a organização não ajusta sempre o nível de produção imediatamente. Como resultado, o número de dias que demora para a empresa converter seu estoque em vendas — ou em caixa ou em contas a receber —, aumenta.

De modo geral, uma redução substancial das vendas em período de recessão econômica aumenta o prazo do ciclo financeiro, a menos que as empresas consigam adaptar rapidamente o ritmo de sua produção aos novos níveis de vendas.

Inicialmente, quando as vendas caem, os estoques de produtos acabados aumentam, uma vez que a companhia não consegue vender seus produtos no mesmo ritmo que anteriormente. Em seguida, os estoques de produção em andamento também aumentam, visto que a empresa reduz gradualmente seu ritmo de produção para o adaptar aos novos níveis de vendas. Finalmente, quando a empresa consegue adaptar suas compras ao novo ritmo de produção, seus estoques de matérias-primas estão também elevados. Em suma, uma redução substancial das vendas aumenta o prazo médio de rotação dos estoques da empresa, isto é, o prazo de seu ciclo econômico.

Como resultado, cresce o número de dias que a empresa leva para converter seu estoque em vendas, caixa ou contas a receber.

Vamos supor que a venda diária da organização em nosso exemplo (com 120 dias de ciclo financeiro) cai de R\$383.561 para R\$306.849, uma queda de 20%. Para R\$140 milhões em vendas anuais, a venda média por dia foi de 383.561 e NCG é igual a R\$46,03 milhões (120 x 383.561). Por causa da queda repentina de demanda, a empresa não ajusta seu nível de produção e o prazo médio de estocagem (PME) aumenta em trinta dias. O ciclo financeiro aumenta de 120 para 150 dias de vendas, com vendas médias por dia de 306.849, NCG = R$46,03 milhões (150 x 306.849).

A necessidade de capital de giro (NCG) não diminui apesar da queda de 20% das vendas. Por causa dessa queda, o lucro operacional pode ser negativo.

No entanto, o impacto da recessão não para no prazo médio de estocagem (PME). Antes de constatar que as consequências de uma redução das vendas podem ser desastrosas, a empresa pode tentar atrair novos clientes, dilatando o prazo de créditos concedidos a eles, e aumentando, assim, o prazo médio de recebimento de suas contas a receber. Como consumidores começam a ter dificuldades financeiras e alongam seus pagamentos no tempo, o prazo médio de recebimento (PMR) aumenta. A empresa pode tentar garantir condições de pagamento mais favoráveis de seus fornecedores (PMP), mas eles podem não estar inclinados a conceder. Ao contrário, os fornecedores tentarão diminuir os prazos dos créditos concedidos à companhia, diminuindo, portanto, o prazo médio de pagamento de suas contas a pagar. O aumento do prazo do ciclo econômico, associado ao aumento do prazo médio de recebimento das contas a receber e à diminuição do prazo médio das contas a pagar, aumenta o prazo do ciclo financeiro da organização. Ao mesmo tempo em que cresce o prazo do ciclo financeiro, a redução substancial das vendas diminui também o autofinanciamento da empresa.

Assim, enquanto a NCG aumenta, o capital de giro diminui, reduzindo consequentemente o saldo de tesouraria (T). Se o T já for negativo antes da recessão, a empresa terá que recorrer a empréstimos a curto e/ou longo prazo e/ou aumentos de capital social (em dinheiro), para financiar os aumentos da NCG. Todavia, isto será impossível se os bancos se recusarem a conceder novos empréstimos, e a companhia não conseguir obter fundos externos para aumentar seu capital social.

Vamos supor que o PMR aumenta em 15 dias e que a NCG chega a 165 dias de vendas, isto é, NCG = R$50,63 milhões (165 x 306.849).

No começo da crise, a NCG aumentou em R$4,6 milhões e a situação de caixa da empresa se deteriorou.

Como a organização começou a reduzir a produção, ela diminuiu as compras e o estoque de matérias-primas. Ao limitar as compras, as contas a pagar também diminuem. Entretanto, o PME não volta a seu nível inicial. Bom gerenciamento dos estoques pode melhorar o desempenho da NCG, mas demorará algum tempo para o PME voltar aos níveis iniciais. É difícil encontrar um equilíbrio entre estoque mínimo e benefícios máximos a partir dos prazos de compras. Essas medidas, saudáveis no curto prazo, têm um efeito paradoxal de inflacionar a NCG por que certos itens se mantêm teimosamente altos enquanto as contas a pagar diminuem. Assegurar que as faturas e pagamentos estão no prazo é importante num cenário econômico incerto. Faz sentido conduzir revisões diárias dos relatórios de recebimentos, nesse caso.

4. INFLAÇÃO

Em períodos inflacionários, a NCG aumenta no tempo, mesmo se a empresa não aumenta suas vendas. Esse aumento da NCG é primordialmente devido ao aumento dos preços que, em prazos constantes de pagamento, eleva os custos de produção e recebíveis.

5. MUDANÇAS NOS PROCESSOS DE MANUFATURA

Impactos na NCG a partir de mudanças relacionadas, por exemplo, à diversificação em novos produtos, dependerão do ciclo de produção dos novos produtos. Por exemplo, imagine uma empresa com R$100 milhões em vendas do produto e a NCG representando 72 dias de vendas. Para R$100 milhões em vendas anuais, a venda média por dia é de 273.972 e NCG igual a R$19,72 milhões (72 x 273.972). Essa empresa adiciona um novo produto B a sua linha de produção e aumenta suas vendas em R$40 milhões com ele. O ciclo financeiro para B, porém, é de 6 meses e para R$40 milhões em vendas anuais de B (para 12 meses), temos um NCG de seis meses igual a R$20 milhões. Se considerarmos que a companhia não aumenta as vendas do produto inicial A, a NCG aumenta de aproximadamente R$19,72 milhões para R$40 milhões, ou 100%, muito mais que a percentagem de aumento nas vendas. Agora, imagine que as vendas do primeiro produto aumentem de R$100 milhões para R$140 milhões, ainda com um ciclo financeiro de 120 dias de vendas. A empresa terá de financiar um aumento em NCG de R$66 milhões (R$46 milhões do produto A e R$20 milhões do produto B).

6. Alteração da composição da base de clientes que conduz a uma mudança nas condições globais de pagamento

Vamos imaginar que nossa empresa no primeiro exemplo está começando a exportar para aumentar as vendas. Agora suponha os 40% de aumento nas vendas resultantes primariamente do crescimento nas exportações, para clientes para os quais foram concedidos prazos de conta aberta. Uma transação de conta aberta é uma venda em que os bens são enviados e entregues antes do prazo de pagamento, que é normalmente entre trinta e noventa dias. As vendas da empresa crescem de R$100 milhões a R$140 milhões, mas o ciclo financeiro aumentará do original de 120 dias de vendas, porque os recebíveis demorarão mais tempo para serem coletados. Usando os valores do mesmo exemplo, supomos que recebíveis representavam sessenta dias de vendas na média. Os recebíveis aumentam em trinta dias, para noventa dias de vendas na média. Como as vendas cresceram, a necessidade de capital de giro (NCG) elevou para 150 dias (120 + 30) de vendas, ou 40 x 150/365 = R$16,44 milhões, representando um aumento de 82% do volume inicial de R$20 milhões. Consequentemente, a companhia terá que financiar uma NCG adicional de R$16,44 milhões e será confrontada com um problema de financiamento muito maior que o da empresa no primeiro exemplo.

Aritmética do Ciclo

> **Equação (3) ciclo financeiro = PME + PMR - PMP**

Equação (3a) PME = estoques e trabalho em processo /{CMV/Dia}, onde CMV/Dia é calculado dividindo o custo total de bens vendidos por ano por 360 dias.

Equação (3b) PMR = Recebíveis / {Vendas Anuais/Dias}, onde Vendas Anuais/Dias é calculado dividindo o total de vendas por ano por 360 dias.

Equação (3c) PMP = Contas a pagar / {Compras Anuais/Dia}, onde Compras Anuais/Dia é calculado dividindo o total de compras por ano por 360 dias.

Podemos expressar o ciclo financeiro em dias de vendas, normalmente chamado no exterior de C2C *(cash to cash)*, como mencionamos.

$$C2C= PME \times \left\{ \frac{CMV}{vendas} \right\} + PMR - PMP \times \left\{ \frac{compras}{vendas} \right\}$$

Assim, para a Bernoulli:

	2011	2012	2013
Prazo Médio de Estocagem	14	12	19
Prazo Médio de Pagamento	-44	-60	-52
Prazo Médio de Recebimento	45	41	53
Ciclo Financeiro	15	-7	20

Podemos ver que o ciclo financeiro chega a se tornar negativo em 2012, mas aumenta em 2013, tornando-se maior que 2011.

O ciclo financeiro pode ser positivo ou negativo. Ele é positivo quando as saídas de caixa ocorrem antes das entradas de caixa, ou seja, quando o período de rotatividade média dos estoques aumentado pelo período médio de arrecadação de recebíveis excede o período médio de pagamentos das contas a pagar. Quando o ciclo financeiro é positivo, a operação da empresa cria uma necessidade para aplicação de fundos permanente, o que é evidenciado no balanço patrimonial por uma diferença positiva entre o valor dos ativos cíclicos circulantes e o valor dos passivos cíclicos circulantes.

Por que o Modelo Dinâmico? — Liberando R$1 Bilhão

Resultado de um projeto de EMBA da Fundação Dom Cabral com base no modelo dinâmico — um plano para liberar R$1 bilhão para uma das maiores incorporadoras imobiliárias do Brasil, a MRV. Poucas vezes um investimento — o tempo e os valores investidos num curso —, geraram um retorno potencial tão elevado. Isso mostra como as empresas, mesmo após mais de duas décadas de estabilidade, ainda têm espaço para melhorar sua gestão financeira. Mas, vamos ao caso da MRV.

A maioria dos empreendedores preocupa-se mais com as operações do que com as finanças da empresa. Isso é natural, pois a maioria dos empreendedores cria uma companhia para executar uma ideia, criar um negócio e fazê-la crescer. Mesmo grandes organizações muitas vezes mantêm o foco em produtos, serviços, mercados e expansão. Se olharmos o mercado imobiliário, isso fica bastante claro. As grandes empresas de incorporação residencial cresceram e mudaram muito nos últimos anos. Uma das principais mudanças estruturais foi a abertura de capital de algumas das maiores empresas do ramo, que buscaram o mercado de capitais para financiar o crescimento de suas operações.

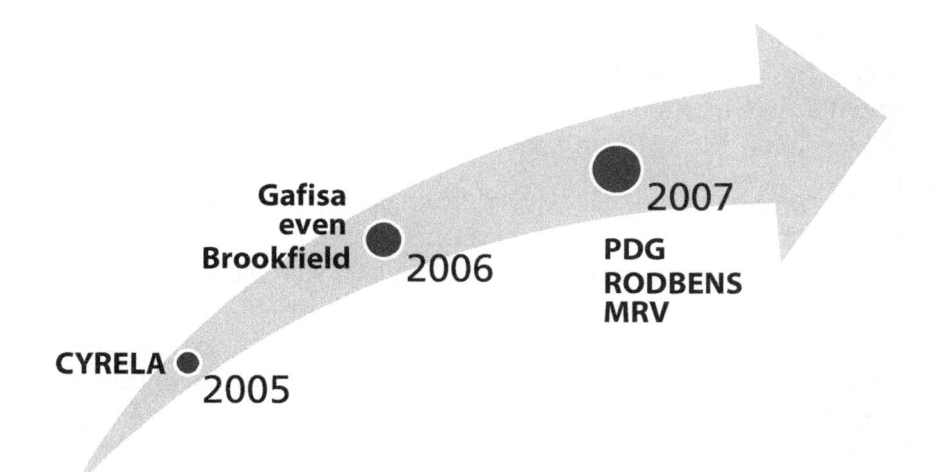

O período de 2005 e 2007 viu sete empresas abrindo seu capital. Em 2005 a Cyrela o fez, e foi seguida por Gafisa, Even e Brookfield em 2006, e PDG, Rodobens e MRV em 2007. Era um período de mudanças, no qual programas de residência para baixa renda estavam começando, e o mercado imobiliário residencial brasileiro estava iniciando um processo de forte crescimento. As empresas se lançaram nesse ambiente novo e tinham como principal métrica algo que ficou conhecido como "land bank" ou banco de terras. O que importava era conseguir acesso a locais para construções e incorporações futuras. As empresas depois descobriram que acabaram adquirindo terrenos ruins, nos quais a legislação não permitia a incorporação de imóveis e que tornariam a área inviável financeiramente, entre outros problemas. Como a competição era por adquirir terrenos, as companhias acabaram descobrindo, depois de um tempo, que suas finanças ficaram fragilizadas, pois não conseguiam transformar os terrenos em caixa de forma eficiente. Por isso, a métrica de funcionamento mudou, e as empresas passaram a se preocupar com o valor geral de venda (VGV), cuja definição é bem simples: é o valor potencial total das vendas de todas as unidades de um empreendimento em construção. Essa métrica dava às companhias uma ideia da receita operacional futura. Contudo, as empresas descobriram que continuavam fragilizadas, pois essa métrica não levava em conta a rentabilidade de uma incorporação ou o prazo para que a organização começasse a realmente receber os valores de suas vendas. O negócio de incorporação imobiliária tem um ciclo muito longo, desde a legalização do terreno até o primeiro recebimento podem se passar anos.

Após ver que a mudança de métrica não gerava resultados completamente satisfatórios, as empresas evoluíram para uma nova métrica, a preocupação com a margem operacional. Ou seja, passaram a se preocupar também com os custos totais para construção e não somente olhavam o lado da receita. Ainda assim, as companhias continuavam apertadas em relação a suas posições de caixa. A métrica mudou para geração de caixa e as empresas começaram, então, a melhorar seus resultados. Mas a mudança de métrica é difícil de ser aplicada em organizações de grande porte, pois a maior parte dos processos de gestão continuam operando da mesma forma que no passado.

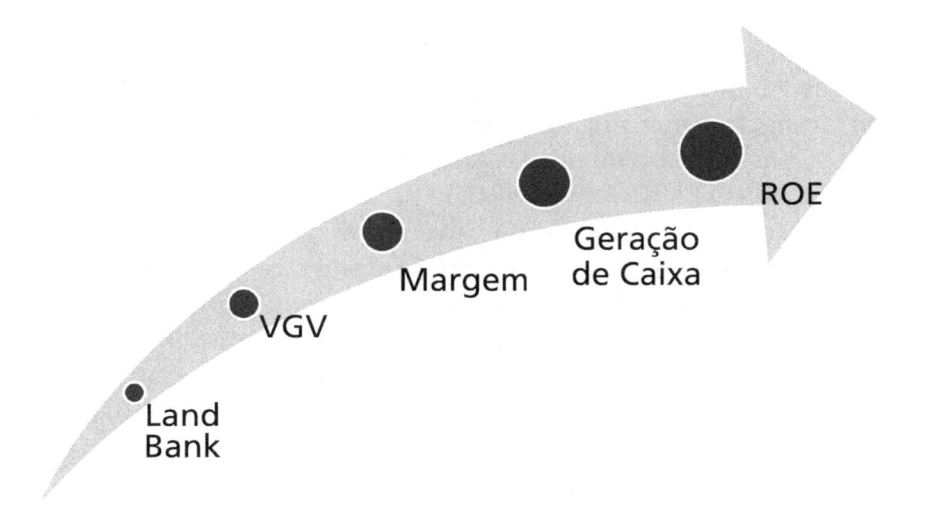

As empresas do setor estão agora mais preocupadas com o retorno sobre patrimônio líquido, especialmente depois de resultados ruins no período de 2010 a 2012. É nesse contexto que o projeto final do EMBA da Fundação Dom Cabral, orientado por um dos autores desse livro, foi construído. A ideia central era de que a empresa MRV tem, como todas as empresas do setor, um alto ciclo financeiro e, portanto, deve deixar alocadas elevadas quantias em necessidade de capital de giro.

O trabalho tinha cinco etapas: análise do ciclo financeiro da empresa e comparação com as organizações do setor; simulação de ganhos hipotéticos; análise dos fatores críticos na redução do ciclo financeiro; e ações propostas para essa redução.

O ciclo produtivo da empresa é bastante longo, chegando a cinco anos. Isso envolve desde a compra e legalização dos terrenos até a finalização da construção.

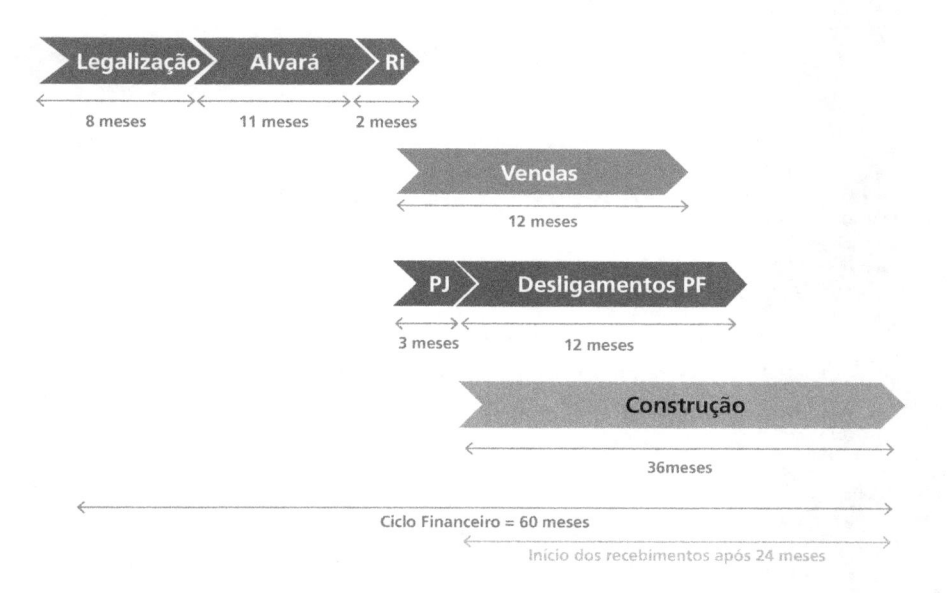

O ciclo de recebimentos está ligado a esse processo.

Pessoa Jurídica
- Construtora contrata financiamento para construção
- Situação empreendimento precisa estar regular

Venda
- Cliente adquire unidade
- Venda não representa entrada de recursos

Pessoa Física
- Cliente contrata financiamento na planta
- Ainda não representa entrada de recursos

Medição
- Banco afere % de obra executado

Registro
- Contrato de financiamento PF é registrado e entregue à instituição financeira

Recebimento
- Banco libera para a construtora o % medido sobre o valor do contrato

Desde o financiamento para construção até o recebimento pela medição passam-se anos. É esse ciclo longo que estrangula o caixa das empresas do setor, potencialmente.

O caso da MRV é interessante, porque o ciclo da companhia aumentou no período de 2010 a 2012.

Discriminação	31/12/2010	31/12/2011	31/12/2012
Ativo Circulante	4.585.296	5.998.840	6.912.961
Cíclicos — ACci	5.268.824	7.560.676	8.860.317
Erráticos — ACe	1.166.964	1.117.443	1.522.862
Passivo Circulante	1.822.378	2.648.575	3+645.906
Cíclicos — PCci	1.126.023	1.935.562	2.516.420
Erráticos — PCe	696.355	713.013	1.129.486
Necessidade de Capítal de Giro — NCG	4.142.801	5.625.114	6.343.897
Saldo de tesouraria — T	470.609	404.430	393.376
Capital de Giro — CDG	2.762.918	3.350.265	3.267.055
Prazo Médio de Recebimento	389	419	440
Prazo Médio de Estocagem	227	244	280
Prazo Médio de Pagamento	134	174	212
Ciclo Financeiro	191	501	535
Custo / ROL	67,66%	68,93%	72,07%
Lucro Operacional / ROL	22,17%	22,24%	15,04%
Lucro Líquido / ROL	22,35%	20,33%	13,48%

Embora o prazo médio de pagamento tenha aumentado, de 134 para 212 dias de 2010 para 2012, o aumento dos prazos de recebimento e estocagem foram maiores, levando o ciclo financeiro da empresa de 494 dias em 2010 para 535 dias em 2012. Isso representou um aumento da necessidade de capital de giro (NCG) da MRV de pouco mais de R$4 bilhões em 2010 para R$6,3 bilhões em 2012, fruto do aumento da receita e do ciclo financeiro.

A comparação com as empresas do setor revela que a MRV tem o melhor prazo médio de pagamento (PMP), mas prazo médio de recebimento (PMR) e prazo médio de estocagem (PME) acima da média do mercado.

Discriminação	MRV	Cyrela	Gafisa	Brookfield	PDG	Rodobens	EVEN	EZ TEC
Ativo Circulante								
Cíclicos — ACCi	8.860.317	10.620.000	6.844.143	7.967.541	13.006.075	1.126.573	3.186.312	1.888.462
Errática — ACe	1.522.962	1.733.000	1.681.288	1.102.121	204.583	417.740	471.740	174.747
Passivo Circulante								
Cíclicos — PCci	2.516.420	3.205.000	1.559.374	1.824.852	2.300.650	401.871	395.215.	186.093
Errática — PCe	1.129.486	1.085.000	1.320.216	1.400.221	2.157.612.	150.742	369.821	134.228
Necessida de Capital de Giro — NCG	6.343.897	7.415.000	5.284.769	6.142.689	10.705.425	724.702	2.791.097	1.702.369
Saldo de tesouraria — T	393.376	648.000	361.072	-298.100	-405.451	266.325	101.919	32.241
Capital de Giro — CDG	6.737.273	8.063.000	5.645.841	5.844.589	10.299.974	991.027	2.893.016	1.734.610
Prazo Médio de Recebimento	440	386	354	485	644	386	339	506
Prazo Médio de Estocagem	280	251	240	359	382	157	177	329
Prazo Médio de Pagamento	212	198	142	202	190	181	66	88
Ciclo Financeiro	535	457	481	680	884	327	465	767
Custo / ROL	72%	69%	71%	90%	119%	69%	72%	48%
Lucro Opreacional / ROL	15%	16%	4%	-5%	-42%	16%	15%	39%
Lucro Líquido / ROL	13%	13%	-2%	-12%	-50%	11%	13%	42%

O resultado é que o ciclo financeiro da companhia estava acima da média do mercado e bem distante da empresa com menor ciclo, a Rodobens, com ciclo de 327 dias.

A simulação de ganhos potenciais envolveu dois cenários, um no qual a MRV conseguiria reduzir seu ciclo para um parecido com o da Rodobens e o segundo, mais realista, no qual a empresa não mexeria no prazo médio de pagamento e levaria o prazo médio de recebimento e estocagem para a média do mercado.

No primeiro caso, isso significaria a redução dos prazos médios de recebimento e de estocagem para os da Rodobens — 351 e 157 dias, respectivamente.

Discriminação das Contas	MRV	MRV Cenário 1
ATIVO	11.108.742	11.108.742
Circulante	**10.383.179**	**10.383.179**
Caixa e Aplicações	1.522.862	1.522.862
Ganho de Caixa por ajustes da NCG	0	2.633.638
Contas a Receber	5.215.937	4.013.985
Imóveis a Comercializar	3.322.486	1.860.799
Outros Créditos	321.891	321.891
Não Circulante	**725.563**	**725.563**
Outros Créditos	585.445	585.445
Imobilizado + Intangível	140.118	140.118

O resultado é que a empresa conseguiria ter ganhos por ajuste na necessidade de capital de giro (NCG) de R$2,6 bilhões. No entanto, esse valor é demasiado otimista, pois significaria rearranjar todas as operações da MRV de uma forma que provavelmente não funcionaria, e resultaria em perdas operacionais. Por isso, o segundo cenário, no qual a redução dos prazos médios de recebimento e de estocagem seria para média do valor das empresas analisadas — 413 e 239 dias, respectivamente.

Discriminação das Contas	MRV	MRV Cenário 2
ATIVO	11.108.742	11.108.742
Circulante	10.383.179	10.383.179
Caixa e Aplicações	1.522.862	1.522.862
Ganho de Caixa por ajustes da NCG	**0**	**942.777**
Contas a Receber	5.215.937	4.763.572
Imóveis a Comercializar	3.322.486	2.832.074
Outros Créditos	321.891	321.891
Não Circulante	725.563	725.563
Outros Créditos	585.445	585.445
Imobilizado + Intangível	140.118	140.118

Nesse caso, os ganhos potenciais seriam de R$942 milhões, ou perto de R$1 bilhão de reais. Pouquíssimos projetos de EMBA têm como resultado potencial ganhos dessa magnitude.

Para realizar esses ganhos, o executivo analisou como fatores críticos para redução do ciclo financeiro:

- Tempo médio de legalização do terreno

- Tempo Médio para obtenção do alvará de construção

- Tempo médio para o registro da incorporação

- Tempo médio de comercialização

- Tempo médio de contratação do financiamento da obra (PJ)

- Tempo médio de desligamento dos clientes junto à instituição financeira (PF)

- Tempo médio de construção

E propôs as seguintes ações.

COMPRA DE TERRENO

- Verificação antecipada de todas as variáveis que impactam no ciclo do projeto da compra do terreno à contratação do financiamento.

- Consulta formal às concessionárias de água e esgoto sobre a existência de possíveis redes subterrâneas passando pelo subsolo do terreno a ser comprado.

- Reestruturação do departamento de desenvolvimento imobiliário criando a figura do comprador de terreno, que também aprova o projeto e é responsável pela montagem e aprovação da pasta de financiamento da obra, com apenas uma pessoa sendo responsável por todo o processo.

LEGALIZAÇÃO

- Reestruturação do departamento de arquitetura e engenharia, de forma que o projeto seja analisado por apenas uma pessoa da engenharia e uma pessoa da arquitetura, dando treinamento para que todos sejam capazes de analisar o projeto completo.

- Implantação do processo de desenvolvimento de projeto em que os cortes e fachadas sejam desenhados apenas quando 100% da implantação estiver aprovada e liberada, já com definição dos níveis e de todos os equipamentos que irão compor o condomínio.

CONTRATAÇÃO DO FINANCIAMENTO

- Inclusão da meta de contratação de financiamento da construção nas metas de todos os compradores de terrenos.

- Garantia do protocolo antecipado de uma "pré-análise" junto aos bancos logo após protocolo da primeira versão do projeto nas prefeituras.

Repasse dos clientes

- Implementação projeto SAC na Venda.

Recebimento

- Contratação de terceirizados especializados em cada cartório, atrelando os valores a serem pagos por contrato registrado ao prazo de registro de cada um dos contratos, tanto de pessoas físicas quanto os do financiamento da construção.

- Conferência prévia das minutas para evitar o protocolo com erros que poderiam ser corrigidos antecipadamente.

- Validação junto ao cartório competente, anteriormente ao início dos desligamentos, da minuta padrão do banco.

Esse trabalho mostra o modelo dinâmico em ação: a relação entre as operações e o setor financeiro da empresa e os potenciais ganhos ao se usar o modelo dinâmico como base na tomada de decisão. E esse é um caso simples, pois não relacionou esses ganhos ao retorno para acionistas, mudanças de fluxo de caixa, entre outros.

CAPÍTULO 12

PRECISANDO DE DINHEIRO? BUSQUE DENTRO DA EMPRESA

Uma das principais aplicações do modelo dinâmico é liberar caixa por meio da gestão da necessidade de capital de giro (NCG). Muitas vezes não existe uma percepção, dentro da empresa, de que a gestão financeira esteja integrada à gestão operacional. O modelo dinâmico mostra que essa relação é direta. A gestão do ciclo financeiro, pela gestão de estoques e prazos de recebimento e pagamento, é de responsabilidade dos gestores operacionais da organização. Embora o efeito de um aumento do prazo médio de estocagem seja sentido pelo financeiro da companhia por meio de um aumento da NCG, é a gestão operacional que determina variáveis relevantes como nível de estoque mínimo, políticas de *just in time*, negociações de lotes mínimos de compra etc.

Para fazer isso, o ideal é reduzir o balanço patrimonial. A visão moderna de finanças é contra intuitiva a nosso modelo patrimonialista. Enquanto no Brasil existe uma preocupação exacerbada com acúmulo de patrimônio, uma empresa é tão mais lucrativa quanto maiores os fluxos gerados em cima da menor base de ativos que ela conseguir.

GERENCIAR A NCG

Uma abordagem que descobrimos ser útil é: primeiro ajude os gestores a compreenderem profundamente porque as coisas estão como estão. Para fazer isso, os gestores devem ativamente procurar por partes da NCG que estão mal gerenciadas. Como sempre, o problema está nos detalhes. A técnica a seguir pode ajudar.

O princípio é analisar os negócios "contra o fluxo", que fornecem *outputs* para os clientes — em outras palavras, começar por entender as questões maiores no final do negócio (*i.e.* os recebíveis) e, então, descobrir os problemas possíveis ao longo do processo. Isso mostrará os principais determinantes da NCG pelos quais as melhorias podem ser identificadas. Cada passo a frente pode ser comparado com os determinantes da NCG, o que fornece uma indicação das ações prioritárias a serem tomadas. Os aspectos da mudança de formas de gestão podem se tornar um estresse a mais para uma organização já sob pressão, portanto, é importante acertar na utilização correta dos agentes de mudança.

Com um bom plano, o estado inicial "inerte" dos negócios transforma-se em "ação", e seu progresso é monitorado por relatórios baseados nos *drivers* da NCG. Quando o conselho de administração da empresa estiver confiante de que o plano fornecerá a tão necessária otimização da NCG, então, e só então, os administradores poderão começar a procurar por meios eficazes de produzir relatórios.

A chave é desenvolver medidas para os determinantes da NCG que tenham significado para os gestores do negócio, e que possam trazer melhorias diretas e positivas para a NCG nas suas próprias áreas. Por exemplo:

- Uma companhia de projetos de construção pode produzir gráficos de pagamentos para permitir que os gestores de projeto monitorem os custos reais e os pagamentos recebidos contra os contratos.

- Uma companhia de serviços que recebe encomendas de milhares de clientes pode se beneficiar com relatórios de pagamentos em dinheiro ou em cartão.

- Uma companhia de vendas a varejo pode se beneficiar registrando o número de produtos mandados de volta por fornecedores ou por lojas, como uma forma de medir tanto as pendências de pagamento quanto a redução de vendas.

- Uma companhia manufatureira pode utilizar o sistema de notas de crédito para identificar problemas com clientes ou fornecedores específicos, se houver problemas de controle de qualidade ou de prazos.

- Supermercados podem observar as políticas de devolução dos clientes e até dos gerentes de loja e fornecedores para identificar por que ocorre desperdício de dinheiro.

Em todos os cenários descritos fica relativamente evidente que cada um deles é atrapalhado por diferentes tarefas "diversivas" — aquelas que não agregam valor ao negócio e "desviam" os gerentes e a equipe daquilo que realmente importa e agrega valor. É nesse ponto que os determinantes da NCG desempenham um papel vital ao assegurar que, no final, apenas os reais custos da linha de produção, dos clientes, fornecedores, lojas, ou sejam quais forem os medidores apropriados, sejam "incentivados" pela organização de forma visível e significativa, usando os medidores daqueles que podem influenciá-los.

Uma medida óbvia é comprimir a gestão das contas a pagar e a receber: medidas simples, tais como termos de pagamento e o envio antecipado de faturas, podem frequentemente adicionar de dois até quatro dias no ciclo de vendas para recebimento — o equivalente a R$100 milhões ou até R$200 milhões para um fabricante de bens de consumo com R$20 bilhões em vendas.

Uma das formas de aumentar a rentabilidade da empresa é reduzir ao máximo o ciclo financeiro, de forma compatível com o modelo de negócios da companhia. Organizações de serviços que consigam melhorar o prazo médio de recebimento ao obter adiantamentos constantes; empresas industriais que exerçam seu poder de mercado para ampliar os prazos de pagamentos; e empresas de varejo que melhorem a gestão de estoques — todas elas terão como resultado alocação de recursos de necessidade de capital de giro (NCG) mais eficientes e, portanto, conseguirão liberar caixa e ficar mais rentáveis. Com a menor base de ativo econômico, essas companhias geram mais valor para os acionistas.

A Ernst & Young, que publica um relatório de gerenciamento de necessidade de capital de giro todo ano, destacou em 2013 que "as duas mil empresas líderes norte-americanas e europeias ainda têm até US$1,3 trilhão de caixa, sem necessidade (*i.e.* embutido na NCG deles). Esse montante é equivalente a aproximadamente 7%

de suas vendas combinadas. Em outras palavras, para cada US$1 bilhão em vendas, a oportunidade para melhoria da NCG é, em média, US$70 milhões"[1].

Em 2012, empresas norte-americanas continuaram a exibir níveis muito mais baixos de NCG comparados com empresas europeias. No geral, o ciclo financeiro (C2C) para empresas nos EUA em 2012 era de dois dias, ou 5% abaixo do que na Europa. Além disso, "pequenas e médias empresas em quase dois terços dos setores têm maiores C2C que empresas grandes. Em 2012, o diferencial médio de C2C num nível setorial entre PME e grandes empresas era de oito dias (uso da média, nesse caso, é uma medida mais apropriada dada a distribuição desigual de empresas por setor)".

Empresas têm diferentes oportunidades para melhoria em diversas áreas da NCG. Elas podem focar nas ações de curto prazo; apertar o controle sobre C2C; ou empreender mudanças operacionais substanciais.

Ao focar nas ações de curto prazo, as empresas evitam, em geral, encarar o problema. Por exemplo, reduzindo a NCG por meio de *factoring*, securitização ou desconto na fatura, na verdade não se diminui a NCG, simplesmente se financia parte de sua dívida de curto prazo. Essas empresas, buscando mudanças mais substanciais, terão de abordar uma ampla gama de novas questões operacionais e de mercado.

Mas, o que podemos gerenciar da NCG? Já vimos anteriormente que nem tudo é passível de ser gerenciado. Aqui, estamos preocupados com a relação entre os setores financeiros e operacionais. A figura seguinte mostra como os setores operacionais da empresa influenciam diretamente a NCG da organização.

---

[1] Ernst & Young, Working Capital Management Report 2012, p.3. Isto foi calculado pela comparação do desempenho de 2012 para cada um dos componentes da NCG com média (estimativa baixa) e o quartil superior (estimativa alta) para cada indústria.

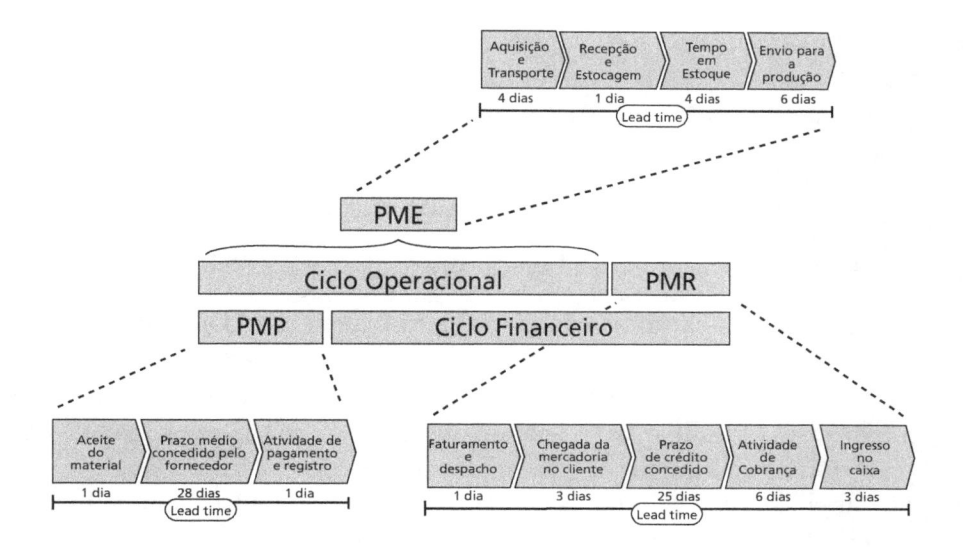

Nesse exemplo o prazo médio de estocagem (PME) é de 15 dias, o prazo médio de pagamento (PMP) de trinta dias e o prazo médio de recebimento (PMR) 38. Isso significa que o ciclo financeiro da empresa seria de 23 dias. A companhia tem diversas opções sobre como deveria concentrar seus esforços. O que importa é que uma análise criteriosa das operações da empresa pode gerar não somente eficiência operacional, mas também liberar caixa alocado de maneira ineficiente como NCG. No caso da figura anterior, seria possível reduzir o prazo de crédito concedido? Talvez agilizar a atividade de cobrança? Ou diminuir o prazo de envio para produção? Tudo depende do modelo de negócios da empresa e em qual setor uma análise vai mostrar que há possibilidades de melhoria.

Nem todos os componentes da NCG são gerenciáveis, mas é inegável que no Brasil poucas empresas pequenas e médias gerenciam de forma eficiente sua NCG. Isso porque a maioria das organizações nem mesmo a calcula e, portanto, não tem como gerenciar o que não é medido. O que podemos concluir desse capítulo então?

- Os setores operacionais e financeiros conversam entre si por meio do ciclo financeiro.

- Gerenciar a NCG, no exemplo da Bernoulli, poderia liberar mais de R$3 milhões em 2013 se fossem mantidos o PMP, o PMR e o PME de 2012.

- Não é possível encolher o ciclo financeiro além de um limite dado pelo modelo de negócios da empresa.

- A empresa deve estabelecer metas para PMP, PMR e PME.

Se a administração do ciclo financeiro e da necessidade de capital de giro (NGC) é tão importante, porque as empresas não as fazem geralmente como parte de suas rotinas diárias? Há muitas razões para explicar isso, desde a falta de treinamento até a fixação por medidas tradicionais de liquidez. A principal culpada, entretanto, é a noção de que apenas crescimento nas vendas importa. Enquanto a companhia apresentar crescimento nas vendas, ela sempre estará saudável. Isso, claro, não é verdade. Ciclos de negócios são impiedosos, e empresas não podem aumentar suas vendas para sempre. Gerenciar sua NCG bem significa, no fim, que a organização economizará um precioso dinheiro de operações. A maioria dos modelos de negócios requer NCG positiva, que é a natureza do ciclo financeiro — empresas primeiro pagam por insumos para depois receber dinheiro da venda de bens e serviços. Como a equipe gerencial se compromete a administrar o fluxo de caixa por meio da NCG?

- Definindo um patrocinador sênior para liderar a condução de todo o processo ligado à gestão da NCG;

- criando uma equipe transversal / interfuncional (*cross-functional team*) formada por pessoas com mandato para gerir a NCG;

- divulgando o conceito de NCG por toda a organização, conscientizando as pessoas-chave sobre a importância de seus papéis na estratégia da NCG;

- criando métricas que expliquem as causas das alterações da NCG, servindo de base para sua gestão;

- criando metas para as métricas, respeitando a dinâmica do ciclo financeiro da empresa. Uma empresa de médio porte simplesmente escolheu alguns gerentes financeiros e ligou seus bônus ao encurtamento do ciclo financeiro de 33 para 26 dias em um ano. Depois disso, parte de seus bônus era ligado à manutenção do ciclo financeiro perto desse número em um futuro previsível;

- monitorando o cumprimento de políticas e práticas que assegurem o alcance das metas de ciclo financeiro.

Apertar o controle do ciclo financeiro (C2C) deveria ser como pintar a Torre Eiffel: um processo contínuo. O começo é embaixo e se segue até o topo, recomeçando após pintar o final da torre. A empresa deveria tentar continuamente melhorar a cobrança e a coleta de caixa, e administrar os prazos de pagamento de consumidores mais efetivamente. A companhia deveria regularmente melhorar as operações de compras e processos de contas a pagar, alongando prazos com os principais fornecedores.

Uma firma pode considerar, por exemplo, colaborar com os clientes e fornecedores no "extended enterprise" (o conceito que a empresa não opera em isolamento, porque seu sucesso depende de sua rede de relacionamento com parceiros). "Financiamento por *venture capital* tem mudado para investimentos em estágios posteriores na última década, em parte porque o mercado por IPO diminuiu. Enquanto isso, é tão difícil para pequenos negócios como para grandes conseguir, pelo menos, o que precisam em financiamentos tradicionais. Financiamentos de fornecedores é uma área em que as grandes empresas podem ajudar os empreendedores. Ao pagar alguns contratos antes de seus prazos, uma grande empresa pode diminuir um pequeno custo de capital de giro do fornecedor. Isso deveria ser considerado como um programa de apoio de curto prazo, não necessariamente um comprometimento de longo prazo, em todos os sentidos. Não é necessariamente uma mudança nos prazos para toda a empresa, mas seletivamente direcionada àqueles que precisam de apoio de financiamento de curto prazo, por ser uma forma fácil de ajudar, especialmente se não muda materialmente o capital de giro de uma grande empresa"[2].

Racionalizar as cadeias de suprimentos, reduzindo a base de fornecedores, para conseguir uma maior influência nas negociações, melhorando o transporte e reduzindo custos de logística, pode ser uma revolução para muitas empresas. O mesmo se aplica se a companhia decide indexar a remuneração variável de representantes de vendas não aos pedidos realizados, mas aos pagamentos reais ou às margens. Finalmente, decisões como a reorganização de cadeias de produção para reduzir estoques, ou *outsourcing* e *offshoring* de operações de manufatura supõem que a empresa está comprometida em mais mudanças estruturais. Todas essas decisões têm impacto sobre o ciclo financeiro e, portanto, podem liberar ou sugar caixa da organização.

Administrando PMR (Prazo Médio de Recebimento)

O período de recebimento de contas a receber resulta da decisão da empresa e do comportamento dos clientes. A companhia decide os prazos de pagamentos dos clientes, mas o comportamento desses pode impor pagamentos atrasados e eventuais não recebimentos.

Os períodos de pagamento formam parte dos prazos de contrato comercial e a cultura é diferente em cada país. Tente montar um negócio no Brasil, onde períodos de pagamentos contratuais são de mais de trinta dias e com média de atraso de 15 dias, pedindo para ser pago em trinta dias como na Escandinávia! Prazos de pagamentos variam muito entre regiões e países. Prazos de pagamentos, por exemplo, são maiores na Ásia, Europa e América Latina do que são nos EUA. Prazos de pagamentos também variam entre setores: o de obras públicas é estruturado sobre o adiantamento dos clientes, o que mais ou menos cobre os custos da obra. O setor de saneamento básico em alguns

---

[2] HORN, John; PLEASANCE, Darren. "Restarting the US Small-business Growth Engine". In: MCKINSEY&CO, Nov., 2012.

países apresenta produtos pré-pagos, enquanto no Brasil os clientes pagam em média 45 dias depois da medição.

Empresas podem oferecer prazos e condições excepcionais de pagamento para alguns clientes. Elas não devem fazer isso sem compensação, por exemplo, em troca o cliente paga um preço maior ou compra um volume maior. O oposto pode ocorrer também: uma organização pode dar descontos para que um consumidor pague mais rápido. Nos EUA, é padrão oferecer aos clientes a opção de pagar em trinta dias ou pagar em dez dias e ter um desconto de 2%. Como o rendimento até o vencimento desta oferta comercial é quase 40%, poucos compradores são capazes de resistir à tentação! Aqueles que resistem sinalizam uma situação financeira lamentável, o que pode alarmar os fornecedores.

Empresas deveriam faturar o mais rápido possível depois de finalizar o trabalho, de preferência em uma semana. Quanto menor o atraso na emissão da fatura, menor a espera para ser pago.

O nível de atrasos nos pagamentos e omissões depende de políticas de gerenciamento de crédito efetivas e procedimentos de execuções legais. Quando um cliente "esquece" de pagar no prazo ele torna o fornecedor seu banqueiro compulsório. Há sempre o risco de o cliente pagar atrasado, pagar parcialmente ou não pagar porque ele foi à falência, o que pode, por sua vez, criar problemas para empresa e gerar uma série de falências, num efeito dominó.

Para evitar este risco, companhias deveriam gerenciar seu prazo médio de recebimento (PMR) por meio de uma segmentação dos clientes. O processo começa pela análise das contas de cada cliente com a empresa, para dividir os consumidores de acordo com sua importância e seu risco a partir do histórico de vendas e risco. Após segmentá-los, a segunda fase consiste em adaptar processos de cobrança para cada tipo de cliente. A análise identifica consumidores que sistematicamente atrasam pagamentos ou que regularmente aparecem com táticas para procrastinar o pagamento. A empresa vai pedir a estes clientes difíceis que provenham uma garantia bancária para honrar seus pagamentos.

A política de gerenciamento de crédito efetiva para clientes responsáveis por muitas faturas em aberto ou potencial risco de recebimento consiste em:

- Contatar por telefone os clientes de 15 a 30 dias antes das faturas vencerem, a fim de os lembrar do vencimento. Lembretes de vencimentos também dão a oportunidade de checar se todas as faturas enviadas para um cliente em particular chegaram ao prazo, e assegurar que a fatura apresenta o endereço correto e que a quantidade faturada é idêntica à solicitada. De acordo com Robert McDonald, o presidente e CEO da Procter & Gamble em 2011, "a associação industrial GS1 fez um estudo alguns anos atrás e encontrou que 70% dos pedidos entre varejistas e fornecedores tinham algum erro 3". Uma pesquisa publicada em 2010[4] mostrou que erros no faturamento e entre departamentos resultaram em fornecedores sem receber em mais de um terço (35%) dos setores de pagamento das grandes empresas analisadas. Quase um quarto das organizações (24%) também revelou que suas faturas não tinham sido pagas por seus clientes por causa desses erros. Talvez ainda mais desconcertante é o fato de que 26% dos setores de pagamentos das companhias analisadas tenham pago o fornecedor errado ao processar uma fatura. Isso mostra como os setores de pagamento das empresas ainda estão distantes da visão de setores automatizados e eficientes. Cada setor de pagamento analisado nessa pesquisa processava, em média, 93 mil faturas por ano, com uma média de prazo de processamento de 18 dias. Em média, 7% das faturas continham erros, o que significava mais de seis mil faturas com erros por empresa por ano.

- Enviar lembretes educados no máximo 15 dias após a fatura ter vencido, seguidos por um segundo lembrete 15 dias depois

[3] QUARTERLY, McKinsey. "Inside P&G's Digital Revolution".In: MCKINSEY&COMPANY, Nov., 2011. Disponível em <http://www.mckinsey.com/insights/consumer_and_retail/inside_p_and_ampgs_digital_revolution>. Acesso em 15 set 2014.

[4] LEES, M. "A New World for Accounts Payable — But is it Lost in Transaction?". In: BASWARE, 24 ago. 2010.

disso e um lembrete final 15 dias depois do segundo, antes de tomar qualquer providência legal ou entregar a dívida para uma agência de cobrança. Quanto mais rápido você tiver um registro de lembretes, mas rápido você poderá tomar providências mais drásticas, se necessário.

- Estabelecer um limite máximo de crédito para cada grande cliente. Limites de crédito permitem a empresa a limitar o montante que ela pode perder para cada consumidor. De acordo com Vernimmen, "na realidade, dois limites de créditos são geralmente postos em prática, com o mais baixo alertando quando o limite é quebrado, levando a uma investigação sobre a solvência do cliente. Se o segundo limite é quebrado, então pedidos deste cliente não serão mais aceitos, a menos que ele concorde em pagar no recebimento e faça uso da cláusula de reserva de propriedade, enquanto não quitar a sua dívida comercial".[5]

Para clientes muito importantes, a empresa tenta entender seu processo de pagamento e saber para quem ligar e quando um "bloqueio" particular estiver causando atrasos. Por exemplo: clientes que têm um sistema interno longo e complicado para pagamento de faturas, ou clientes com múltiplos lugares de entrega para pagamentos que são centralizados e pagos em lotes (faturas aprovadas para pagamento recebidas depois do fim do mês são pagas no 10º dia do próximo mês etc.). Juntos, a empresa e o cliente podem criar hábitos de pagamentos.

Depois de investigarem seus clientes, a maioria das empresas estende algum tipo de crédito a eles. Frequentemente, sua única contribuição consiste em explicar seus termos comerciais aos consumidores, no início do relacionamento. Entretanto, algumas não têm capacidade de se desenvolverem e precisam da ajuda do fornecedor. A Danone, concorrente da Nestlé, criou a Grameen Danone Foods em Bangladesh, para fabricar e vender iogurte fortificado e de baixo custo. Assim, ajuda a resolver as necessidades nutricionais das famílias pobres. A distribuição é feita por meio de pequenas lojas (que geral-

---

[5] Op. cit.

mente recebem do fornecedor uma geladeira ou uma caixa térmica) e das "senhoras Grameen Danone", microempreendedoras treinadas e assistidas pelo pessoal da empresa. Elas recebem crédito para um dia de vendas, reembolsam os custos dos copinhos por suas vendas e ficam com uma margem para cada copinho vendido. No Brasil, a Microsoft oferece o FlexGo, um programa de miniarrendamento para financiar a aquisição de computadores que usam o seu Windows 7.

Com a mudança da necessidade de capital de giro (NCG) de negativa para positiva em 2013 a Bernoulli passou a gerenciar seu prazo médio de recebimento (PMR) por meio desta segmentação. Todo trimestre a empresa constrói um relatório com o nível de atrasos e calotes de seus consumidores. O processo começa pela análise das contas de cada consumidor com a companhia e, para os grandes consumidores, a Bernoulli checa qual o *rating* de crédito junto a agências de classificação de risco.

Em 2013, esse projeto cobriu 250 consumidores que adquiriram bens e serviços da empresa nos últimos 12 meses. A Bernoulli dividiu os consumidores com base no histórico de vendas e risco. Se um consumidor comprava acima de um determinado valor, considerado como alto nível, ele recebia um código A. O código para consumidores de médio porte era B e os que compravam pouco, C.

Desenvolver um perfil de risco para cada consumidor foi mais difícil. A empresa juntou informações internas (atrasos anteriores, faturas em aberto, etc) e complementou-as com as do Serasa. Os números 1, 2 e 3 foram usados para indicar baixo, médio e alto risco de crédito, respectivamente. Assim, empresas A1 seriam empresas com alto consumo da empresa, mas baixo risco, enquanto empresas B3 seriam empresas com compras médias, mas com alto risco.

Após segmentar os clientes, a Bernoulli estava pronta para programar novos e padronizados processos de cobrança. A prioridade seria clientes classificados como A3 e B3, que ou eram responsáveis por muitas faturas em aberto ou indicavam potencial risco de recebimento para a empresa.

A Bernoulli agora é proativa com esses consumidores. A empresa passou a telefonar antes do vencimento das faturas desses clientes. Essas ligações, feitas por um time especializado, são construtivas e nunca ameaçadoras. O CFO da Bernoulli explicou que: "Nós queremos ajudar nossos clientes a criar hábitos de pagamentos, de forma padronizada. É mais uma forma de resolver problemas e não conflitos. Nós falamos: como podemos ajudá-los? Há algum problema na fatura? Nós temos um procedimento de faturamento semanal, você prefere entrar nesse ciclo ou continuar a receber faturas esporádicas?"

A Bernoulli tenta entender as causas dos atrasos de pagamentos, tentando evitar que eles aconteçam. Essencial ao sucesso do projeto é a colaboração entre os vendedores e os responsáveis pela cobrança, de forma a estabelecer uma relação de confiança construtiva entre a empresa e seus clientes e, com isso, reduzir o prazo médio de recebimento (PMR).

Antes, vendas e cobrança não estavam sempre em sintonia: a cobrança era independente e funcionava de forma reativa, como resolução de conflitos, tratando os clientes como potenciais caloteiros. A falta de uma padronização na cobrança causava uma enorme confusão e clientes atrasavam o pagamento somente porque o pessoal da cobrança era desrespeitoso. Os departamentos financeiros e de vendas entravam em conflito sobre criar padrões mínimos de cobrança. Com a padronização, houve uma mudança de cultura na empresa, o que foi difícil no primeiro momento, mas ajudou a sincronia entre os dois departamentos.

Administrando PMP (Prazo Médio de Pagamento)

O papel do setor de suprimentos não é mais simplesmente comprar bens e serviços. De acordo com o MIT Sloan Management Review "Nos últimos 25 anos, o papel do departamento de compras nas empresas tem mudado drasticamente de simplesmente comprar bens e serviços para dirigir um conjunto integrado de funções gerenciais.

Esse departamento tem invadido todos os aspectos de controle, desde gerenciamento de categorias até o gerenciamento de relações com fornecedores, contratos e pagamentos e estratégia".[6]

Períodos de pagamentos resultam das primeiras negociações com os fornecedores, mas este item é geralmente negligenciado, porque as pessoas ligadas às compras na empresa estão mais interessadas em negociar preços do que períodos de pagamento vantajosos. Eles normalmente preferem pagar mais rápido em retorno de maiores descontos, mas, muitas vezes, a empresa conseguiria o mesmo preço e prazos maiores. Para renegociar o prazo médio de pagamento (PMP) e alongar os prazos com os principais fornecedores, uma empresa deve seguir os passos abaixo:

1. Revisar as práticas existentes pelo menos anualmente e, mais precisamente, checar três itens:

   - períodos de pagamentos negociados com cada grande fornecedor;

   - erros ao comparar períodos de pagamentos contratuais com os que estão em prática;

   - procedimentos para validar recibos de entrega.

2. Encontrar fontes de informações que ajudem a compreender os prazos de pagamentos comparativos:

   - como se comportam empresas concorrentes (PMP) e fornecedores (PMR) do setor;

   - comparativos internos de prazos de pagamentos (PMP) entre os fornecedores;

   - quais os prazos da indústria como um todo.

3. Usar *benchmark* para estabelecer alvos de melhoria em prazo médio de pagamento (PMP) com base nessa informação.

---

[6] BUTTER, Frank A. G. den; LINSE, Kees A. "Rethinking Procurement in the Era of Globalization". In: MIT SLOAN MANAGEMENT REVIEW. October 01, 2008. Disponível em: <http://sloanreview.mit.edu/article/rethinking-procurement-in-the-era-of-globalization/>. Acesso em: 16 set. 2014.

Exemplo: Usando Benchmarks para melhorar o Prazo Médio de Pagamento

Targets

Categoria X:

Dias a pagar das empresas na Categoria X: 28

	Fornecedor	Dias a Pagar		Dias a Pagar para Fornecedores Públicos	
Benchmarking Interno	A	50	**Benchmarking Externo**	A	51
	B	16		B	41
	C	21		C	47
	D	25			
	E	31			

Meta Razoável de 35 a 40 dias

4. Segmentar os fornecedores para preparar negociações de acordo com a facilidade de implementação. São quatro os tipos de fornecedores:

- Fornecedores intocáveis: a empresa precisa deles mais do que eles da empresa.

- Bons soldados: os que fariam quase qualquer coisa para ajudar a empresa.

- Rodas dentadas: são imprevisíveis. Não se sabe como vão reagir ou mesmo se continuarão a ser fornecedores da empresa no futuro.

- Irrelevantes: eles não importam realmente. Se os irrelevantes recusarem a mudança de política, basta achar um substituto.

A principal prioridade são bons soldados e irrelevantes. A empresa deveria negociar com seus principais fornecedores nesta categoria, e tentar alinhar todos os períodos de pagamentos com o mais longo. A companhia pode tentar forçar pequenos fornecedores a aceitar períodos de pagamentos maiores.

CUSTOMIZANDO A ABORDAGEM A CADA FORNECEDOR, POR SEGMENTO.

	Intocáveis	Rodas Dentadas	Bons Soldados	Irrelevantes
Nós precisamos deles vs. eles precisam de nós	Muito alta	Alta	Moderado	Baixo
Abordagem	Fazer nada	Conversa proativa por telefone/ao vivo	E-mail ou conversa por tel	Correspondência física
Alvo de comunicação inicial	Ninguém	Setor de Vendas, Diretoria de Vendas	Setor de Vendas	Setor de Vendas

Na clássica relação de confronto entre a empresa e seus fornecedores, a primeira negocia termos comerciais estendidos com os segundos para reduzir seu ciclo financeiro, se tiver mais poder econômico e comercial do que seu fornecedor. Porém, quando precisa de suprimento sustentável e a qualidade da matéria-prima é vital para a cadeia produtiva, o relacionamento com o fornecedor pode se tornar um tipo de parceria.

Desde que a Nestlé iniciou a coleta de leite em Moga (Índia), em 1961, a empresa ajudou a melhorar a qualidade e higiene do leite produzido no país, a saúde e o estilo de vida dos fazendeiros e de outros residentes. Ela trabalhou bem perto dos fazendeiros do distrito do leite de Moga e com os administradores locais. Os fazendeiros ganharam máquinas de extração de leite e receberam instruções sobre boas práticas de criação, alimentação e saúde dos rebanhos leiteiros. Foram introduzidas novas técnicas para aumentar a produtividade leiteira. A Nestlé investiu ainda em centros de resfriamento e tanques de resfriamento nas fazendas. Além disso, deu assistência aos fazendeiros sobre a alimentação do gado, sementes de qualidade para o pasto, remédios veterinários e misturas de minerais, além de buscar financiamentos bancários.

Há muitos outros exemplos semelhantes. No Brasil, o Programa 3S cria parcerias com criadores de porcos que fornecem carne à Sadia. A iniciativa contribui para a diminuição das emissões de gases causadores do efeito estufa, utilizando biogestores para o tratamento de dejetos suínos, e permite a comercialização de créditos de carbono.

ADMINISTRANDO PME (PRAZO MÉDIO DE ESTOCAGEM)

Muitas empresas enfrentam disputas entre diferentes executivos (nos Estados Unidos, a principal classe de executivos é conhecida como *C-suite* — CFO, CIO, CEO etc) em relação à administração de estoques e medidas de liquidez.

Um desses casos é o de uma grande companhia de aço no Brasil, que desenvolveu um programa de educação executiva para seus top 5 executivos, excluindo o CEO. A intenção era engajar todos os executivos num propósito comum: administrar a companhia procurando por métricas financeiras que pudessem complementar a métrica operacional.

No Brasil, a maioria das empresas tem um foco especial na eficiência operacional. Por causa da volatilidade do ciclo de negócios (mais acentuado antes do Plano Real, mas ainda maior que em países desenvolvidos), organizações têm de ser especialmente flexíveis em suas capacidades operacionais. No passado, estoques podiam gerar lucros (mas não fluxos de caixa!) somente porque havia hiperinflação (o valor de mercado crescia para acompanhar a inflação, e assim as empresas faziam dinheiro ao adquirir estoques que seriam pagos numa data posterior). O dinheiro deveria ser usado, uma vez que implicava em custos de oportunidades enormes quando a inflação era 20% ao mês.

Como a maioria das companhias com um histórico operacional pesado, a empresa de aço tinha executivos com longa trajetória que queriam agradar os clientes entregando produtos no tempo e, portanto, preferiam administrar estoques conservadores. Além disso, gerentes operacionais consideravam estoques como investimentos: permitia flexibilidade e eles argumentavam que, já que a companhia tinha uma grande dependência dos preços flutuantes do minério de ferro, por meio de "investimentos" em estoques quando preços estavam baixos eles atingiam dois objetivos: flexibilidade e ganhos financeiros por apostar nos preços baixos do produto. Não obstante ao fato de que os preços flutuantes podiam tanto prejudicar como beneficiar a organização se os gerentes fizessem a aposta errada, o principal problema em criar um enorme estoque é que ele podia estrangular a empresa financeiramente, pois estoque dá à companhia mais flexibilidade operacional, mas menos flexibilidade financeira. Executivos *C-suite* estavam constantemente em desacordo. Enquanto o CFO tentava economizar dinheiro buscando impedir o crescimento dos estoques, o diretor industrial estava querendo mais estoques, especialmente em períodos de preços aparentemente baixos. Medidas de liquidez clássicas, especialmente a taxa de liquidez corrente, mostrariam que o crescimento dos estoques não era um problema. Pegar dinheiro e convertê-lo em estoques não mudaria o ativo circulante, e assim não alteraria o índice tradicional de liquidez. Em termos de liquidez para bancos conveniados, a empresa estava bem. Outra medida tradicional, o índice de liquidez seca, mudaria, entretanto. Então, os gerentes operacionais se fixavam na liquidez corrente enquanto o CFO tentava mostrar que a liquidez seca era importante. O benefício de usar o índice de liquidez do modelo (ILM) é que ele sempre mostraria a mudança na liquidez devido a "investimentos" em estoque. No ILD, a necessidade de capital de giro (NCG) aumentaria e a liquidez diminuiria. Sem sinais mistos. A empresa estaria numa posição de liquidez precária, uma vez que o caixa seria desviado para aumentar o estoque.

Menos liquidez não é necessariamente ruim, claro. Companhias com grande liquidez, como a Apple entre 2008–2013, período no qual a companhia acumulou mais de US$140 bilhões em caixa, provavelmente gerariam mais valor para os acionistas por meio do investimento em qualquer tipo de projetos com potencial de geração de fluxos de caixa, mesmo "investimentos em estoque". No entanto, há um *trade-off* claro entre estoques e liquidez, e todos os administradores devem estar cientes disso.

No fim, o curso com os executivos *C-suite* correu como planejado: todos os *trade-offs* colocados na mesa — a necessidade do CFO de manter a liquidez compatível com ciclo financeiro da empresa e também as necessidades de administração dos estoques pelos outros executivos de modo compatível com a estratégia financeira da empresa. Uma administração aceitável da estratégia de necessidade de capital de giro (NCG) foi desenvolvida: em períodos de liberação de dinheiro, no qual a companhia não precisava devolvê-lo para os acionistas, os executivos tinham flexibilidades para desenvolver estratégias de estoque as quais poderiam gerar retornos maiores, mas em períodos de ciclo de negócios no qual dinheiro era apertado, a administração de estoques seria mais conservadora. No fim, o monitoramento da NCG entrou no léxico de todos os níveis de gestão, e executivos operacionais tinham incentivos não só para olhar para as medidas operacionais, mas ter a gestão da NCG como métrica ligada a seus bônus de longo prazo.

O princípio básico de gerenciamento de prazo médio de estocagem (PME) é fácil de entender: empresas devem ter estoques suficientes para satisfazer as demandas dos clientes, sem estocar demais. No entanto, esse princípio é difícil de pôr em prática. E, enquanto a importância do PME na necessidade de capital de giro é extremamente conhecida entre as pessoas de finanças, os executivos ligados às operações podem não ter este senso de urgência e entendimento de um bom gerenciamento de fluxo de caixa. A acumulação de estoque para reduzir o risco de perder um cliente, devido à falta de suprimentos disponíveis, não é algo sustentável. Relatório do Batelle Institute, agência de proteção ambiental dos EUA, demonstra como a gestão das cadeias de suprimento está se transformando no país (*The Lean and Green Supply Chain*) com dois exemplos: em muitas empresas os estoques são reabastecidos automaticamente por seus fornecedores; já outras terceirizam os projetos e o desenvolvimento de seus produtos a fornecedores-chave.

A interação direta com parceiros na cadeia de suprimentos pode permitir a uma empresa reduzir os níveis totais de estoque, diminuir a obsolescência de seus produtos e os custos de transação, reagir mais rapidamente às mudanças do mercado e responder mais prontamente às solicitações de seus clientes.

Por fim, com tentativas e erros, a gerência de estoques se tornou uma ciência. Conceitos como *just-in-time*, otimização do processo de produção, estoque virtual, *lean start-ups*, racionalização do fornecedor e redução no número de lugares de distribuição têm tido um grande papel nessas melhorias. Os ajustes de local de estoque e dos processos de recolhimento em fábricas reduziram estoques "em trânsito".

A habilidade da empresa em reduzir o prazo médio de estocagem (PME) depende de diversos parâmetros: o setor de atuação, o grau de otimização do processo de produção, a habilidade da companhia de corretamente prever o nível de atividade antecipadamente, seus princípios de gerenciamento, mas também de fatores externos como inflação de preços de *commodities*, logística e infraestrutura de distribuição e taxas de mudanças tecnológicas.

Setor de atuação

O prazo médio de recebimento resulta do setor de atuação (tipo de produto). Há um mundo de diferenças entre indústrias (gerenciamento do ciclo de produção) e empresas de serviços. Claramente, empresas manufatureiras registram um ciclo financeiro maior que varejistas. Porém, grandes companhias de varejo estão em diferentes estágios de desenvolvimento entre países — em desenvolvidos, sua participação excede 70% a 80% do varejo total, enquanto nos países em desenvolvimento o setor tradicional domina, mas com graus variáveis (de 95% na Índia a 80% na China, 2/3 no Brasil e 45% na Malásia) de acordo com a E&Y.

Fabricantes de máquinas registram altos níveis de ciclo financeiro (C2C). Inclusive, no mesmo setor, o prazo médio de estocagem (PME) pode ser diferente: por exemplo, em petróleo e gás, refinarias mantêm mais estoques que empresas envolvidas na exploração e produção. Além disso, há fatores que são específicos para cada indústria local.

Otimização do processo produtivo

O prazo médio de estocagem (PME) depende do período de fornecimento e da habilidade da empresa de diminuir o ciclo de produção. Algumas companhias focam em maior eficiência na produção, cadeia de suprimentos e operações de compra. Esses esforços incluem aplicar uma fabricação mais enxuta e reduzir a complexidade por meio da simplificação da base de fornecedores e do corte do número de unidades de manutenção de estoques (UMEs).

Aumento na terceirização e terceirização global têm um papel importante em conduzir o desempenho dos estoques. Há muitas vantagens em ir para países de baixo custo, mas há também alguns inconvenientes: importar as compras da empresa por contêineres inteiros que levam semanas para chegar e geralmente são comprados para evitar quebras no estoque com mais atrasos semanais. Práticas enxutas e arranjos de estoques gerenciados pelo fornecedor são mais difundidos em países desenvolvidos.

A habilidade da empresa de prever o nível de atividade com antecedência e corretamente

Como a demanda global começou a diminuir no meio de 2012, empresas focaram em reduzir a produção para prevenir um acúmulo de estoque. Para prever o nível de atividade com antecedência e corretamente, a companhia deve normalmente colaborar com fornecedores e clientes, quando possível. Também é útil integrar as previsões de compras na ferramenta de gerenciamento de estoque. Por fim, estatísticas específicas podem permitir que organizações determinem a sazonalidade ou o ciclo natural de vendas. Incertezas nos fornecimentos podem ser reduzidas por meio da análise de agendamento de entrega e da confiabilidade de diferentes fornecedores ou pelo estabelecimento de parcerias com fornecedores (como é no caso da indústria automotiva).

Princípios de gerenciamento

Empresas diferem no grau de foco de gestão de caixa e na eficácia dos processos de gestão de necessidade de capital de giro (NCG). Há uma linha tênue entre o risco de ser pego desprevenido e a complacência de superestocagem. Manter os níveis de estoques altos reduz o risco de perder uma venda, porque os fornecedores não estão disponíveis. Para evitar ficar sem estoques, o gerente constrói estoques de segurança, um tampão para mitigar incertezas na demanda ou no fornecimento. Enquanto há muito se reconheceu que reduzir estoques emergenciais é um excelente meio de reduzir custos no curto prazo, tais estratégias também põem em risco as operações quando uma catástrofe ocorre. Gerenciamento de estoques é um *trade-off* entre reduzir NCG e aumentar risco: a empresa deve sempre focar em itens que são realmente importantes. Geralmente, 80% da demanda serão geradas por 20% de seus itens. Gaste seus esforços nesses itens "A", prevendo a posição de estoque e fazendo pedidos frequentemente. Os próximos 30% de itens mais vendidos, os itens "B", gerarão tipicamente 10% de vendas. Os itens mais devagar de vender, itens "C" são 50% dos que você tem em estoque, mas geram somente 10% de suas vendas.

Inflação de Custos

É uma fonte de especulação (e, portanto, de risco) quando a empresa superestoca matérias-primas, com um preço que está esperando subir substancialmente nos próximos meses. O efeito de defasagem de mudança de preços de *commodities* (suavizados pelo uso de políticas de *hedging*) significa que o desempenho registrado dos estoques geralmente melhora no curto prazo quando o preço cai e deteriora quando os preços sobem. Por exemplo, a E&Y afirma que "o desempenho dos estoques de grandes empresas deteriorou significativamente em 2012 devido ao aumento nos investimentos em estoque para fornecer aos países emergentes em rápido crescimento e ao aumento do preço das *commodities*".

Infraestrutura de logística e distribuição

Empresas vendendo fora de suas regiões experimentam prazos mais longos e requerem estoques de segurança em excesso. Incertezas no fornecimento são problemas para produtos de moda ou algo com muita variabilidade de demanda. Fornecer para muito longe significa que a organização terá de manter muito mais em seu estoque. Distribuição e logística variam muito entre regiões e países, levando a significativas diferenças em custos locais com cadeia de suprimento, níveis de serviço e risco, além de desempenho dos estoques (notadamente na forma de níveis de estoque, caixa, e *trade-off* de custos). O Banco Mundial apresenta periodicamente relatórios sobre o desempenho logístico de acordo com seis principais indicadores: eficiência da alfândega e gerenciamento de desembaraço nas fronteiras, qualidade do comércio e da infraestrutura de transporte, facilidade de organização dos embarques a preços competitivos, competência e a qualidade dos serviços de logística, capacidade de rastrear e acompanhar as remessas, e a frequência com que os embarques chegam aos destinatários dentro de prazos de entrega agendados ou esperados e taxas de mudanças tecnológicas.

Por fim, há o risco de perda de valor pela obsolescência de alguns bens. Produtos com ciclo de vida menor e rápidas taxas de mudanças tecnológicas aumentam a obsolescência do estoque, o que leva à diminuição do prazo médio de estocagem (PME). De acordo com a Ernst & Young, empresas farmacêuticas nos EUA e Europa tiveram maiores PMEs em 2012 comparado a 2011 por causa do impacto da expiração de patentes nos níveis de estoque mantidos (PME aumentou 14% e 6%, respectivamente, nos EUA e Europa).

Alocação de Recursos Escassos

Vamos usar o exemplo da Bernoulli, que tem duas fontes principais de receita, bens e serviços. Ao abrirmos o ciclo financeiro de cada atividade, temos que o prazo médio de estocagem (PME) de cada uma é:

	Serviços		
	2011	**2012**	**2013**
Estoques	200	200	500
Custos Bens ou Serv. Vendidos	10.000	14.000	15.000
Prazo Médio de Estocagem	7	5	12

	Bens		
	2011	**2012**	**2013**
Estoques	800	800	1.500
Custos Bens ou Serv. Vendidos	16.000	16.000	23.000
Prazo Médio de Estocagem	18	18	23

Como podemos ver o PME, tanto para bens como para serviços, aumentou significativamente de 2012 para 2013. Para a produção de bens, o nível de estoques quase dobrou, enquanto o custo aumentou cerca de 50%. Isso significa que a elasticidade de estoques em relação a custos é maior que um. Nesse caso, podemos dizer que a empresa se tornou, pontualmente, mais ineficiente na gestão dos seus estoques produtivos. Isso pode acontecer por um crescimento muito rápido do negócio (efeito tesoura) ou realmente pela piora na gestão dos processos produtivos. Em qualquer dos casos, isso representa maior necessidade de alocação de recursos, que serão mobilizados sem retorno imediato. Vamos imaginar que em ambos os casos, bens e serviços, a empresa mantivesse o mesmo PME de 2012 para 2013. Nesse caso, qual seria o volume de estoques necessário para manter o crescimento da companhia (maior compra de insumos para produção de bens e serviços)?

Os custos de insumos para a produção de serviços aumentaram de R$14 milhões para R$15 milhões (cerca de 7%), enquanto na produção de bens os custos cresceram de R$16 milhões para R$23 milhões (44%). Se os estoques acompanhassem esses aumentos, isso significaria que os estoques para produção de serviços deveriam aumentar de R$200 mil para R$214 mil, enquanto os para produção de bens passariam de R$800 mil para R$1,152 milhão. Isso totalizaria uma variação de estoques de R$366 mil. Os aumentos reais foram de R$300 mil nos estoques da produção de serviços e R$700 mil nos da produção de bens, totalizando R$1 milhão.

Nesse caso, a variação do prazo médio de estocagem (PME) representou, para a Bernoulli, uma alocação adicional de recursos de R$634 mil. Ou seja, a empresa precisaria alocar, adicionalmente, esse valor para poder, na nova estrutura produtiva, manter seu nível de produção. Nesta situação, em vez de entregar R$634 mil adicionalmente aos acionistas, ou usar esse dinheiro para fazer novos investimentos, a empresa tem de alocar recursos de longo prazo para bancar a ineficiência no crescimento de sua produção.

É importante notar que, às vezes, tal situação é inevitável: mudanças em processos produtivos, sazonalidade etc. Contudo, é importante colocar métricas para que, se possível, a elasticidade de crescimento de estoques em relação aos custos de bens e serviços seja igual ou inferior a um.

	Serviços		
	2011	2012	2013
Adiantamento a Fornecedores	0	0	0
Clientes	1500	1.500	2.000
Receita Líquida	**15.000**	**21.800**	**20.500**
Prazo Médio de Recebimento	36	25	35

	Bens		
	2011	2012	2013
Adiantamento a Fornecedores	2.000	1.800	3.500
Clientes	1.500	1.500	2.000
Receita Líquida	**25.000**	**20.000**	**30.000**
Prazo Médio de Recebimento	50	59	66

A situação não é muito diferente se levarmos em conta o prazo médio de recebimento (PMR). Para o caso da produção de serviços, o PMR aumenta de 25 para 35 dias de 2012 para 2013 (embora ainda abaixo do PMR de 2011), enquanto o PMR da produção de bens se deteriora durante todo o período. Já na produção de serviços, a receita líquida diminui de 2012 para 2013, enquanto o valor de clientes aumenta. Se esse valor fosse mantido em linha com os de 2012, a Bernoulli conseguiria liberar R$500 mil de capital (na verdade, a conta de clientes deveria diminuir com a redução da receita, mas estamos mantendo a conta de clientes constante para efeitos ilustrativos). Se olharmos o caso de bens, o aumento do PMR é ainda mais significativo para uma alocação ineficiente de capital. A receita líquida aumenta significativamente de 2012 para 2013, passando de R$20 milhões para R$30 milhões — aumento de 50%. No entanto, os recebíveis da empresa passam de R$3,3 milhões para R$5,5 milhões, subindo 67%. Se esses recebíveis tivessem subido somente os 50% equivalentes ao aumento da receita, totalizariam R$4,45 milhões. Apenas em relação ao PMR a empresa poderia liberar cerca de R$1,5 milhão, devido ao crescimento maior dos recebíveis do que da receita. A gestão de fluxos de recebimentos, assim, poderia trazer rendimentos significativos à companhia, liberando um fluxo de caixa adicional que não cria valor à empresa.

A narrativa não muda se olharmos os dados de 2012 para 2013 em relação ao prazo médio de pagamento (PMP).

	Serviços		
	2011	2012	2013
Fornecedores	1.200	2.000	2.000
Custos Bens ou Serv. Vendidos	10.000	14.000	15.000
Prazo Médio de Pagamento	43	51	48

	Bens		
	2011	2012	2013
Fornecedores	2.000	3.000	3.500
Custos Bens ou Serv. Vendidos	16.000	16.000	23.000
Prazo Médio de Pagamento	45	68	55

Para a produção de serviços, o aumento de custos de insumos não vem acompanhado de aumento da conta fornecedores. Isso significa, no final das contas, que a Bernoulli não usou o financiamento dos seus fornecedores para o crescimento de sua produção. Ou seja, teria que alocar mais recursos para o crescimento de sua produção sem usar de uma fonte de curto prazo não onerosa. O mesmo ocorre no caso da produção de bens. Enquanto o aumento de custos é de 44%, o crescimento da conta fornecedores é de menos de 20%. Em ambas as situações o prazo médio de pagamento (PMP) se reduz de 2012 para 2013, de 51 para 48 dias no caso da produção de serviços, e de 68 para 55 dias no caso da produção de bens.

Se a conta de fornecedores tivesse crescido na mesma proporção do aumento dos custos e mantendo a base de 2012, isso significaria que a Bernoulli conseguiria se financiar com fornecedores no total de R$2,14 milhões para a produção de serviços e de R$4,32 milhões na produção de bens. Isso quer dizer, então, que a empresa alocaria recursos de longo prazo no total de R$960 mil (R$140 mil para a produção de serviços e R$820 mil na produção de bens) a mais do que deveria ser necessário para financiar seu crescimento.

Qual o aumento da necessidade de capital de giro (NCG) total se analisarmos a variação de 2012 para 2013 no caso da Bernoulli? O ciclo financeiro alterou-se significativamente de um ano para outro, como podemos ver abaixo.

	Serviços		
	2011	2012	2013
Ciclo Financeiro	0	-22	-1

	Bens		
	2011	2012	2013
Ciclo Financeiro	23	10	35

No caso de serviços, a empresa conseguia se financiar com terceiros no ano de 2012, mas em 2013 retornou à situação de 2011, de uma necessidade de capital de giro (NCG) praticamente igual a zero. Para a produção de bens, contudo, a situação é diferente: o aumento do ciclo financeiro (CF) foi bastante significativo, passando de dez dias para 35, bem maior também do que em 2011 (23 dias).

Essa mudança no ciclo financeiro impacta demasiadamente a necessidade de capital de giro (NCG) da Bernoulli. Como vimos, a mobilização de recursos para a produção de serviços não explicada pelo aumento ou diminuição de receita tem três fontes: PME, PMP e PMR. O mesmo vale para a produção de bens.

Esse é o efeito ciclo financeiro. A tabela abaixo decompõe esse efeito.

EFEITO CICLO FINANCEIRO DA EMPRESA BERNOULLI DE 2012/2013

	Serviços	Bens	Efeito CF
PME	284	348	632
PMP	140	820	960
PMR	500	1050	1550
Total	924	2218	3142

A empresa, considerando-se os anos de 2012 para 2013, teria que alocar mais de R$3 milhões para o aumento de sua NCG. Esse aumento da NCG, porém, não é resultado do aumento da receita — é fruto somente do efeito ciclo financeiro. A Bernoulli então teria de alocar recursos de longo prazo para alavancar o crescimento de sua ineficiência. Somente esse aumento é maior que o lucro líquido da empresa em 2013 e mais da metade de seu lucro operacional no ano. Ou seja, a companhia não conseguiu transformar seu resultado operacional em fluxo de caixa para os acionistas. No final das contas, a empresa esteve bem do ponto de vista de geração operacional, mas fraca do ponto de vista de geração de caixa.

Na verdade, a Bernoulli sofreu com o efeito tesoura, especialmente na produção e venda de bens. O efeito tesoura acontece quanto maior o ciclo e crescimento das vendas, por exemplo. Nesse caso, o aumento das vendas e do ciclo financeiro(CF), sem contrapartida no autofinanciamento, gerou saída de caixa da empresa. Vimos que a organização apresentou aumento no saldo de tesouraria no período, assim como na NCG. Ambos foram efeitos da produção de bens, mais do que a produção de serviços. Isso porque essa atividade tem ciclo mais longo e retorno sobre capital investido (ROIC) menor — significa que o crescimento rápido dessa atividade vai sempre diminuir a liquidez da empresa, a qual deve estar preparada para investir em NCG a fim de possibilitar o aumento da atividade.

A parte de serviços, por sua vez, é sempre geradora de caixa para a empresa, já que o ciclo financeiro é negativo. Isso quer dizer que o crescimento de venda de serviços é financiado pelos fornecedores e adiantamento de clientes da empresa e, portanto, a Bernoulli não enfrenta o efeito tesoura com essa atividade.

Qual o lado bom do efeito tesoura que afetou a companhia em 2013 e o aumento do ciclo financeiro? A empresa passou a ter gordura para queimar, ou seja, uma boa gestão de estoques, PMP e PMR poderia liberar caixa nos períodos seguintes, mesmo sem aumento de receitas ou lucro operacional. De fato, a Bernoulli passou a ter mais de R$3 milhões investidos em uma atividade que não gera retorno direto, o aumento da NCG. É importante notar que nem todo esse aumento da NCG foi devido ao efeito do CF. O aumento da venda de bens (de R$10 milhões) requereria um aumento de NCG por meio do efeito receita. O crescimento adicional via efeito CF, contudo, é maior que o aumento de receita para o caso da Bernoulli. Isso pode ser sinal de um problema temporário ou permanente de alocação de recursos. De qualquer maneira, a empresa passou a ser menos eficiente em sua alocação de recursos, mesmo crescendo em termos de receita e lucro operacional.

14 OU 16 DIAS? A INFLUÊNCIA DO GESTOR OPERACIONAL NA NCG

A principal vantagem do modelo dinâmico é relacionar o mundo operacional ao financeiro. Na maioria das empresas, os gestores operacionais e financeiros vivem em mundos completamente separados. Os gestores financeiros consideram a operação fonte de muitas dores de cabeças, enquanto os gestores operacionais consideram o financeiro como o setor com a tesoura que serve para cortar as ambições de crescimento da companhia.

Um dos muitos exemplos dessa diferença de visão é o de uma empresa de construção civil que cresceu sob a ótica operacional e descobriu-se com diversas ineficiências em termos de alocação de recursos para a NCG. Um dos casos emblemáticos da organização e que virou motivo de mudança na forma de trabalho aconteceu da seguinte maneira:

A empresa tinha como política o pagamento de faturas de trinta em trinta dias, executando-os todo dia 1º. Para ser paga no dia 1º, contudo, a fatura deveria ser depositada até o dia 15 no financeiro. Uma das gestoras reclamava que todo dia 14 tinha um dia de pouca produtividade, porque recebia diversas ligações de seus subempreiteiros (fornecedores), para lembrá-la de depositar suas faturas no financeiro naquele dia. Ela, querendo manter um bom relacionamento, sempre separava parte desse dia para conversar com fornecedores e ter certeza de que mandou as faturas para o financeiro. Contudo, ao resolver um problema para seus fornecedores ela, na verdade, estava criando outro para a empresa, pois estava reduzindo o PMP e aumentando a NCG da companhia, ao mesmo tempo em que diminuía sua produtividade para ter certeza de que seus fornecedores estavam satisfeitos. Seu superior passou a requerer que ela enviasse as faturas no dia 16, espremendo os fornecedores e aumentando o PMP da empresa, salvando preciosos recursos financeiros.

A organização passou a uniformizar seus procedimentos para impedir que questões pontuais como essas alterassem o PMP sem um planejamento e conexão entre o operacional e o financeiro. A empresa passou a fazer pagamentos 45 dias após a emissão da fatura e o processo passou a ser automatizado. Isso aumentou a previsibilidade para os fornecedores e aumentou o PMP da companhia. Alguns fornecedores não ficaram satisfeitos, é claro, mas isso é parte do jogo da NCG — empresas maiores tendem a gerenciar sua NCG e, se for o caso, espremer seus fornecedores para poupar capital em épocas de limitação de recursos (por exemplo, empresas com altos níveis de investimento tendem a limitar seu capital financeiro a fim de salvar recursos para fazerem seus investimentos).

Mondelez — Quando as Empresas Vão Longe Demais

Um artigo da revista Fortune revela como as grandes empresas podem espremer a cadeia produtiva atrás de menor NCG.[7] A Mondelez, que surgiu por meio de uma cisão de parte da Kraft Foods, uma das maiores multinacionais na área de alimentos, começou, em julho de 2013, a pagar seus fornecedores com 120 dias. Estabelecer uma política de pagamentos de 120 dias é raro em qualquer indústria, o que mostra o poder de barganha de uma empresa como a Mondelez. O artigo mostra o exemplo de outras companhias. A Procter & Gamble teria aumentado seu prazo de pagamento de 45 para 75 dias, e a Merck analisaria uma política de noventa dias.

Isso não é muito diferente do que fez a Ambev durante a crise financeira: espremer a cadeia produtiva (exigindo pagamentos antecipados de clientes e alongando o pagamento de fornecedores) para modificar sua NCG. É bom lembrar que tudo tem um limite, e os prazos dependem do modelo de negócios e do poder da empresa no mercado. Por exemplo, concessionárias de água e luz não têm como reduzir o PMR abaixo de um determinado valor, pois existe um período de medição e posterior envio das faturas. Em outros países, como nos da Europa, o modelo de negócios é diferente e existe a possibilidade

---

[7] QUICK, Becky. "A snack maker's unsavory business practices". Fortune. Disponível em: <http://fortune.com/2013/08/15/a-snack-makers-unsavory-business-practices/>. Acesso em 16 set. 2014.

de cartões pré-pagos de consumo de água e luz. Nesse caso, a NCG das concessionárias seria necessariamente menor do que as das brasileiras, que esperam em média trinta a 45 dias para receber de seus clientes, isso sem considerar a inadimplência.

A Mondelez, além de alongar o prazo de pagamento, mantém uma política de recebimento em menos de trinta dias. Para produtos de confeitaria esse prazo é de 15 dias, enquanto os distribuidores de petiscos devem pagar suas faturas em até 25 dias. A Mondelez, ao usar da sua posição privilegiada, consegue ter necessidade de capital de giro (NCG) negativa. O argumento da empresa é que o prazo de 120 dias, em uma nota enviada a revista Fortune, "alinharia a empresa às práticas da indústria, aumentaria a transparência e previsibilidade dos pagamentos". Na verdade, a companhia era a mais endividada da indústria e ao diminuir a NCG isso representaria milhões de dólares em redução de pagamento de juros. O custo da empresa seria seu crescimento de longo prazo, pois, ao exagerar na exigência de aumento do prazo médio de pagamento (PMP), sua cadeia produtiva provavelmente tentaria se diversificar e tornaria a empresa como última oportunidade como cliente ou fornecedor.

CAPÍTULO **13**

MOVIMENTOS ESTRATÉGICOS

Vimos no capítulo 7 como crescimento e retorno sobre capital investido (ROIC) ajudam a determinar o valor de uma empresa. Quando as empresas estão limitadas pelo ROIC ou não enxergam muitas oportunidades de crescimento, elas podem usar movimentos estratégicos para ampliar seus negócios.

A maioria das companhias expande seus negócios de quatro formas:

- Organicamente: o crescimento orgânico inclui investir em tecnologia, criar novos produtos e, claro, contratar novas pessoas.

- Por meio de aquisições *bolt-on*: aquisições *bolt-on* são ativos relativamente menores, capazes de acelerar as iniciativas de crescimento existentes.

- Por meio de aliança: alianças e *joint ventures* resultam da associação entre dois negócios para o benefício mútuo.

- Por fusões e aquisições: fusões e aquisições (F&A) combinam dois negócios distintos em uma única entidade.

O mais importante em alianças, *joint ventures* e fusões e aquisições não é os números, é a estratégia. Fusões e aquisições (F&A) deveriam ser uma ferramenta para preencher lacunas estratégicas que não podem ser preenchidas eficientemente de modo apenas orgânico.

Uma estratégia pode ser uma beleza no papel, mas deve ser bem implementada. Uma fusão ou uma aquisição tem de ser muito bem pensada, porque quase sempre a fusão ou aquisição mudará a natureza, o DNA da empresa, o que pode ser traumático. Fusões e aquisições (F&A) têm sempre um aspecto pessoal, às vezes doloroso, dramático, pois mudam a estratégia da empresa e o modelo de mercado. Fazer uma fusão ou aquisição é uma decisão de alto risco: pode até dar certo!

Alianças, Joint Ventures e F&A

1. A aliança é uma cooperação, que visa uma sinergia, na qual os parceiros esperam que os benefícios da aliança sejam maiores que os de seus esforços individuais.

   A aliança é a consequência de uma transação econômica em que nenhuma empresa obtém controle sobre outra. Uma aliança é colocar duas empresas para trabalharem juntas e serem, assim, melhores do que separadas. Essa é a definição de sinergia: basicamente, o valor das duas empresas trabalhando juntas é maior do que o valor delas trabalhando separadamente.

   Uma aliança estratégica patrimonial é aquela na qual duas ou mais empresas possuem diferentes percentuais da companhia que formaram com a combinação de alguns de seus recursos e capacidades, a fim de criar uma vantagem competitiva. Um dos melhores exemplos que conheço é a aliança entre a montadora francesa Renault e a japonesa Nissan, a qual funciona desde 1999.

2. Uma *joint venture* é uma aliança estratégica entre duas ou mais empresas, para compartilhar alguns de seus recursos e capacidades a fim de desenvolver uma vantagem competitiva.

3. A expressão "fusões e aquisições" abrange as aquisições de ativos do alvo, as aquisições de controle, as operações de fusão e as de incorporação.

   a. Aquisição apenas dos ativos do alvo — incorporação corresponde a uma forma específica de aquisição, em que a investidora adquire 100% dos ativos líquidos da investida.

   b. Aquisição das ações da empresa para assumir o controle sobre os ativos — essas aquisições "apenas" requerem que os acionistas da companhia-alvo concordem em vender suas ações. A aquisição de controle mediante oferta pública de companhia aberta é tratada nos artigos 257 a 264 da Lei nº 6.404/76. Os artigos 254 a 256 abordam a alienação de controle da companhia aberta, sendo que o ponto principal se refere ao tratamento equitativo para os acionistas minoritários. Na Instrução da Comissão de Valores Mobiliários (CVM) nº 247, o controle é caracterizado pela existência de direitos de sócios que assegurem de modo permanente a preponderância nas deliberações sociais e o poder de eleger ou destituir a maioria dos administradores. O controle pode existir com participação inferior a 50%, dependendo, por exemplo, de condições contratuais, acordos ou decisões judiciais.

c. Fusão — uma fusão é a combinação entre a companhia-alvo e a companhia adquirente. Ela requer a autorização de ambos os grupos de acionistas. O artigo 228 da Lei nº 6.404/76 define a fusão como "a operação pela qual se unem duas ou mais sociedades para formar uma sociedade nova, que lhes sucederá em todos os direitos e obrigações". Essa é a definição em direito empresarial. Na prática, usa-se também a palavra fusão quando uma companhia assume outra por meio da aquisição de seu capital social (*business combination*, em inglês). Este é o caso, por exemplo, de muitas normas de concorrência.

d. Incorporação — "a operação pela qual uma ou mais sociedades são absorvidas por outra, que lhes sucede em todos os direitos e obrigações." (Artigo 227 da Lei nº 6.404/76)

Nessas quatro formas de fusões e aquisições (F&A), o preço será a chave para a finalização da transação. O preço é o valor total da contraprestação para adquirir a companhia-alvo ou seus ativos. As aquisições, tanto dos ativos quanto das ações do alvo, podem ser financiadas em dinheiro e serão chamadas de aquisições diretas. Quando o pagamento é feito em ações, a aquisição pode ser chamada de um *swap* de ações ou uma transação *all-equity*. A aquisição pode ser paga pela combinação de dinheiro e ações. Uma fusão, normalmente, resulta na emissão de ações na época da combinação. A incorporação é a combinação de duas companhias para formar uma nova companhia com ações a serem emitidas. Em todos esses casos, deverá haver uma avaliação da contraprestação.

O Enigma das Fusões e Aquisições

A maior parte das pesquisas acadêmicas indica que a maioria das transações de fusões e aquisições e aquisição (F&A) não cria valor. Acrescentamos: não deveria haver nenhuma transação de F&A, pois comprador e vendedor jamais chegariam a um acordo quanto a um preço que criasse valor para ambos.

Especialistas explicam a lógica da negociação de preço da seguinte maneira:

"Para o comprador, o que interessa é determinar o valor máximo que pode ser pago por uma empresa, ao passo que, para o vendedor, o que interessa é determinar o valor mínimo aceitável para negociá-la. Essas duas cifras são as que se confrontam em uma negociação na qual se acerta o preço, que está geralmente em algum ponto intermediário entre elas".[1]

O problema é que o valor máximo para o comprador é normalmente menor do que o valor mínimo para o vendedor. Nesse caso, não se pode acertar o preço em algum ponto intermediário entre as cifras.

Demonstração do princípio "Não deveria haver nenhuma transação de F&A".

Faça a transação se, e somente se:

- Valor para comprador > Valor para vendedor

Normalmente:

- Valor para comprador < Valor para vendedor

Então, não deveria haver nenhuma transação de fusões e aquisições (F&A).

---

[1] MARTELANC, Roy; PASIN, Rodrigo Maimone; CAVALCANTE, Francisco. Avaliação de Empresas: Um Guia para Fusões e Aquisições e Gestão de Valor. São Paulo: Prentice-Hall, 2005.

1. Para o comprador, o que interessa é determinar o valor máximo que pode ser pago por uma empresa. Diferentemente do vendedor, um comprador nunca precisa comprar. Só haverá a transação se o valor para o comprador estiver acima do preço negociado:

   Valor para comprador > Preço

2. O que interessa ao vendedor é determinar o valor mínimo aceitável para negociá-la. A não ser nos casos em que ele está com a corda no pescoço, só há transação se o preço negociado estiver igual ao mínimo estipulado pelo vendedor ou acima dele. Por que um vendedor venderia uma empresa se ele acha que o preço está abaixo daquele que ele estipulou como mínimo?

   Preço > Valor para o vendedor

3. Então, faça a transação se, e somente se:

   Valor para comprador > Preço > Valor para vendedor, de modo que:

   Valor para comprador > Valor para vendedor

4. O valor para o comprador normalmente encontra-se abaixo do valor para o vendedor devido à incerteza, ou ao risco, ou à ignorância em relação à realidade da empresa.

   O comprador não conhece o pessoal da empresa, a estratégia da companhia, os detalhes sobre a ela, e, às vezes, não conhece bem nem mesmo o mercado da organização!

   O risco do comprador é bem maior que o do vendedor. A taxa de desconto aplicada às previsões da empresa será maior que aquela usada pelo vendedor.

   O valor da empresa para o vendedor pode ser muito diferente do valor contemplado por um potencial comprador. A companhia é o resultado dos esforços de toda uma vida para seu proprietário. Ele tem um apego emocional em relação ao futuro de sua empresa. O vendedor costuma projetar um crescimento alto, contínuo e sustentado, e o valor decorrente é também alto, de modo que:

Valor para comprador < Valor para vendedor

5. Logo, teoricamente, ambos jamais chegariam a um acordo quanto ao preço.

Para que haja uma transação de fusões e aquisições (F&A), o valor para o comprador deve ser maior do que para o vendedor (ou o valor para o vendedor menor do que para o comprador).

O valor para o vendedor pode ser menor do que para o comprador nos casos a seguir:

1. O vendedor ser composto por muitos pequenos acionistas (caso da companhia aberta) e a empresa não estar bem avaliada pelo mercado. É o exemplo do mercado financeiro: quando o preço é muito baixo, certamente é possível ter investidores dispostos a vender por um preço baixo, desde que maior que o valor de mercado.

2. O vendedor estar com a corda no pescoço e, por isso, ser obrigado a vender.

3. O comprador saber algo que o vendedor não sabe. Por exemplo, empresas de *private equity* sabem (ou acreditam saber) administrar o negócio melhor do que o vendedor. Para o *private equity*, o alvo ideal é uma empresa mal gerida. Ou, então, quando seu potencial não é imediatamente óbvio. Fundos de *private equity* sabem identificar um ou dois fatores estratégicos cruciais para melhorar o desempenho do negócio. São célebres por trabalharem com excelentes mecanismos de controle financeiro e por focarem incessantemente os fundamentos do desempenho: receita, margens operacionais e fluxo de caixa.

4. O comprador ter algo que o vendedor não tem.

Transações devem criar sinergia, de modo que: Valor para comprador > Valor para vendedor. Se a empresa for adquirida com a intenção de integrar, em caráter permanente, as operações do comprador, este vai poder gerar sinergia entre aquele negócio e o dele. O valor, quando das duas empresas integradas, pode ser maior ou menor do que o somatório dos valores de quando elas estavam separadas. A sinergia é a diferença entre o valor das duas empresas combinadas e o somatório de ambas quando separadas.

"Eu fiz uma aquisição fantástica, dobrei meu lucro e meu faturamento, tudo dobrou", mas se você comprou uma empresa do tamanho da sua, tinha que dobrar mesmo, se é do mesmo tamanho, tem de dobrar lucro, faturamento, número de funcionários etc. Não vemos, então, motivo para soltar foguetes e ficar celebrando, você teve apenas o mínimo de competência gerencial. Agora, quando o resultado atinge um patamar superior ao somatório das duas quando separadas, aí sim você pode celebrar e comemorar.

Essa é, portanto, nossa forma de resolver o grande mistério de fusões e aquisições, sinergia é a palavra-chave.

Arquétipos das Fusões e Aquisições

Agregar duas empresas pode ser combinar o roto com o esfarrapado. Não existe uma fórmula mágica para tornar uma aquisição bem-sucedida. Cada aquisição deveria ter sua lógica estratégica. Em nossa experiência, as empresas compradoras bem-sucedidas são aquelas que têm uma estratégia articulada e bem definida para geração de valor. Quando procurando para arquétipos de aquisições que criam valor, os elementos do modelo dinâmico deveriam explicar os bons tipos de aquisições. Definimos anteriormente que o fluxo de caixa foi definido como FCL = LOP APÓS IR e CSSL (1 - g/ROIC). A estratégia deve ser aumentar o LOP e/ou reduzir g/ROIC.

De acordo com Marc Goedhart, Tim Koller e David Wessels da McKinsey[2], "a racionalidade estratégica para uma aquisição que cria valor normalmente se enquadra em um dos cinco arquétipos:

---

[2] GOEDHART, Marc; KOLLER, Tim; WESSELS David. "The five types of successful acquisitions". In: MCKINSEY ON FINANCE, n. 36, Summer, 2010.

melhorar o desempenho da empresa-alvo; remover capacidade em excesso de uma indústria; criar acesso a novos mercados; adquirir habilidades e tecnologias que seriam caras para fazer dentro da empresa; e escolher empresas vencedoras no início para ajudar elas a se desenvolverem. Se uma aquisição não se encaixar em um ou mais desses arquétipos, dificilmente gerará valor." Abaixo, apresentamos os cinco arquétipos de fusões e aquisições (F&A) sob as lentes do modelo dinâmico.

1. Melhorar o desempenho da empresa-alvo

É uma das estratégias mais comuns para a criação de valor. Simplificando, você compra uma empresa para melhorar o retorno sobre capital investido (ROIC) e os fluxos de caixa. Em alguns casos, o adquirente também pode tomar medidas para acelerar o crescimento da receita. É importante observar que é mais fácil melhorar o desempenho de uma empresa com baixas margens e ROIC do que de uma que tenha altas margens e ROIC.

Melhorar o desempenho da empresa-alvo foi o argumento atrás da proposta de fusão entre o Pão de Açúcar e o Carrefour Brasil em 2011 (que foi parar na gaveta). De acordo com as companhias, uma fusão entre a unidade brasileira do Carrefour e o Pão de Açúcar poderia ter economizado, para o Carrefour, 2% em custos de aquisição dos produtos vendidos. Além disso, o Pão de Açúcar era mais bem dirigido e, assim, poderia transferir sua melhor prática para o Carrefour Brasil. Mas a estratégia anunciada não era necessariamente a real, que parecia ser a manutenção do controle do grupo Pão de Açúcar nas mãos de seus fundadores.

A maior parte das aquisições financeiras (aquisições por fundos de *private equity*) obedece a uma regra simples: o comprador acredita que vai melhorar o retorno sobre capital investido (ROIC) e o desempenho da empresa-alvo. Na transação financeira, é importante que se saiba que o comprador vai realmente gerenciar melhor do que o vendedor. O adquirente tem uma estratégia de melhorar o valor da empresa a longo prazo quando decide adquiri-la. Ele não deveria apenas se aproveitar do fluxo de caixa de curto prazo, entretanto, infelizmente, é isso que alguns estão fazendo. Deve-se adquirir uma empresa quando o mercado está pronto para isso, quando o preço é bom; não se deve esperar até que os preços cheguem a um nível absurdamente alto. A estratégia do adquirente é relevante, mas o que importa é o *timing*, o momento de fazer.

2. Remover capacidade em excesso de uma indústria

No ciclo de vida de uma indústria, muitas vezes surgem períodos de excesso de capacidade. Por exemplo, no caso da indústria do aço, o crescimento do setor e o aumento do preço do produto resulta em maior produção, investimentos e entrada de novos concorrentes. Quando o ciclo de negócios se inverte, a indústria pode se ver com excesso de capacidade. A combinação de novos entrantes e maiores investimentos dos incumbentes gera maior oferta que demanda e excesso de capacidade. Num setor com excesso de capacidade não é do interesse de nenhum concorrente fechar uma fábrica. As companhias, normalmente, acham mais fácil fechar fábricas da entidade combinada a uma maior, resultante de uma aquisição, do que fechar suas próprias fábricas menos produtivas, sem uma aquisição, e ficar com uma companhia menor.

As transações de fusão e aquisição com o intuito de consolidação de mercado são uma maneira de lidar com o excesso de capacidade em setores maduros. Essas transações de fusão e aquisição visam à redução dos CAPEX (*capital expenditures*) e à maximização do fluxo de caixa consolidado.

Exemplo: no aço, o Sr. Mittal ergueu sua empresa Mittal Steel consolidando um setor notoriamente fragmentado. Ao longo das últimas duas décadas, ele se dedicou a engolir ativos do setor de siderurgia em todas as partes do mundo, do México à Argélia, passando pelo Cazaquistão. A Mittal Steel mostrou-se especialista em adquirir companhias, melhorar o desempenho de ativos de baixo desempenho e acredita que conseguiu integrar, de forma bem-sucedida, suas aquisições-chave anteriores, implementando uma abordagem de "melhores práticas" nas operações e na gestão. A aquisição em 2006 da Arcelor na Europa tinha por fim de diminuir o lançamento de novas capacidades. A Arcelor (formada pelas maiores empresas da França, da Espanha e de Luxemburgo, em 2002) era uma companhia siderúrgica global, com presença em vários países, incluindo França, Bélgica, Canadá, Luxemburgo e Brasil. Mittal esperava que um novo e maior grupo pudesse ser capaz de liderar o restante do setor, sinalizando quando moderasse a produção, e aliviando, assim, os picos e gargalos de demanda que tradicionalmente infernizam o setor siderúrgico.

3. Criar acesso a novos mercados

Essas aquisições para ganhar acesso aos clientes, canais e área geográfica da empresa-alvo expandem a linha de produtos ou a cobertura geográfica da adquirente. Pequenas empresas farmacêuticas, por exemplo, normalmente têm pequenas forças de vendas, que limitam a criação de relacionamentos com médicos, os quais são necessários para a distribuição de seus produtos. Grandes empresas do setor muitas vezes compram seus pequenos rivais e usam suas equipes de vendas para melhorar a distribuição dos produtos. No Brasil, temos o exemplo da Brazil Pharma, unidade farmacêutica do Banco BTG Pactual, que controla quatro redes: Farmais, Rosário, Guararapes e Mais Econômica. As aquisições do Banco no setor de farmácias começaram em setembro de 2009, com a compra da rede Farmais. Na maioria dos casos, o BTG comprou posições de controle, mas não 100% das ações.

Outro exemplo: a fusão entre a Sadia e a Perdigão, em 2010, formou a gigante BRF Brasil Foods, que tem participação de quase 25% no mercado global de exportação de aves. De acordo com o presidente da Perdigão, Nildemar Secches, a fusão ajudará a cortar custos e a conquistar uma "quantidade muito maior da população brasileira" (Folha do Estado, 20 de julho de 2011). Os ganhos de sinergia, considerando apenas economias mais óbvias, como os gastos com distribuição, por exemplo, foram de quase 10% do faturamento somado das duas companhias.

"Vamos chegar para o Nordeste, o Centro-Oeste e o Norte com produtos de boa qualidade a preços acessíveis" (Folha do Estado, 20 de julho de 2011).

4. Adquirir habilidades e tecnologias que seriam caras para fazer dentro da empresa

As aquisições utilizadas em substituição à pesquisa e ao desenvolvimento interno têm o objetivo de construir rapidamente uma posição de mercado em resposta ao encurtamento dos ciclos de vida dos produtos. Na explosão tecnológica dos anos 1990, a inovação galopava a passos tão largos que até mesmo líderes do setor de tecnologia, como a Cisco, eram obrigados a adquirir empresas para se manterem atualizados em relação aos últimos avanços. Compra-se pesquisa, cérebro, conhecimento. A sinergia baseia-se na transferência de competência e conhecimento.

Exemplo: o Aché Laboratórios Farmacêuticos S.A. incorporou a ASTA Medica em 2003. A unificação das sociedades consolidou a posição do Aché como a maior indústria farmacêutica do Brasil. Em 2005, o Aché adquiriu a Biosintética Farmacêutica. Com a integração, o Aché passou a contar com mais de 250 opções terapêuticas.

Essas transações são extremamente difíceis. Segundo Saikat Chaudhuri, professor de administração da Wharton, em seu livro *The Multilevel Impact of Complexity and Uncertainty on the Performance of Innovation-motivated Acquisitions* (2005), a "estratégia de inovação através da aquisição" apresenta quatro grandes desafios envolvendo produto, organização e mercado e pode ter efeitos adversos associados a: incompatibilidades tecnológicas; complexidade de integração devido à "maturidade" de uma empresa-alvo; imprevisibilidade da trajetória de desempenho de um produto ("incerteza técnica") e do mercado desse produto ("incerteza de mercado"). A ideia de que comprar esses produtos e empresas "incertos" é uma boa estratégia simplesmente porque pode ser vantajoso mais adiante é incorreta. As empresas adquirentes podem ajudar a si mesmas comprando apenas as companhias que apresentam grau limitado de incerteza.

5. Escolher empresas vencedoras no início para as ajudar a se desenvolverem

A estratégia vencedora final envolve fazer aquisições no começo do ciclo de vida de um produto ou indústria, muito antes dos rivais reconhecerem que esse mercado crescerá significativamente. A aquisição por uma empresa maior pode ajudar uma pequena companhia a resolver um vasto leque de problemas. Para a adquirente, a negociação resolve os problemas de entrada em outras geografias e de administração local. Para a empresa-alvo, é a solução para problemas associados a porte e escassez de recursos.

Além dos cinco arquétipos mencionados anteriormente, os autores exploram alguns outros casos que podem, às vezes, apresentar criação de valor, mas raramente:

1. Estratégia de roll-up

A estratégia de *roll-up* significa que, num setor fragmentado, com muitas empresas de porte médio, uma vai começar a adquirir as outras. Muitas indústrias perduram por longos períodos em estado fragmentado: negócios locais permanecem locais e nenhuma empresa se torna dominante, regional ou nacionalmente. Ao final, companhias com estratégias bem-sucedidas se expandem geograficamente, adquirindo outras empresas em territórios adjacentes. As grandes firmas de contabilidade ou de consultoria foram montadas dessa maneira. Expansões geográficas não passam do tradicional "tubarão engolindo o peixinho". O simples fato de crescer não garante a geração de sinergias. O que a empresa adquirente acrescenta é uma combinação de custos operacionais mais baixos e mais valor para os clientes.

2. Consolidação para melhorar o comportamento competitivo

Muitos executivos em mercados muito competitivos esperam que a consolidação da indústria faça com que as empresas do setor tenham menor foco em guerras de preço, aumentando o retorno sobre capital investido (ROIC) do setor. Mas, a não ser que a indústria se consolide em somente três ou quatro competidores que conseguem manter à distância potenciais entrantes, o comportamento de precificação não muda: empresas menores ou novos entrantes sempre têm incentivos a ganhar mercado ao praticar menores preços. Em estudo publicado em 2004 — *Where mergers go wrong* —, três consultores da McKinsey, Scott A. Christofferson, Robert S. McNish e Diane L. Sias, concluíram que nas fusões e aquisições para expansão de mercados ou linha de produtos, as expectativas de sinergias de receita são, em geral, extremamente superestimadas. "A sabedoria de Wall Street alerta contra o pagamento por sinergias de receita e, nesse caso, está certa. Os maiores erros de estimativa aparecem no lado da receita — o que é especialmente desalentador, já que as sinergias de receita são a base das justificativas estratégicas para classes inteiras de negócios, como os que buscam acesso a geografias, canais e clientes da empresa-alvo. Quase 70% das fusões em nossa base de dados fracassaram na obtenção das sinergias esperadas nessa área."

3. Fusões e aquisições motivadas pela convergência de setores industriais

Esse tipo de transação implica a erosão das fronteiras de um setor industrial, inventando-se um novo setor. É desnecessário dizer que essas transações nem sempre são bem-sucedidas. É preciso ter muita coragem para justificar uma fusão apenas com a aposta que se faz sobre onde estão as fronteiras de um setor industrial, principalmente se considerarmos os riscos inerentes à integração e os riscos para a vida profissional das pessoas. Não há punição se não houver sinergia, se a transação der errado. O que está em jogo é a vaidade dos CEOs (*chiefs executive officer*) e dos executivos que, na verdade, são vilões e não têm nada de heróis. Eles dizem que estão fazendo isso para melhorar a empresa, para agregar valores — isso é bobagem, é "conversa para boi dormir".

A fusão entre a Daimler e a Chrysler, que aconteceu em 1998, foi celebrada como uma coisa maravilhosa, fantástica, a melhor aliança da história. Acabou sendo um desastre. Há mais exemplos: a Time Warner foi convencida de que o futuro da mídia era no *software* e se fundiu a AOL, outro fiasco. Isso prova como é difícil explorar o desaparecimento de fronteiras entre setores industriais inventando novas indústrias.

4. Comprar realmente barato

A última forma de criar valor é comprar realmente barato, bem abaixo do valor intrínseco da empresa. Mas oportunidades assim são raras e normalmente as companhias são muito pequenas para que o valor gerado seja realmente substancial — o valor gerado é realmente substancial quando existem sinergias geradas pela fusão ou aquisição.

Valor e Sinergias em Fusões e Aquisições

$$\text{Sinergias} = V_{AT} - (V_A + V_T)$$

O valor de uma empresa é determinado com base no valor presente de seus fluxos de caixa livre. Avaliar sinergias é simples. Uma vez identificadas essas sinergias, modela-se os valores para um novo fluxo de caixa descontado para avaliar se é possível gerar valor.

Calcula-se, para cada ano n, a diferença entre os fluxos de caixa livres das entidades combinadas $FCL.C_n$ e a soma dos fluxos de caixa livres de cada entidade separadamente $FCL.A_n$ e $FCL.T_n$:

$$\Delta FCL_n = FCL.C_n - [FCL.A_n + FCL.T_n]$$

Para cada FCA (seja FCL, FCL.A, FCL.C ou FCL.T) sabemos que as variáveis são:

receita operacional líquida

(-) custos e despesas variáveis

(-) custos e despesas fixas

= LOP (lucro operacional)

(-) imposto de renda e CSSL

= LOP após IR e CSSL

(+) depreciação

(-) variação da NCG

(=) fluxo de caixa operacional

(-) investimentos de manutenção (=depreciação)

(-) investimento de expansão (=CAPEX)

= fluxo de caixa operacional livre

(-) fluxo de caixa da dívida [(+) Captação (-) Amortização e pagamento de juros]

= FCA

Para cada uma dessas variáveis estamos procurando por sinergias.

Temos duas formas de olhar as sinergias aqui: a lógica econômico--industrial e como ela se reflete na parte contábil. Identificar sinergias é um negócio de engenheiros, uma coisa científica. Para construir a Aliança Renault-Nissan, por exemplo, a Renault já estava procurando onde haveria sinergia entre os dois grupos, nove meses antes do anúncio da transação. Receitas incrementais devido à combinação são as sinergias relativas à receita operacional líquida.

Sinergias de escala: devido à escala, as empresas conseguem vender mais ou com preço melhor quando juntas. A venda em conjunto é maior do que a soma das vendas individualizadas. Tem a ver com volume, aliás, o efeito do volume e o efeito do preço.

Economia de escala: aumento na quantidade total produzida sem um aumento proporcional no custo de produção. Ocorrem economias de escala quando os custos são menores quando se está junto do que quando se está separado.

Menos custos operacionais incrementais devido à combinação:

(-) Custos e despesas variáveis (-) Custos e despesas fixas

Economias de escopo: é mais barato produzir itens diferentes juntamente do que produzi-los separadamente. Sinergia de escopo: um conjunto de novos produtos é inserido em uma rede de distribuição estabelecida com baixo custo agregado. A sinergia de escopo implica poder vender mais produtos para um mesmo tipo de cliente.

Transferência de conhecimento *(Know-how)*: há uma transferência de conhecimento, de *know-how*. Pode-se adquirir pesquisa e desenvolvimento e pode haver formas melhores de se fazer as coisas. Além disso, há a possibilidade de arbitragem tributária, através de menos impostos incrementais, quando uma empresa tem lucros e a outra prejuízo. E, também, quando há menor necessidade de investimentos incrementais em ativos fixos e necessidade de capital de giro devido à combinação das empresas.

CAPÍTULO 14

OS SETE PRINCÍPIOS DAS FINANÇAS SUSTENTÁVEIS

A geração de valor para os acionistas é um princípio de finanças corporativas muito discutido e controverso. Empresas criam valor para seus acionistas quando investem para gerar mais dinheiro no futuro. Uma preocupação expressa, muitas vezes, é que essas organizações têm um horizonte de tempo reduzido, se concentrando excessivamente no lucro contábil de curto prazo.

Devemos, então, acabar com a geração de valor para os acionistas? Não, mas podemos talvez mudar as métricas, tornando esta uma medida de longo prazo. Uma das possibilidades é o princípio da geração de valor sustentável. Essa estratégia deve ter uma vantagem competitiva bem definida, que resulte em atividades diferentes daquelas dos concorrentes ou similares, mas realizadas de forma diferente.

O princípio da criação de valor pode ser prejudicial para outras partes interessadas? Não, se a busca de valor não deixar os outros *stakeholders* em situação pior. A longo prazo, a criação de valor deveria ser Pareto-eficiente, um conceito importante em economia. Podemos ainda afirmar que as empresas dedicadas à criação de valor sustentável são mais robustas e ajudam a construir economias fortes e padrões de vida elevados, gerando mais oportunidades para os indivíduos.

Deveria a empresa colocar outros interesses acima do seu próprio interesse? Não, porque a empresa não é cidadã. Cidadãs são as pessoas que integram a empresa ou os seus acionistas. Todos eles devem ter a ética, a moral e a generosidade de bons cidadãos. Não é, portanto, o papel da empresa – uma "pessoa" moral, mas não "com moral".

Neste capítulo, vamos analisar como as empresas podem visar o tripé da sustentabilidade – econômico, social e ambiental – e, ao mesmo tempo, aumentar a riqueza de seus acionistas.

Os Princípios da Geração de Valor Sustentável

Para financiar o crescimento do ativo econômico, que é alinhado com o crescimento das vendas a longo prazo, a empresa tem que reinvestir uma proporção do lucro no aumento da NCG e do ativo não circulante. Temos demonstrado anteriormente que essa porcentagem é igual à taxa de crescimento dividido por ROIC. Com um crescimento de 10% e um ROIC de 15%, por exemplo, a empresa deveria reinvestir os 2/3 (=10/15) do seu lucro operacional após imposto. O resto do lucro estará disponível para o serviço do capital de terceiro (juros e reembolso) e do capital próprio (dividendos e recompra de ações). No exemplo, a empresa teria 1/3 do seu lucro operacional do ano reservado para o serviço do capital.

Se o retorno do capital for menor do que o crescimento, o fluxo de caixa disponível para os investidores será negativo: por exemplo, com um crescimento de 10% e um ROIC de 5%, a empresa precisaria de novo capital (pedindo mais dinheiro aos investidores, emprestadores e/ou acionistas) igual a duas vezes o lucro operacional do ano. Não será grave se isso acontecer num período curto, mas não pode permanecer para sempre: seria um "efeito tesoura" generalizado.

Dentro da perspectiva financeira, surgem os **sete princípios de finança sustentável**, que juntam a sustentabilidade financeira de longo prazo ao resto do tripé sócio-econômico-ambiental.

Princípio 1: O crescimento sustentável não pode ultrapassar o retorno sustentável do capital

A longo prazo, o crescimento de uma empresa deve ser menor do que o ROIC. Isso não significa que esse crescimento é indesejável, mas não deve ser buscado a qualquer custo.

O fluxo de caixa disponível para os investidores é positivo quando o ROIC é maior que o crescimento. Somente nesse caso, a empresa enriquece os investidores. Um livro que causou muito rebuliço em 2014[1] tem como base os mesmos princípios orientadores. Segundo o autor, como regra geral, a riqueza e a desigualdade crescem mais rápido quando a taxa de retorno do capital é maior que o crescimento da produção econômica, um conceito que Piketty define com a expressão r>g (onde "r" é a taxa de retorno do capital, nosso ROIC, e "g" a taxa de crescimento econômico). Mas isso significa que a desigualdade é prejudicial ao tecido social? Na verdade, não. O verdadeiro problema no qual a política nacional deve se concentrar não é a desigualdade, mas a pobreza. É uma questão de ética, moral e generosidade. No caso das empresas, no primeiro momento a busca por crescimento sustentável é financeira, mas logo veremos como o resto do tripé sustenta esse crescimento em longo prazo.

Princípio 2: O retorno do capital tem que ser maior do que o custo de capital a longo prazo

Como foi demonstrado, se o custo de capital ultrapassar o retorno do capital, a empresa destruirá valor. Quando o ROIC é menor do que o custo de capital, mais a empresa cresce e destrói valor. Quando o ROIC é igual ao custo de capital, o crescimento não aumenta nem diminui o valor do ativo econômico – ou seja, não gera nem destrói valor. Finalmente, quanto mais o ROIC supera o custo do capital, mais o crescimento gera valor. Em consequência, a empresa tem que reduzir o risco de maneira sustentável, para reduzir o custo do capital.

Mas como reduzir esse risco? Os mercados mundiais estão começando a enfrentar um eco-imperativo[2], empresas mais sustentáveis, do ponto de vista socioambiental, pagam menos por seus empréstimos[3] e aquelas que praticam a Responsabilidade Social Corporativa

[1] PIKETTY, Thomas. Capital In The Twenty-First Century. 1. ed. Belknap Press, 2014.

[2] LUBIN, D. A., & ESTY, D. C. (2010). The sustainability imperative. Harvard Business Review, 88(5), 42–50, 2010.

[3] GOSS, A., & ROBERTS, G. S. The impact of corporate social responsibility on the cost of bank loans. Journal of Banking and Finance, 35(7), 2011.

também têm menor custo de capital[4]. Não existe, no entanto, uma uniformidade em como conseguir os efeitos benéficos dos investimentos em sustentabilidade. Outro exemplo pode ser visto em Zeidan *et al*[5]. O coautor desse livro junto com outros professores da Fundação Dom Cabral desenvolveu, junto a um banco, um modelo de *rating* de sustentabilidade que classificaria as empresas do setor sucroalcooleiro em relação ao seu tripé de sustentabilidade. Empresas mais sustentáveis teriam crédito mais barato, reduzindo seu custo de capital, e as menos sustentáveis teriam crédito negado, mesmo que tivessem capacidade de pagamento de curto prazo. A preocupação do banco, assim como a nossa, é com a sustentabilidade de longo prazo, que não se alcança somente observando o ponto de vista financeiro.

Princípio 3: Aumentar a taxa de crescimento através da estratégia sustentável

Quando o ROIC de uma empresa é alto, o crescimento normalmente gera valor adicional. Nesse caso, a empresa precisa buscar oportunidades de crescimento sustentável e não é fácil encontrá-las. Muitos líderes estabelecem metas de crescimento irreais, não considerando adequadamente o crescimento de seus mercados e, portanto, a faixa de mercado que deve ser agarrada para cumprir metas ambiciosas. Ou ignoram a probabilidade de que seus competidores estejam fazendo as mesmas coisas para crescer. Eles também subestimam a necessidade permanente de encontrar novos produtos, para substituir o declínio das vendas de produtos atuais, à medida que amadurecem.

O desenvolvimento de novos produtos ou serviços, inovadores o suficiente para criar categorias de produtos, tem o maior potencial de criação de valor. Encorajar novos comportamentos dos clientes também gera oportunidades de negócios que melhoram o crescimento da receita. Na Europa, o despertar ambiental tem estimulado a demanda

---

[4] GHOUL, S.; GUEDHAMI, O.; KWOK, C.; MISHRA, D. R. Does corporate social responsibility affect the cost of capital? Journal of Banking and Finance, 35(9), 2011.

[5] ZEIDAN, R. et. al. Developing a Sustainability Credit Score System. Journal of Business Ethics. forthcoming. Disponível em: <http://link.springer.com/article/10.1007/s10551-013-2034-2#page-1> Acesso em: 14 set. 2014.

por produtos e serviços verdes. Apesar de o despertar ser mais lento nos EUA, essa tendência vem também se desenvolvendo por lá. Um dos exemplos citados pela revista *The Economist* é a Unilever, empresa líder no mundo na percepção de sustentabilidade socioambiental[6]. A empresa acredita que isso trará maior crescimento e maior ROIC, através de novos e mais caros produtos, mas não no curto prazo.

O caso da Unilever é emblemático, por se tratar de uma empresa de capital aberto que depende de agradar seus investidores. Até o momento, ela tem sido bem-sucedida em sua estratégia de combinar sustentabilidade financeira com socioambiental numa perspectiva de longo prazo, mas depende do apoio dos acionistas. Empresas de capital fechado – a maioria das organizações brasileiras – têm mais flexibilidade e podem explorar mais facilmente o "eco-imperativo" socioambiental, gerando valor para os acionistas e a sociedade.

Princípio 4: Aumentar a lucratividade sustentável para aumentar o ROIC

Quando o ROIC de uma empresa é baixo, os gestores podem criar mais valor buscando aumentá-lo do que perseguindo estratégias de crescimento. O ROIC aumenta se o numerador (lucro operacional após imposto) cresce e/ou se o denominador (ativo econômico) diminui. O lucro operacional aumenta se o preço de venda sobe mais do que o custo de produção.

Preço de venda

O preço de venda depende muito do impacto que o produto causa no consumidor. A organização deve entregar o que os clientes valorizam com a maior eficiência possível.

Cerca de 1,3 bilhão de pessoas no mundo vivem sem eletricidade, particularmente em áreas rurais. Como já aconteceu com os telefo-

---

[6] In search of the good business. The Economist. Disponível em <http://www.economist.com/news/business/21611103-second-time-its-120-year-history-unilever-trying-redefine-what-it-means-be>. Acesso em: 16 set. 2014

nes móveis, a lâmpada solar está caindo de preço, melhorando sua qualidade e beneficiando os clientes com novos modelos que tornam o produto mais acessível e disponível para consumidores da base da pirâmide. Apesar da queda de preço, as empresas que fabricam lâmpada solar ainda são capazes de manter uma boa margem, porque o serviço que prestam justifica esse valor.

Empresas como Whole Foods e Natura que vendem produtos orgânicos descobriram que podem cobrar mais, pois as pessoas estão dispostas a pagar mais caro por produtos considerados mais sustentáveis.

CUSTO DE PRODUTOS VENDIDOS

Existem vários exemplos de como melhorar as margens atendendo às metas ambientais, sobretudo em relação ao uso eficiente da energia, da água e do ar, e a melhoria dos processos.

De acordo com a consultoria McKinsey, as empresas podem reduzir em 30% os custos de matérias primas e de 20% a 30% o uso de energia na produção, concentrando-se em quatro grandes áreas: produção, design de produto, recuperação e reúso.

CARGOS E SALÁRIOS

A qualidade do trabalho não é necessariamente o que vem à mente das pessoas que lidam com finanças. No entanto, fica cada vez mais claro que estimular a qualidade de vida no trabalho causa um impacto de longo prazo na margem operacional[7]. Um caso atual que está ficando famoso é o do sorvete Ben & Jerry's, que mantém um processo de fabricação totalmente alternativo. A Costco é uma rede de supermercado de baixo custo, mas, ainda assim, paga 20% acima da média de mercado. O resultado? Menor rotatividade e maior produtividade, mesmo lema da Starbucks ao anunciar subsídios de até U$10 mil por ano para os funcionários. Podemos enxergar os empregados como

---

[7] MORIN, E. ET.AL. THE MEANING OF WORK, PEOPLE'S HEALTH AND COMPANY PERFORMANCE. REVISTA DOM, EDIÇÃO ESPECIAL 35 ANOS FDC, 2011.

custo, e tentar pagá-los o mínimo possível, ou vê-los como investimento e fonte de geração de valor.

Princípio 5: Diminuir o ciclo financeiro de maneira sustentável para aumentar o ROIC

A cadeia de produção — com sua cadeia de suprimentos, pagamento aos fornecedores e o que recebe dos clientes — se reflete no ciclo financeiro. Esse ciclo pode ser melhorado se levarmos em conta informações sobre os custos ambientais, como o risco de materiais obsoletos e remoção de resíduos.

Uma questão específica, enfrentada por empresas globais que produzem seus próprios bens localmente e comercializam em todo o mundo, é que isso geralmente leva a grandes estoques de materiais em processo e, consequentemente, à maior duração do ciclo financeiro. Encurtar a distância entre produção e consumo é uma maneira sustentável de reduzir o ciclo financeiro. As empresas podem baixar o nível de estoque, mudando as bases de produção para mais perto de seus centros de venda, ou deixando de produzir seus próprios bens para comprá-los de outro fabricante. Fomentar a produção e o consumo local de forma sustentável é o fio condutor de projetos da economia solidária como base do desenvolvimento local.

A sustentabilidade na cadeia de valor tem sido um dos grandes temas de debate no mundo. O Walmart Brasil, buscando expandir as ações de sustentabilidade entre empresas fabricantes de alimentos e produtos de higiene e limpeza, criou o programa *End to End,* em parceria com 13 fornecedores comerciais, para aplicar uma visão do ciclo de vida dos produtos, desde a extração dos recursos naturais até o pós-consumo.

Danone, Nestlé, Monsanto e Souza Cruz também possuem um robusto programa de relacionamento com fornecedores rurais, embora algumas sejam criticadas em outras ações. A interação direta com parceiros na cadeia de suprimentos pode permitir à empresa reduzir seus níveis totais de estoque, diminuir a obsolescência de seus produtos e custos de transação, reagir mais rapidamente às mudanças do mercado e responder mais prontamente às solicitações de seus clientes, além de melhorar o ROIC.

Princípio 6: Aliviar o ativo não circulante de maneira sustentável para aumentar o ROIC

A reciclagem é uma maneira de aliviar o ativo não circulante[8]. Segundo a revista Exame[9], aproximadamente 85% de um novo computador Dell no mundo já é composto de material reciclado. É claro que os equipamentos e máquinas necessários para reciclagem de produtos são menos complexos e custosos do que para fabricar do zero.

A Embraco, maior fabricante mundial de compressores para refrigeração, criou em 2013 um novo negócio para reciclar compressores. Os materiais são transformados em produtos acabados como um motor de geladeira ou um carrinho de supermercado. Com a mudança, a empresa deixou de utilizar, em parte da sua linha de montagem, máquinas e equipamentos a partir de matérias primas para fabricar produtos acabados tendo como base a sucata.

A fabricante americana de carpetes Interface, que fatura US$1,5 bilhão e está presente no Brasil e em mais 110 países, não vende carpete aos clientes, e sim o direito de uso do produto por tempo determinado. Ao final do período, a Interface recolhe o carpete e aproveita 100% dele na fabricação de um novo.

Princípio 7: Manejar o risco

O custo de capital próprio é o preço do tempo de espera dos fluxos futuros, acrescido do preço do risco, cobrado pelos investidores para suportar o risco de que os fluxos futuros possam diferir do que eles

---

[8] MOHR, Stephan. et. al. Manufacturing resource productivity. McKinsey&Company. Disponível em: <HTTP://WWW.MCKINSEY.COM/INSIGHTS/SUSTAINABILITY/MANUFACTURING_RESOURCE_PRODUCTIVITY>. Acesso em: 16 set. 2014.

[9] FRANÇA, Renan. Agora a sucata virou realmente uma oportunidade. Exame. Disponível em: <HTTP://EXAME.ABRIL.COM.BR/REVISTA-EXAME/NOTICIAS/UM-NOVO-FIM-PARA-A-SUCATA>. Acesso em: 16 set. 2014.

esperam quando fazem o investimento. Ou seja, é a soma da taxa de juros livre de risco (no caso do Brasil a SELIC) e um prêmio de risco.

Os riscos de reputação, a responsabilidade no que diz respeito a serviços sociais como saúde e segurança numa fábrica, ou os riscos ambientais podem prejudicar o custo de capital ao aumentarem o prêmio de risco. Empresas poluidoras no mundo inteiro já aprenderam ou estão se conscientizando do valor desses riscos. A British Petroleum perdeu dezenas de bilhões de dólares em valor de mercado após o desastre do Golfo do México, assim como outras empresas tentam mitigar o risco reputacional investindo em programas de responsabilidade social corporativa. Como já comentamos, há evidências de que as empresas que assumem sua responsabilidade social se beneficiam de um custo de capital próprio menor do que as outras[10].

Mecanismos de ESG (*Economic, Social and Governance*) estão sendo utilizados para ajustar as carteiras de ações por fundos de investimento. Um dos exemplos é o Banco Itaú, que criou uma metodologia para relacionar os riscos ESG ao valor de empresas de capital aberto[11]. Ou seja, cada vez mais os agentes financeiros estão percebendo a sustentabilidade das empresas, num sentido muito mais amplo do que somente das questões financeiras.

A perenidade dos negócios modernos depende de um contrato social implícito entre a sociedade e as empresas, e somente aquelas que respeitarem os preceitos éticos e sociais vão poder operar no futuro. A busca da sustentabilidade gera valor, mas não necessariamente no curto prazo.

---

[10] NANDY, M., & LODH, S. (2012). Do banks value the eco-friendliness of firms in their corporate lending decision? Some empirical evidences. International Review of Financial Analysis, 25(5), 83–93.

[11] ESG Integration into fundamental equity valuation. Itaú. Disponível em: <http://www.itauassetmanagement.com/pdf/White_Pape_%20ESG_ingles_dez2013.pdf>. Acesso em: 16 set. 2014.

BIBLIOGRAFIA SOBRE O MODELO

ASSAF NETO, A. *Estrutura e Análise de Balanços*. São Paulo: Atlas, 2002.

ASSAF NETO, Alexandre; SILVA, César A. Tibúrcio. *Administração do Capital de Giro*. 2 ed. São Paulo: Atlas, 1997.

BARROS, Lousanne Cavalcanti; AMARAL, Hudson Fernandes; PEREIRA FILHO, Antônio Dias; BERTUCCI, Luis Alberto. "Aplicação do Modelo Dinâmico de Gestão". In: IX CONVIBRA ADMINISTRAÇÃO — Congresso Virtual Brasileiro de Administração — www.convibra.org

BARROS, Lousanne Cavalcanti; BURKOWSKI, Érika; MELO, Alfredo Alves de Oliveira. "Estratégias de Curto Prazo de uma Instituição Educacional". In: EGEPE — Encontro de estudos sobre empreendedorismo e gestão de pequenas empresas. 4. Curitiba, 2005, Anais... Curitiba, 2005,, p. 745–758.

BATISTELLA, Flávio Donizete. "Análise Dinâmica do Capital de Giro e Inflação: um Estudo de Caso em Empresa de Recursos Hídricos". In: CONGRESSO USP DE CONTABILIDADE E CONTROLADORIA, 6, 2006, São Paulo. Anais... São Paulo: USP, 2006.

BRAGA, Roberto. "Análise Avançada do Capital de Giro". In: CADERNO DE ESTUDOS. São Paulo: Fipecafi, n. 3, set. 1991.

_____; NOSSA, Valcemiro; MARQUES, José Augusto Veiga da Costa. "Uma Proposta para Análise Integrada da Liquidez e Rentabilidade das Empresas". In: REVISTA CONTABILIDADE E FINANÇAS. São Paulo: USP, jun. 2004, p. 51–64.

BRASIL, Haroldo Vinagre; BRASIL, Haroldo Guimarães. *Gestão Financeira das Empresas: um modelo dinâmico*. 2 ed. Rio de Janeiro: Qualitymark, 1993.

CARDOSO, D; AMARAL, H. F.. "Correlacionando o Beta do Modelo CAPM — *Capital Asset Pricing Model* com as Variáveis do Modelo Fleuriet: uma Análise da Siderúrgica Belgo Mineira". In: ENCONTRO NACIONAL DE ENGENHARIA DE PRODUÇÃO — ENEGEP, São Paulo , 2000. Anais. São Paulo, 2000.

CARNEIRO JÚNIOR, João Bosco Arbués; MARQUES, José Augusto V. da C. "Planejamento Financeiro a Curto Prazo: um Estudo de Caso da Análise Dinâmica do Capital de Giro Aplicado a uma Indústria Têxtil no Período de 1999 a 2004". In: PENSAR CONTÁBIL, Rio de Janeiro, v.7, n. 29, p. 45--51, ago./out. 2005.

CORRÊA, Marcelle Cristina; MELO, Alfredo Alves de Oliveira. Gestão Financeira de Empresas Públicas de Economia Mista Municipal: uma Aplicação do Modelo Dinâmico. In: BRASILEIRA DE CONTABILIDADE, Brasília: CFC, v.37, n.173, (out. 2008), p.65–77.

CORREIA, L. F.; AMARAL, H. F.; BRESSAN, A. A. "O efeito da liquidez sobre a rentabilidade de mercado das ações negociadas no mercado acionário brasileiro". In: REVISTA DE ADMINISTRAÇÃO E CONTABILIDADE DA UNISINOS, v. 5, n.2, p. 109–119, mai./ago. 2008.

CORREIA, L. F. "Perfil Econômico-financeiro do Setor Têxtil Brasileiro: Análise da Liquidez no Período de 1996 a 1998". In: REVISTA DE ADMINISTRAÇÃO DA USP, São Paulo v. 36, n.1, p.25–34, jan./ mar. 2001.

COSTA, F.; GARCIAS, P. M. "Concentração de Mercado e Desempenho das Indústrias Brasileiras de Papel e Celulose — Recorrendo à Modelagem de Fleuriet para Analisar o Paradigma ECD". In: REVISTA DE CONTABILIDADE E ORGANIZAÇÕES, v. 3, n. 6, p. 143–163, mai./ago. 2009.

CIA, Joanília Neide de Sales. "Sistema de Gerenciamento de Liquidez sob a Ótica da Teoria das Restrições: uma Adaptação da Metodologia Fleuriet". Tese (Doutorado) — Escola de Administração de Empresas de São Paulo da Fundação Getúlio Vargas, São Paulo, 1998.

CIA, J. N. S. "Teoria das Restrições: um Estudo da Restrição Financeira em Empresas com Aplicação da Metodologia Fleuriet". In: ENANPAD, 24, 2000, Florianópolis/SC. Anais... Rio de Janeiro: ANPAD, 2000.

CRUZ, P. G.; FULLY BRESSAN, V. G. "Análise Financeira de Empresas: uma Aplicação do Modelo Fleuriet e Análise da Demonstração dos Fluxos de Caixa em Empresas de Tecnologia da Informação". In: CONGRESSO USP DE CONTROLADORIA E CONTABILIDADE, 11, 2011, São Paulo. Anais... São Paulo: FEA–USP, 2011.

FLEURIET, Michel; KEHDY, Ricardo; BLANC, Georges. *A Dinâmica Financeira das Empresas Brasileiras: um Novo Método de Análise, Orçamento e Planejamento Financeiro*. Belo Horizonte: Fundação Dom Cabral, 1978, 2ª ed., 1980.

_____; KEHDY, Ricardo; BLANC, Georges. *O Modelo Fleuriet*. Campus Elsevier, 2004.

_____. "Fleuriet's Rebuttal to 'Questioning Fleuriet's Model of Working Capital Management on Empirical Grounds'". In: SOCIAL SCIENCE ELECTRONIC PUBLISHING. Rochester, USA: SSRN, jun. 2005. Disponível em: <http://ssrn.com/abstract=741624>.

FONSECA, F.V.M.; AMARAL, H. F.; PEREIRA FILHO, A.D.; FRANÇA, R. C. "Análise de Empresas Seguradoras do Brasil Segundo o Modelo Dinâmico de Gestão Financeira". In: ENCONTRO NACIONAL DE ENGENHARIA DE PRODUÇÃO – ENEGEP, 2001. Salvador, 2001. Anais... Salvador, 2001.

FONSECA, F. V. M.; AMARAL, H. F. A.; PEREIRA FILHO, A. D.; FRANÇA, R. C. "Aplicação do Modelo Fleuriet em Empresas Seguradoras no Brasil". In: ENCONTRO BRASILEIRO DE FINANÇAS, 1. Anais... São Paulo: SBFIN, 2001.

FUSCO, José Paulo Alves. "Necessidade do Capital de Giro e Nível de Vendas". In: REVISTA DE ADMINISTRAÇÃO DE EMPRESAS. São Paulo: FGV, v. 36, n. 2, abr./jun. 1996, p. 53–66.

GIMENES, R. M. T.; GIMENES, F. M. P. "Fontes de Financiamento das Necessidades Líquidas de Capital de Giro em Cooperativas Agropecuárias: Aplicações do Modelo Dinâmico de Análise Financeira. In: CONTABILIDADE VISTA & REVISTA, v. 15, n. 3, p. 89–109, dez. 2004.

GUIMARÃES, A. L. S.; NOSSA, V. "Capital de Giro, Lucratividade, Liquidez e Solvência em Operadoras de Planos de Saúde". In: BRAZILIAN BUSINESS REVIEW, Vitória, v. 7, n. 2, art. 3, p. 40–63, mai./ago. 2010.

JÚNIOR, F. C. T.; WILHELM, P. P. H. "Análise do Capital de Giro: Modelo Dinâmico *versus* Modelo Tradicional". In: ENANPAD, 24, 2000, Florianópolis/SC. Anais... Rio de Janeiro: ANPAD, 2000.

JUNIOR, P. C. S.; FREITAG, V. C. "Existem Contas Erráticas: uma Resposta a Questões sobre o Modelo Fleuriet". In: CONGRESSO USP DE CONTROLADORIA E CONTABILIDADE, 7, 2007, São Paulo. Anais... São Paulo: FEA–USP, 2007.

KITZBERGER, Hurgor; PADOVEZE, Clóvis Luís. "Integração do Modelo Fleuriet com a Abordagem Tradicional de Análise das Demonstrações Contábeis". In: REVISTA PENSAR CONTÁBIL. Rio de Janeiro: CRC-RJ, n. 23, fev./abr. 2004, p. 14–20.

LIMA, A. V.; ZANOLLA, E. "Fluxos de Recursos Operacionais: Estudo Comparativo entre Métodos, Aplicado em Amostra de Empresas Industriais Brasileiras". In: CONGRESSO USP DE CONTROLADORIA E CONTABILIDADE, 5, 2005, São Paulo. Anais... São Paulo: FEA–USP, 2005.

LOPES, A.C.V.; MENEZES, E.A. "Gestão Financeira das Cooperativas: Aplicação do Modelo Dinâmico". In: REVISTA GESTÃO INDUSTRIAL, Ponta Grossa, v.2, n.2, p.143–152, 2006. Disponível em: <http://revistas.utfpr.edu.br/pg/index.php/revistagi/index>. Acesso em: 19 set. 2014.

MACHADO, M. A. V.; MACHADO, M. R.; CALLADO, A. L. C. "Análise Dinâmica e o Financiamento das Necessidades de Capital de Giro das

Pequenas e Médias Empresas Localizadas na Cidade de João Pessoa\PB: um Estudo Exploratório". In: REVISTA DE ADMINISTRAÇÃO E CONTABILIDADE DA UNISINOS. v.3, n. 2, p. 139–149, mai./ ago. 2006.

MACHADO, M. A. V.; SILVA, H. N. "Análise das Políticas de Administração Financeira de Curto Prazo: o Caso da Guida Confecções". In: CONGRESSO USP DE CONTROLADORIA E CONTABILIDADE, 5, 2005, São Paulo. Anais... São Paulo: FEA–USP, 2005.

MARQUES, J. A.V. da C.; BRAGA, R. "Análise Dinâmica do Capital de Giro: o Modelo Fleuriet". In: REVISTA DE ADMINISTRAÇÃO DE EMPRESAS, São Paulo, v.35, n.3, p.49–63, maio/jun. 1995.

MATARAZZO, D. C. *Análise Financeira de Balanços*. São Paulo: Atlas, 1998.

MEDEIROS, Otavio Ribeiro de. "Questioning Fleuriet's Model of Working Capital Management on Empirical Grounds". In: SOCIAL SCIENCE ELECTRONIC PUBLISHING. ROCHESTER, USA: SSRN, abr. 2005. Disponível em: <http://ssrn.com/abstract=700802>. Acesso em: 04 out. 2006.

_____; RODRIGUES, Fernanda Fernandes. "Análise Avançada do Capital de Giro: Testes Empíricos". In: CONGRESSO VIRTUAL BRASILEIRO DE ADMINISTRAÇÃO, 2004. Anais... Brasil: Convibra, 2004a.

_____. "Questionando Empiricamente a Validade do Modelo Fleuriet". In: BASE — Revista de Administração e Contabilidade da Unisinos. São Leopoldo: Unisinos, v. 1, n. 2, set./dez. 2004b, p. 25–32.

_____. "Testando Empiricamente o Modelo Fleuriet". In: CONGRESSO USP DE CONTROLADORIA E CONTABILIDADE, 4, 2004, São Paulo. Anais... São Paulo: USP, 2004c.

MELO, A. C.; COUTINHO, E. S. "O Modelo Fleuriet como Indicador Conjunto de solvência e Rentabilidade". In: ENANPAD, 31, 2007, Rio de Janeiro. Anais... Rio de Janeiro: ANPAD, 2007.

MICHALISCHEN, F., SAVOIA, J. R. F. "A dinâmica do Investimento em Capital de Giro e a Rentabilidade da Empresa: uma Análise Utilizando o Modelo Fleuriet". In: SEMINÁRIOS EM ADMINISTRAÇÃO, 9, 2006, São Paulo. Anais... São Paulo: FEA–USP, 2006.

MINUSSI, João; SOOPRAMANIEN, Dider; WORTHINGTON, Dave; "Defaulting of Companies in the Context of the Basel Accord: A Brazilian Case Study". In: PANORAMA SOCIOECONÓMICO, Año 24, Nº 33, p. 76–85 (Julio–Diciembre, 2006).

MONTEIRO, A. A. S.; REIS, R. M. S. "Fluxos de Caixa e Capital de Giro — uma Adaptação do Modelo de Fleuriet". In: ENANPAD, 27, 2003, Atibaia/SP. Anais... Rio de Janeiro: ANPAD, 2003.

MONTOTO, Eugenio Roballo. "Liquidez Corrente e Rentabilidade: Relação com o Indicador de Estrutura Financeira do Modelo Fleuriet Através de Levantamento em Mais de 2.200 Demonstrações Financeiras de Sociedades Anônimas de 23 Setores da Economia Brasileira em 2009, 2010 e 2011". Tesis de Maestría, Pontifícia Universidade Católica de São Paulo — PUC–SP 2013.

MOURA, H. J.; MATOS, D. M. "Dimensionamento do Capital de Giro: uma Abordagem Financeira". In: ENANPAD, 27, 2003, Atibaia/SP. Anais... Rio de Janeiro: ANPAD, 2003.

NASCIMENTO, C. et al. "Tipologia de Fleuriet e a Crise Financeira de 2008". In: REVISTA UNIVERSO CONTÁBIL, Blumenau, v. 8, n. 4, p. 40–59, out./dez. 2012.

NOGUEIRA, Leandro R. T. "A liquidez e a Rentabilidade como Fundamentos do Valor de Mercado: o Caso de Empresas dos Setores de Energia Elétrica de Siderurgia/Metalurgia". 92 p. Dissertação (Mestrado em Administração). UFLA, Lavras, 2008.

OLIVEIRA, A. F. C. S.; PEREIRA FILHO, A. D.; AMARAL, H. F. "A Relevância da Gestão Financeira de Curto Prazo". In: CONTABILIDADE VISTA & REVISTA, v. 9, n. 2, p. 15–30, jun. 1998.

OLIVEIRA, A. C. M.; BRAGA, R. "Influência do Modelo Fleuriet na Geração de Valor Econômico Agregado das Empresas do Setor Varejista e de Transportes". In: CONGRESSO USP DE CONTROLADORIA E CONTABILIDADE, 4, 2004, São Paulo. Anais... São Paulo: FEA–USP, 2004.

PAIXÃO, R. B.; BRUNI, A. L.; MURRAY, A. D.; GARCIA, M. C. "Análise Dinâmica do Setor Comercial Nacional: uma Aplicação do Modelo Fleuriet". In: SEMINÁRIOS EM ADMINISTRAÇÃO, 9, 2006, São Paulo. Anais... São Paulo: FEA–USP, 2006.

PEREIRA FILHO, A. D. "O Modelo Dinâmico de Gestão Financeira de Empresas: Procedimentos de Operacionalização". In: CONTABILIDADE VISTA & REVISTA, v. 9, n. 4, p. 12–22, dez. 1998.

PEREIRA, W. F. "Análise da Liquidez e Rentabilidade como Forma de Avaliação da Gestão Financeira em uma Cooperativa Regional de Cafeicultores em Guaxupé Ltda.". In: SEMINÁRIOS EM ADMINISTRAÇÃO, 12, 2009, São Paulo. Anais... São Paulo: FEA–USP, 2009.

PERUCELO, Marcos Roberto; SILVEIRA, Moisés Prates; ESPEJO, Márcia Bortolocci. "As Análises Econômico-financeiras Tradicional e Dinâmica e o Desempenho Percebido pelo Mercado de Ações: Estudo de Indústrias do Setor Têxtil-Vestuário do Brasil no período de 1998 a 2007". (Monografia). Programa de Pós-Graduação em Contabilidade e Finanças, Universidade Federal do Paraná (UFPR), 2008.

PEREIRA FILHO, A. D. "O Modelo Dinâmico de Gestão Financeira das Empresas: Procedimentos de Operacionalização". In: CONTABILIDADE VISTA & REVISTA, Belo Horizonte, v. 9, n. 4, p. 12–22, dez. 1998.

RIBEIRO, C. A.; LEITE FILHO, G. A. "Perfil Econômico-financeiro das Companhias Energéticas Brasileiras: Análise da Liquidez no Período de 1998 a 2000". CONTABILIDADE VISTA & REVISTA, v. 14, n. 1, p. 89–106, abr. 2003.

SANTI FILHO, Armando; OLINQUEVITCH, José Leônidas. *Análise de Balanços para Controle Gerencial.* Editora: ATLAS, 5ª ed.

SANTIAGO, W. P.; AMARAL, H. F.; COUTINHO FILHO, F. B.; LOPES, M. V. BOTELHO, E. M.; COUTO, J. E. "Aplicação do Modelo Dinâmico no Setor Têxtil de Montes Claros: uma Contribuição para a Gestão Financeira". In: ENCONTRO NACIONAL DE ENGENHARIA DE PRODUÇÃO, 19, 1999, Rio de Janeiro. Anais... Rio de Janeiro: ABEPRO.

SILVA, Ângelo Alves da. "Gestão Financeira: um Estudo Acerca da Contribuição da Contabilidade na Gestão do Capital de Giro das Médias e Grandes Indústrias de Confecções do Estado do Paraná". Dissertação (Mestrado em Controladoria e Contabilidade). São Paulo: FEA–USP, 2002.

SILVA, J. P. *Análise Financeira das Empresas.* São Paulo: Atlas, 2001.

SILVA, J. O. *et al.* "Nível Informacional entre a Análise Tradicional e Avançada do Capital de Giro". In: Revista Pretexto, Belo Horizonte, v. 13, n. 2, p. 40–56, abr./jun. 2012.

SIRIHAL, A. B. "Capital de Giro de Instituições Financeiras: um Estudo Preliminar de Fontes Alternativas". In: ENANPAD, 22, 1998, Foz do Iguaçu/PR. Anais... Rio de Janeiro: ANPAD, 1998.

SOUZA, M. S.; FAMÁ, R. "Gestão do Capital de Giro na Corporação Virtual". CONTABILIDADE VISTA & REVISTA, v. 9, n. 2, p. 15–30, jun. de 1998.

SOUZA, M. S. "Gestão da Tesouraria das Empresas". In: CONTABILIDADE VISTA & REVISTA, v. 14, n. 3, p. 99–111, dez. 2003.

STARKE JR, P. C.; FREITAG, V. C.; CHEROBIM, A. P. M. S. "A Erraticidade das Contas Circulantes... Modelo Fleuriet". In: RIC — Revista de Informação Contábil. ISSN 1982-3967, Vol. 2, no 3, p. 43–60, jul–set, 2008.

THIAGO, R. *et al.* "Aplicação do Modelo Fleuriet em Entidades Desportivas: Análise da Situação Financeira dos Dezoito Maiores Clubes Brasileiros de Futebol nos Anos de 2009, 2010 e 2011". In: SEMI-

NÁRIOS EM ADMINISTRAÇÃO, 15, 2012, São Paulo. Anais... São Paulo: FEA–USP, 2012.

VIEIRA, K. M.; MILACH, F. T. "Liquidez/Iliquidez no Mercado Brasileiro: Comportamento no Período 1995–2005 e suas Relações com o retorno". In: REVISTA DE ADMINISTRAÇÃO E CONTABILIDADE DA UNISINOS, v.5, n. 1, p. 5–16, jan/abr. 2008.

VIEIRA, S. F. A.; BUENO, W. "O Modelo Dinâmico de Análise Econômico-Financeira de Empresas: uma Aplicação nas Companhias Distribuidoras de Energia Elétrica do Sul do Brasil". In: SEMINÁRIOS EM ADMINISTRAÇÃO, 11, 2008, São Paulo. Anais... São Paulo: FEA–USP, 2008.

VIEIRA, M. V. *Administração Estratégica do Capital de Giro*. São Paulo: Atlas, 2005.

ZANOLLA, E. "Evidenciação da Demonstração do Fluxo de Caixa nas Empresas Industriais Brasileiras". In: CONGRESSO USP DE CONTROLADORIA E CONTABILIDADE, 6, 2006, São Paulo. Anais..., 2006.

ÍNDICE

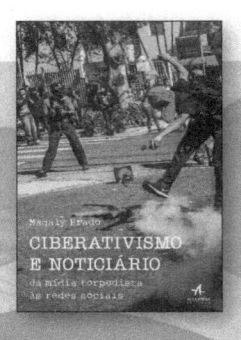

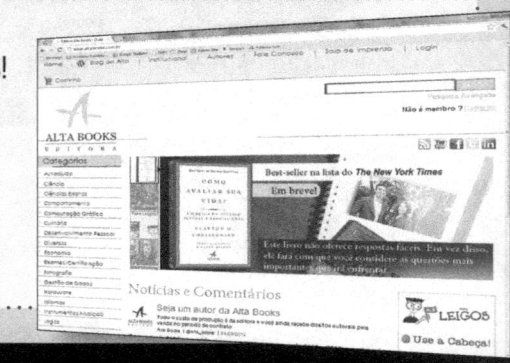